ÉMILE DESCHANEL

A PIED

ET EN WAGON

INTRODUCTION : LA CONVALESCENCE
EXCURSIONS EN BERRY, EN DAUPHINÉ, EN SAVOIE
EN SUISSE, EN ALSACE
EXCURSIONS EN BELGIQUE — EXCURSIONS EN ESPAGNE
APPENDICE : LES GORGES DE LA REUSE
ET LE VAL DE TRAVERS

PARIS

LIBRAIRIE DE L. HACHETTE ET Cⁱᵉ

BOULEVARD SAINT-GERMAIN, Nᵒ 77

1862

A PIED

ET EN WAGON

OUVRAGES DU MÊME AUTEUR.

Nouvelles anthologies :

Le Mal qu'on a dit des Femmes, 1 vol. in-18. Septième édition.

Le Bien qu'on a dit des Femmes, 1 vol. in-18. Sixième édition.

Le Bien qu'on a dit de l'Amour, 1 vol. in-18. Quatrième édition.

Le Mal qu'on a dit de l'Amour, 1 vol. in-18. Quatrième édition.

Le Bien et le Mal qu'on a dit des Enfants, 1 vol. in-18. Troisième édition.

Études diverses :

Les Courtisanes grecques, 1 vol. in-18. Quatrième édition.

Histoire de la Conversation, 1 vol. in-18. Deuxième édition.

La Vie des Comédiens : *Romans, Comédies, Satires, — Biographies, Mémoires, Anecdotes*, 1 fort vol. grand in-18.

Causeries de Quinzaine, 1 vol. grand in-18.

Christophe Colomb, 1 vol. grand-18.

Sous presse :

Aristophane, 1 vol. grand in-18.

A batons rompus, 1 vol. grand in-18.

De la Physiologie appliquée a la Critique, 1 vol. grand in-18.

Paris. — Imprimerie de Ch. Lahure et Cⁱᵉ, rue de Fleurus, 9.

ÉMILE DESCHANEL

A PIED

ET EN WAGON

INTRODUCTION : LA CONVALESCENCE.
EXCURSIONS EN BERRY, EN DAUPHINÉ, EN SAVOIE.
EN SUISSE, EN ALSACE.
EXCURSIONS EN BELGIQUE — EXCURSIONS EN ESPAGNE.
APPENDICE : LES GORGES DE LA REUSE
ET LE VAL DE TRAVERS.

PARIS

LIBRAIRIE DE L. HACHETTE ET Cie
BOULEVARD SAINT-GERMAIN, N° 77

—

1862

AVERTISSEMENT DES ÉDITEURS.

Ce volume devait être intitulé : *Par Monts et par Vaux*, comme l'avait été, il y a six mois, une partie des chapitres qui le composent, lors de la première publication dans le *Journal des Débats*. Déjà le livre était entièrement imprimé avec ce titre, qui lui convient plus précisément que le titre actuel ; déjà même le volume était broché, et il allait être mis en vente, lorsque nous apprîmes que, depuis deux mois environ, il existait en librairie un autre volume portant le même titre : *Par Monts et par Vaux*. Quoique la prise de possession de ce titre, dans les *Débats*, par M. Émile Deschanel, eût de beaucoup l'antériorité, cependant, pour prévenir les contestations qui auraient pu s'élever, nous avons jugé à propos, d'accord avec l'auteur, de changer la couverture et le titre du présent volume ; mais on comprend que le titre courant n'a pu être modifié.

INTRODUCTION

INTRODUCTION.

Mme de Sévigné écrit quelque part à sa fille :
« Vous souvient-il quand nous trouvions qu'il n'y a
rien de si bon qu'une méchante compagnie, par la
joie du départ ? »

Je me demandais l'autre jour si l'on ne pourrait
pas mettre les maladies au nombre des méchantes
compagnies, et dire qu'il n'y a rien de si bon que
cela, par le plaisir de la convalescence?

Premièrement, on trouve quelque charme à se
rappeler en sécurité une douleur passée, *Habet enim
præteriti doloris secura recordatio delectationem*, c'est
Cicéron qui écrit cela à Luccéius. Après des souf-
frances aiguës, absence de toute sensation devient
volupté. Bien plus, on goûte la douleur qui s'é-

loigne ; on en ressent, non sans plaisir, les dernières titillations, qui, comme une souris, courent de çà, de là. Puis, peu à peu, tout s'apaise et s'éteint dans un engourdissement vague. C'est le dernier nuage qui voile le ciel avant le retour complet du beau temps.

Dans ce crépuscule éclairé d'un premier rayon de santé, on ne bouge pas, on ne souffle pas ; on craindrait de déranger les couches paisibles de l'atmosphère qui nous enveloppe de silence et de douceur ; on craindrait d'agiter les molécules pacifiées du corps à peine rétabli, et d'aviser les nerfs d'un désordre à quoi ils ne pensent plus.

La convalescence est la halte heureuse, le plateau fleuri, la douce oasis, d'où l'on contemple les tristes chemins que l'on n'a plus à parcourir.

Deuxièmement, cette oasis est un terrain neutre, un lieu de franchise, un asile, dans lequel, en dehors du monde et des travaux et des tracas de chaque jour, on jouit de sa liberté. Comment n'en jouirait-on pas ? Il y a cas de force majeure : on est de loisir, et l'on n'y peut rien. On voudrait ne pas dire : A demain les affaires ! que le docteur le dit pour vous. C'est une liberté forcée, on n'en peut mais, on s'en lave les mains, on est libre parce qu'on est cloué sur son lit. Alors on en prend son parti ; on goûte ce repos sans remords : que dis-je ? on a la joie d'accomplir un devoir, — ce devoir est

de ne rien faire ! C'est le monde renversé ! *O beati-
tudo !*

Pythagore disait qu'il n'y a point de temps présent et que ce que nous appelons le présent n'est
que la jointure du passé et de l'avenir, — c'est
Montaigne qui traduit ainsi. — Hélas! il est trop
vrai, dans la vie ordinaire, où le tourbillon nous
emporte, où nous allons, comme Ahasverus ou
Isaac Laquedem, obéissant à la fatale voix : Marche!
marche ! fatigués de ce que nous faisons, inquiets
de ce que nous ne faisons pas, il n'y a point de
temps présent, tout fuit, tout nous échappe,

> Le moment où je parle est déjà loin de moi !

mais dans la convalescence, oh ! non pas ! j'en demande bien pardon à Pythagore ; la convalescence
est un point présent qui se détache d'hier et de demain, une île fortunée, qu'aucun pont ne relie
aux tristes pays d'alentour. Le docteur a coupé les
ponts, — ce bon docteur ! Et l'on y vit dans l'état
bienheureux des dieux oisifs du poëte Lucrèce et
de son maître immortel Épicure. On se sent peu à
peu convertir, sans formules, et par un travail la-
tent qui s'opère en nous, aux croyances des Indiens,
les maîtres de ce maître, qui enseignent que le repos et le néant sont le fondement de toutes choses,
la fin où elles aspirent et où elles aboutissent, des
Indiens rêveurs et contemplatifs qui regardent l'en-

tière inaction comme l'état le plus parfait, qui en font l'objet de tous leurs désirs, et qui donnent au souverain Être le surnom d'Immobile.

Voltaire écrivait à Mme de Bernières : « Je regarde les maladies un peu longues comme une espèce de mort qui nous sépare et nous fait oublier de tout le monde; et je tâche de m'accoutumer à ce premier genre de mort, afin d'être un jour moins effrayé de l'autre. »

Et, plus tard, il écrivait à Mme du Deffand : « La maladie ne laisse pas d'avoir de grands avantages. »

Donc, la conscience dégagée, puisque la paresse est en ce moment le seul devoir que l'on ait à accomplir, on l'accomplit. On dort, on rêve, on se souvient, on se recueille, on s'analyse, on s'étudie, dans les moindres nuances, dans les moindres détails. On se rappelle successivement toutes les phases de sa vie, marquées par tel ou tel événement, surtout par telle ou telle lecture, par tel ou tel air de musique : car tout être intellectuel pourrait, ce me semble, écrire ses mémoires personnels rien qu'avec deux listes, l'une de morceaux de musique, et l'autre de livres. On revit toute sa vie passée; on vit d'avance toute sa vie à venir : avec cette double vue que produit le jeûne, on aperçoit ce qui est encore caché sous l'horizon. On vit sa mort même, si la fantaisie vous en prend; tantôt on

reste de ce côté-ci de la tombe, et tantôt on va de
ce côté-là, on flâne dans sa vie future.

De sorte que l'on ne vit jamais tant que dans ces
jours où l'on ne fait rien. C'est qu'en effet ce qu'on
appelle vivre, à l'ordinaire, ce n'est pas vivre. Faire
des chapeaux si l'on est chapelier, des chaussures
si l'on est cordonnier, des pains si l'on est boulan-
ger, des tartines si l'on est député, avocat ou jour-
naliste, des mécontents si l'on est ministre, des envieux si l'on est heureux, est-ce que c'est là vivre?
Non, non, c'est jouer d'une mécanique, c'est tourner une manivelle, c'est faire aller un tourne-
broche ou un tourniquet, — métier de caniche
ou d'écureuil; — mais ce n'est pas faire œuvre
d'homme! Faire œuvre d'homme, c'est ne rien
faire, — que penser peut-être, ou croire qu'on
pense ; — c'est vivre dans la quiétude; c'est sentir
son âme, ou s'imaginer qu'on la sent. Tout le
reste, travailler, manger, boire, dormir, et les autres choses, — quoiqu'on en fasse cas, et que peut-
être on n'ait pas tort, — ne sont que des apprêts
du vivre et des moyens de l'entretenir. C'est le recueillement qui est la vie. Heureux qui sait goûter
cette tranquillité sans plaisirs, ce bien-être simple,
ce repos mêlé de tristesse douce, qui est préférable
à la joie! S'ennuyer un peu, d'une manière calme,
c'est peut-être le plus véritable bien d'ici-bas. Les
plaisirs bruyants sont le passe-temps stérile des

gens qui ne sentent rien, qui ne se plaisent pas avec eux-mêmes, et qui cherchent à s'en distraire. Oh ! plaignons-les ! Étourdir la vie, est-ce en jouir ? Écoutez ce qu'écrivait une jeune femme poëte, Mlle Louise Bertin, dans ses *Glanes* :

> Et toi, morne tranquillité,
> Sans douleur, mais aussi sans charme,
> Pose sur ce cœur agité
> Ta main qui sèche toute larme.
>
> Écarte d'un front déjà las
> La pensée aux ardentes ailes
> Qu'éveillent du bruit de leurs pas
> Les Muses qui dansent entre elles.

On s'en va donc ainsi flânant en soi-même, pendant ces longues et agréables journées de la convalescence, — agréables justement parce qu'elles sont longues ; — tout en faisant l'école buissonnière dans son for intérieur, on étudie tout ce qu'on y rencontre ; et on s'aperçoit à la fin qu'on a étudié, sans s'en douter, la convalescence elle-même.

Or, je ne sais pas si mes observations se rapporteron tavec les vôtres, mais il me semble que la convalescence, au moins telle que je l'ai éprouvée, se divise en quatre périodes distinctes :

La période apathique,

La période poétique,

La période philosophique,

Et la période famélique.

La première — que, sans y prendre garde, je viens de décrire en partie, en empiétant même un peu sur la seconde — est ce relâche de la souffrance, cette voluptueuse insensibilité, ce repos du corps et ce recueillement de l'âme, hors desquels la vie n'est qu'un tumulte importun. Dans cet apaisement de la douleur et dans cette solitude aimable, dans ce silence de tous les bruits du monde, loin des tracas et des criailleries, on se possède enfin soi-même, on se retrouve ; et avec quel plaisir ! il y a si longtemps qu'on ne s'était vu ! On goûte le bonheur d'être avec soi, de se reposer et de se taire ; on est tranquille comme doivent l'être les morts dans leurs tombeaux par une belle nuit de lune sereine ; c'est un avant-goût d'une existence meilleure ; on comprend cet état charmant célébré par Horace,

Somno et inertibus horis
Ducere sollicitæ jucunda oblivia vitæ !

et l'on se rappelle aussi ce vers de Virgile :

Dulcis et alta quies placidæque simillima morti !

De temps en temps, survient, sans que vous en ayez tout à fait conscience, un léger assoupissement, qui n'interrompt pas le cours des pensées, mais qui plutôt les poétise, en les combinant d'une manière plus rapide et plus fortuite, et en ne les laissant entrevoir qu'à travers un nuage mobile, au prisme changeant. C'est la transition de la période apathique à la période poétique.

L'inaction mène à la rêverie. Pendant que cette vieille carriole qu'on appelle le corps est sous la remise, l'âme s'envole et jouit de l'espace. Après qu'on a compté toutes les fleurs de la tapisserie qui couvre les murs, et distingué dans leurs combinaisons mille paysages auxquels le dessinateur n'avait pas songé, mille personnages bizarres, mille poëmes inédits, on a épuisé l'horizon de la chambre, on se tourne d'un autre côté, on regarde en soi. Les impressions de l'enfance et de la jeunesse reviennent une à une, calmes et riantes, du fond du passé; tout s'idéalise dans les lointains bleus. Les souvenirs éveillent les espérances, et les espérances consolent les souvenirs. Des multitudes de conceptions vagues flottent tranquillement sur le léger fluide de l'imagination assoupie; elles s'en vont à la dérive, sans voiles, sans lest et sans gouvernail. La vie animale est comme suspendue, on ne la sent pas; on vit à peine de la vie végétale; c'est le beau moment pour la flânerie de l'esprit.

Dans ce grand silence, si quelques beaux vers nous reviennent à la pensée, si quelque strophe gracieuse se met à chanter dans notre mémoire, c'est un événement heureux, qui nous ranime et nous récrée. Sans sortir de sa somnolence délicieuse,

on en est ému doucement : ainsi, dans les paisibles
bosquets de l'Élysée, les poëtes nous peignent les
ombres réveillées par la chute d'une rose. Parfois
on suit une étymologie qui vous traverse le cerveau,
et l'on fait de charmants voyages, embarqué sur un
mot dans les abîmes du passé, comme un insecte
qui flotte au gré d'un fleuve sur un brin d'herbe.
Parfois on construit des drames immenses, ou plutôt ils se construisent tout seuls en nous; et nous
en sommes spectateurs naïfs encore plus qu'auteurs
émerveillés. On conçoit mille plans, mille scenario,
mille cadres. On fait mille projets en tous genres.
Tout s'arrange, tout est facile, absolument comme
lorsqu'on vient d'écouter de belle musique. On sou-
lèverait des montagnes. On se garde d'essayer rien,
le docteur l'a défendu! Par là on reste libre de
croire qu'il n'en coûterait que d'essayer pour réus-
sir. C'est à peu près l'histoire de Boileau écrivant à
Racine : « Avec tout ce que je vous dis de mon ex-
tinction de voix, je ne me couche point que je n'espère le lendemain m'éveiller avec une voix sonore;
et quelquefois même, après mon réveil, je demeure
longtemps sans parler, pour m'entretenir dans mon
espérance. » De même on s'entretient aussi dans
l'espérance qu'une fois relevé on accomplira des
merveilles : l'amour-propre y trouve son compte,
sans que l'esprit y dépense rien; tout est pour le
mieux.

Ou bien on se crée dans son cœur quelque idéal
de tendresse impossible, on s'éprend de belle passion imaginaire pour des êtres fantastiques, comme
cette jeune fille qui, au siècle dernier, mourut
d'amour pour Télémaque, fils d'Ulysse.

Cependant l'influence du jeûne va croissant, et, si
l'on continue de s'analyser, on comprend alors la
faculté d'extase que les solitaires puisaient dans leur
abstinence ascétique ; on a, par soi-même, quelque
idée des hallucinations splendides qui travaillaient
ces cerveaux austères excités par l'inanition, et des
visions apocalyptiques que faisait éclore sous leurs
crânes chauves le soleil ardent des Thébaïdes. C'est
là qu'on passe, ce me semble, de la période poétique à la période philosophique ou mystique.

Dans la solitude, on est moins l'homme de son
siècle et de son pays, on redevient l'homme de tous
les temps et de tous les lieux. Les nœuds qui nous
attachent à ce monde se délient. Par sa seule nature, on se sent monter loin de la terre. « Et je
montais immobile, dit Stahl, dans l'air immobile
comme moi-même, sans le secours d'aucun mouvement, et par cela seul que j'étais une âme im-
mortelle, faite pour monter de la terre au ciel. »
Bientôt, sans qu'on sache comment, on goûte la
joie enivrante de flotter dans les grands mystères
de la destinée humaine ; de la naissance, de la
mort, de l'origine et de la fin de toutes choses, et

l'on se perd dans ces abîmes. On nage, on roule dans le vague de l'infini. Par moments, une réminiscence de Platon nous soulève et nous porte au-dessus des mondes, avec ces deux ailes sublimes qu'il donne aux âmes. « L'âme, dit-il, fait le tour du ciel entier sous différentes formes. Tant qu'elle est parfaite, et portée sur des ailes rapides, elle voyage dans les régions éthérées et parcourt tout l'univers.... Les âmes que l'on nomme immortelles, lorsqu'elles sont arrivées au faîte du monde, sortent du ciel et s'arrêtent sur sa voûte convexe ; dans cette position, le mouvement circulaire les emporte, et elles contemplent ce qui est hors de l'univers. Le lieu qui est au-dessus du ciel n'a encore été célébré par aucun de nos poètes, et il ne sera jamais célébré dignement.... Pendant cette révolution, l'âme contemple la justice en soi, elle contemple la sagesse en soi, elle contemple la science en soi : non cette science sujette au changement et variable suivant les différents objets que nous appelons des êtres, mais celle qui se trouve dans l'être véritable. Après avoir ainsi contemplé toutes les essences et s'en être nourrie, elle se rentre dans les limites de la convexité du ciel et se replonge dans sa demeure. »

Rien de plus agréable que cette indolence contemplative, mêlée d'élévations extatiques, qui va, par une ascension naturelle, à la pensée de l'être et

de l'éternité, lentement roulée et ruminée au milieu de l'ombre et d'un profond loisir.

Et voilà comment, pour avoir le temps de philo-
sopher en rêvant, ou de rêver en philosophant, il
est indispensable de ne rien faire.

Par un mouvement insensible, mais irrésistible,
l'esprit s'élève de l'ordre individuel à l'ordre social,
de l'ordre social à l'ordre humain, de l'ordre humain à l'ordre universel. On songe aux rapports
insaisissables de notre espèce avec les mondes
autres que la terre, avec les populations innombrables qui sont probablement suspendues, comme
nous, dans l'immensité céleste. On se demande s'il
n'y aura pas, un jour à venir, une télégraphie possible entre eux et nous. De même que chaque
peuple n'est qu'un individu dans la famille humaine, on a l'intuition que l'humanité tout entière
n'est qu'un individu dans la famille universelle des
êtres. Au-dessus de l'amour de soi-même, de la famille, de la patrie, de l'humanité, on sent et on
éprouve que des routes nouvelles sont ouvertes au
cœur et à la pensée. Et l'on regrette d'être venu si
tôt sur la terre, ou de n'y pouvoir revenir plus
tard.

Mais le jeûne, après avoir produit en nous toutes
ces méditations et aspirations célestes, commence à
y former, hélas! des aspirations moins nobles et
des convoitises moins élevées. Nous ayant promenés

par-dessus les cieux, il nous ramène sur la terre.
Après la période poétique et la période philosophique, voici venir, ô honte, ô corps, ô guenille! la
période famélique. On retombe, comme dit M. Michelet, sous cette ignoble fatalité du boire et du
manger. Ou plutôt, chose pire encore! on désire
d'y retomber, et on n'y retombe pas! Le docteur
l'a défendu!

Un beau matin, — la nuit a été bonne, — l'appétit
du convalescent s'ouvre en même temps que ses
yeux. La concupiscence de l'estomac s'éveille, et
miaule. Je dis miaule, parce qu'il n'y a point de
chat qui n'avoue qu'un convalescent le surpasse de
beaucoup en gourmandise. Les sens et surtout l'o-
dorat, ont acquis, par la longue diète, une richesse
extrême, une délicatesse exquise, une acuité déplorable. Ils pompent tout, avidement. Les yeux
saisissent avec joie la première ombre de lumière
qui, entre les grands rideaux enfin soulevés, se ta-
mise gaiement à travers les petits. L'oreille entend
parfaitement, du fond de l'alcôve, ce que chu-
chotent tout bas, près de la croisée, la jeune femme
et la bonne mère, faisant pour vous des plans
qu'elles ne vous disent pas, de peur de vous troubler, et afin de vous ménager quelque surprise de
relevailles. Mais surtout, entre six et sept heures
du soir, l'odorat hume avec délices et avec envie
tous les parfums qui viennent de la salle où dînent

les heureux ! Comptez qu'il n'y a chien de chasse
ni Mohican qui puisse le disputer à un convalescent sur l'article du flair. Ce malheureux devient
tout nez, et respire par tous les pores, comme
les habitants du Soleil, dans le voyage de Cyrano
de Bergerac.

Vous vous rappelez cette bonne histoire, cher
lecteur. Les habitants du Soleil ne se nourrissent
que de l'odeur des mets, et, pour prendre leurs
repas, se mettent absolument nus, afin d'absorber
par les pores. Cyrano, voyageant chez eux, demande
un potage, et sent aussitôt « l'odeur du plus succu-
lent mitonné qui frappa jamais le nez du mauvais
riche. » Il veut se lever de sa place pour chercher
à la piste la source de cet agréable fumet; mais son
porteur, celui sur lequel il va partout à califour-
chon, l'en empêche : « Où voulez-vous aller, me
dit-il, nous irons tantôt à la promenade, mais
maintenant il est saison de manger, achevez votre
potage, et puis nous ferons venir autre chose. —
Et où diable est ce potage (dit notre affamé qui
n'est pas encore instruit de cette façon de manger)?
Avez-vous fait gageure de vous moquer de moi tout
aujourd'hui ? — Je pensais, me répliqua-t-il, que
vous aviez vu, à la ville d'où nous venons, votre
maître ou quelque autre prendre ses repas; c'est
pourquoi je ne vous avais point dit de quelle façon
on se nourrit ici. Puis donc que vous l'ignorez en-

core, sachez que l'on n'y vit que de fumée. L'art de cuisinerie est de renfermer dans de grands vaisseaux moulés exprès l'exhalaison qui sort des viandes en les cuisant, et, quand on en a ramassé de plusieurs sortes et de différents goûts, selon l'appétit de ceux que l'on traite on débouche le vaisseau où cette odeur est assemblée ; on en découvre, après cela, un autre ; et ainsi, jusqu'à ce que la compagnie soit repue. »

Cyrano ne s'accommode guère de cette manière de manger par trop subtile. Mais le pauvre convalescent s'en accommode bien moins encore. Il essaye de se satisfaire au moins par l'imagination ; il convoite si fortement les mets, qu'il les goûte presque : l'eau lui vient à la bouche, — et reste sans emploi !—Toutes les houppes papillaires de son palais se dressent et s'agitent comme des petites filles à qui l'on va raconter une histoire. Et quelle belle histoire, en effet, on leur raconte, à ces houppes tantalisées ! Celle de tous les mets qu'elles aiment le mieux ! On leur en fait l'analyse en détail, on les déguste avec elles en idée !

On sent tout à coup pour Vatel, et pour les autres héros de la cuisine, une admiration incroyable. On lirait avec plaisir, en de telles heures, *la Gastronomie* de Berchoux ; ou bien ce dialogue dans lequel Asellius Sabinus avait fait discuter ensemble un champignon, un bec-figue, une huître et une grive,

—chef-d'œuvre pour lequel Tibère lui donna deux cent mille sesterces (quelque chose comme quarante mille francs). On éprouverait pour les personnages de ce dialogue une sympathie irrésistible.

La mémoire s'empresse de fournir au convalescent toute une bibliographie gastronomique, depuis cet Asellius jusqu'à Brillat-Savarin, sans oublier ce fameux traité *des Pois au lard*, CUM COMMENTO! qui était, à ce que nous raconte Rabelais, un des volumes de la Bibliothèque de l'abbaye de Saint-Victor.

Je connais un convalescent qui pria sa jeune femme de lui lire quelque chose; elle crut qu'il allait lui demander quelques pages de George Sand ou de Balzac, quelques poésies de Victor Hugo, de Lamartine ou d'Alfred de Musset; il lui demanda, quoi? *la Cuisinière bourgeoise*; et lui fit lire à haute voix l'article des Artichauts à la barigoule. Son idéal, pour le moment, était là. La jeune femme lut donc ce qui suit, avec sa voix douce :

Artichauts à la barigoule (entremets).

Parez et lavez des artichauts, et les faites cuire à l'eau; égouttez-les et ôtez le foin, que vous remplacerez par une farce ainsi faite : hachez fin persil, oignons, champignons, lard gras, ris de veau blanchi, et en remplissez chaque artichaut, que vous mettez avec du beurre sur un feu très-doux. Servez après les avoir égouttés de leur beurre et sur une sauce quelconque qui soit brune.

Autres artichauts à la barigoule.

Parez et lavez; faites blanchir assez pour pouvoir ôter le foin avec une cuiller; faites chauffer de l'huile dans une poêle, mettez-y les artichauts du côté des feuilles, faites prendre couleur, égouttez-les. Placez-les dans une casserole, les feuilles en dessus et sur des bardes de lard, avec bouillon, feuille de laurier, peu de thym, sel, poivre; faites cuire, feu dessus et dessous. Servez-les, la sauce réduite.

Le convalescent écouta avec ravissement cette double description, qui n'eut qu'un tort, celui de le laisser flottant dans l'alternative du désir : d'un côté, les champignons avec le ris de veau l'alléchaient; de l'autre, l'huile et les bardes de lard, avec feu dessus et dessous, et la roustissure onctueuse et croustillante qui devait en résulter, avaient des séductions puissantes. Il finit par demander qu'au premier repas que lui permettrait le docteur on essayât de combiner les deux recettes en une seule. On le lui promit. Cette lecture et cette promesse avaient été, faute de mieux, un baume bienfaisant pour son estomac délabré. Toutes les poésies du monde lui eussent paru fades au prix de ce style culinaire, et il eût donné pour une feuille de laurier sauce, avec un peu de sauce dessus, tous les lauriers apolloniens du Permesse et de l'Ilissus.

Cependant la faim va croissant. Le patient évoque involontairement tous les souvenirs d'affamés illustres. Il éprouve pour les exploits gloutons d'Hercule, ami de la purée, pour ceux de Mercure-Mange-tout-cru, pour les prouesses gastronomiques de Grandgousier, de Gargamelle et de Gargantua, je ne sais quel enthousiasme mêlé d'attendrissement. En même temps, il se sent animé d'une compassion fraternelle à l'égard de l'antique Érésichthon se dévorant lui-même, sort cruel! déchirant à belles dents ses propres membres, dit Ovide, et nourrissant son corps aux dépens de son corps.

> *Ipse suos artus lacero divellere morsu*
> *Cœpit, et infelix minuendo corpus alebat!*

Où s'est-il arrêté, bon Dieu?...

La faim croît toujours. Le convalescent ne fait que bâiller et crier famine. Mais il faut avoir l'avis du docteur, qui précisément, n'ayant plus d'inquiétude au sujet du malade, tarde ce jour-là. Ah! si l'on avait les clefs des armoires! si l'on pouvait s'échapper de son lit! si! si! si!... Que de nouveaux projets on accumule! On s'ingénie comme un prisonnier. On payerait un potage au poids de l'or. On comprend alors Pérugin qui peignit à fresque tout l'intérieur d'un oratoire pour une omelette, *una frittata!* Si l'on était aussi un grand artiste, on voudrait avoir à conclure tout de suite un marché semblable, à la condition d'être payé comptant. On souhaiterait d'avoir pour ami, dans ces moments désespérés, cet évêque de Rennes qui, au dire de Mme de Sévigné, marquait les feuilles de son bréviaire avec des tranches de jambon. Ah! comme on appellerait ce saint prélat près du lit de douleur! comme on le prierait d'apporter son livre, rempli de consolations! comme on le dévorerait avec lui!

En de pareils instants, on serait disposé, Dieu me pardonne! à excuser l'ignoble Antoine qui donna un jour la maison d'un citoyen à son cuisinier, parce qu'il lui avait fait un excellent souper, et on serait presque tenté de pardonner à ce tyran si toutefois l'histoire nous eût révélé qu'il fût alors en convalescence!

Dans ces moments-là on est capable de tous les manéges, rien que pour avoir un simple bouillon.

Il y avait autrefois à l'infirmerie du lycée Louis-le-Grand, à Paris, pour soigner les élèves malades où soi-disant tels, deux bonnes sœurs de Saint-Joseph, je crois, qui s'appelaient sœur Firmin et sœur Adrien. La première est morte de la poitrine, il y a quelques années. J'espère que la seconde vit encore: car elle était fort vive et fort allante; toutes deux bonnes autant qu'on peut l'être, très-pieuses, bien entendu, et, de plus, ferventes jansénistes, comme si elles eussent encore été au lendemain de la destruction de Port-Royal; ne parlant que de M. Arnauld et de M. de Saint-Cyran, de la mère Angélique et de la mère Agnès, et du miracle de la sainte épine. On connaissait leur faible, on les prenait par là, pour en obtenir quelque allégement à la diète cénobitique.

Le soir, par exemple, un quart d'heure avant la prière lue à voix haute dans le dortoir, au moment où sœur Adrien vous apportait l'éternelle timbale de tilleul miellé, on avalait cette potion telle quelle; puis s'engageait un dialogue à peu près comme celui-ci :

« Ma sœur, je meurs de faim !

— Mangez votre poing , gardez l'autre pour demain.

— Ma sœur, vous ne voudriez pas me faire mourir cette nuit !

— Moi , mon cher enfant ? Que le bon Dieu m'en préserve !

— Eh bien ! ma sœur, je vais mourir, et par votre faute, si vous ne me donnez pas quelque chose à manger.

— Mon enfant, le médecin l'a défendu.

— Si peu que vous voudrez, ma sœur !

— Rien du tout ! c'est l'ordonnance.

— Mais l'ordonnance ne défend pas que je boive ?

— Vous venez de boire.

— Peuh ! Du tilleul !... Savez-vous, ma sœur, ce qu'il me faudrait pour m'empêcher de mourir cette nuit ?

— Quoi ?

— Une petite tasse de bouillon.

— Ah bien oui !

— Du bouillon, ce n'est pas manger, cela !... Oh ! ma sœur, quelle belle lettre de M. Arnauld je viens de lire dans ce livre que vous m'avez prêté !

— N'est-ce pas que c'est bien beau, M. Arnauld ? Ah ! c'était un saint, voyez-vous !

— Admirable, ma sœur ! Pourquoi ne voulez-vous pas que je continue à le lire ?

— Moi ? comment cela ?

— Puisque vous voulez que je meure cette nuit !

— Allons, allons ! vous ne mourrez pas encore cette fois-ci. Bonsoir, dormez bien.

— Ma sœur ! une petite timbale de bouillon ! J'adore le bouillon !

— Vilain enfant, voulez-vous bien vous taire ? on ne doit adorer que Dieu.

— Quel beau caractère, ma sœur, que celui de la mère Angélique ! quelle fierté dans sa lettre à la reine !

— Et la mère Agnès donc ? Vous verrez ! Lorsqu'elle refuse de signer le formulaire ! Et la suite ! ce que dit M. de Saint-Cyran à M. de Sacy ! Avez-vous lu aussi, dans l'autre volume, les bons passages que M. Nicole prépare à M. Pascal pour sa troisième lettre au Provincial ? Ça me rappelle une jolie histoire.

— Laquelle, ma sœur ? »

La bonne sœur me l'avait déjà racontée dix fois ; mais, comme elle l'avait aussi racontée à d'autres, elle ne savait plus à qui.

« Figurez-vous, mon enfant, que, lorsque M. Pascal était en train d'écrire ses *Petites Lettres* contre les jésuites, sous le pseudonyme de Louis Montalte, la maison où nous sommes, le collége Louis-le-Grand, était dirigé par les Pères de la Compagnie de Jésus.

— Oui, ma sœur.

— Or M. Pascal demeurait là en face, dans la petite rue des Poirées ; il logeait dans une toute petite chambre, qui existe encore.

— J'irai la voir.

— Un jour qu'il venait d'étendre sur des cordes les feuilles de sa troisième lettre au Provincial pour les faire sécher, parce qu'elles sortaient de l'imprimerie et qu'elles étaient encore tout humides, — pan, pan ! voilà qu'on frappe à la porte. « Qui est là ? » dit M. Pascal. — C'était le Père proviseur des jésuites du collége Louis-le-Grand. Il se nomme à travers la porte. M. Pascal qui, tout janséniste qu'il était, vivait en bons termes avec ce jésuite, enlève à la hâte toutes les feuilles de dessus les cordes, et les fourre sur son lit, derrière les rideaux ; — et puis d'ouvrir, et d'être fort poli, fort aimable, car il avait beaucoup d'esprit M. Pascal ! — Comme tout

Paris, à ce moment-là, ne s'entretenait que des *Petites Lettres*, le jésuite, qui était bien loin de soupçonner que M. Pascal en fût l'auteur ni même le complice, enfile ce sujet, s'anime et déclame. M. Pascal dit comme lui, et que l'auteur mérite le feu, pour le moins. Il ne laissait pas que d'être sur des épines, et quelquefois, tout en causant, regardait à la dérobée du côté du lit. Si quelque bout de feuille mal rangée avait montré son nez par la fente des rideaux, et attiré l'attention du jésuite, tout était perdu! Enfin, après quelque conversation, le jésuite s'en alla, sans se douter de rien. Et M. Pascal, en riant beaucoup, après avoir eu très-grand'peur, se mit à corriger ses feuilles.

— Celles de la troisième Provinciale, ma sœur? Je veux la relire demain. Je me figurerai ce bon jésuite survenant tout à coup chez ce traître de janséniste....

— Vous voulez dire que ce sont les jésuites qui sont des traîtres!

— Bien entendu!... Ma sœur, votre histoire est charmante; mais, par grâce, avant la prière, donnez-moi une petite timbale de bouillon, une toute petite timbale! Et vous me sauvez la vie!

— Mais, mon cher enfant, que dirait sœur Firmin, si elle le savait?

— Mais elle ne le saura pas, ma sœur!

— Motus?

« — Soyez tranquille ! Apportez-moi cela comme une timbale de tilleul.

— Allons, méchant enfant, je vais vous en apporter une goutte, car je ne veux pas que vous mouriez.

— Une grosse goutte, ma sœur !

— Chut ! »

Et la bonne sœur Adrien revenait à pas de loup, m'en apportant une timbale pleine. Car elle voyait bien que je n'étais pas malade.

Sœur Firmin, cinq minutes après, faisait sa ronde à son tour. Même jeu, comme bien vous pensez ; même scène, sauf quelques détails ; et enfin même dénoûment :

« Mais si ma sœur Adrien le savait !

— Oh ! n'ayez pas peur, elle n'en saura rien. »

Et sœur Firmin m'apportait aussi une bienheureuse timbale.

Moyennant quoi, on attrapait le lendemain sans mourir.

Et le lendemain, on entremêlait, dans ses lectures, M. Arnauld, M. Pascal et M. Nicole, avec les *Feuilles d'Automne* ou *Jocelyn*. Et le tout, mélangé ensemble, ne formait pas, je vous assure, un trop méchant ragoût.

Pour en finir avec la période famélique, l'estomac du patient crie de plus en plus fort ; et le docteur n'arrive pas! Cela tourne au tragique, cela devient le supplice d'Ugolin; on a des crises enragées, où l'on mangerait sa garde-malade, pour peu qu'on la crût tendre. On a des paroxysmes de fureur, où l'on menace résolûment de s'échapper de la maison si l'on n'obtient pas tout de suite un consommé.

Heureusement, on l'obtient enfin, car le docteur est arrivé. Seulement, pour tout consommé et pour tout potage, vous n'avez d'abord qu'un pâle bouillon de poulet.

Mais n'importe! oh! comme on l'aspire! comme on le contemple! comme on le hume! comme on le gourme! comme on le déguste! comme on le savoure! cuillerée par cuillerée!

Après cela, et par degrés, arrivent les extases du premier œuf à la coque! Et les élans du cœur vers le chapon au riz! ou vers les artichauts à la barigoule, déjà nommés, et depuis si longtemps caressés par l'espoir!

En même temps, quelques intimes commencent à forcer la consigne et à venir vous faire visite. On est encore au lit. C'est le moment de la coquetterie pour les jolies convalescentes. N'est-ce pas encore Mme de Sévigné — puisque je la tiens, ne la lâchons pas — qui nous crayonne

cette charmante esquisse d'une convalescente du
bel air?

« Mme de Brissac était au lit, belle, et coiffée.... à
coiffer tout le monde. Je voudrais que vous eussiez
su l'usage qu'elle faisait de ses douleurs, et de ses
yeux! Et des cris, et des bras, et des mains qui traînaient sur la couverture! Et les situations! Et la
compassion qu'elle voulait qu'on eût!... Chamarrée
de tendresse et d'admiration, je regardais cette pièce,
et je la trouvais si belle, que mon attention a dû
paraître un saisissement dont je crois qu'on me
saura fort bon gré. »

Ces premières visites sont très-agréables. On a failli
mourir, on a failli être orné de toutes les vertus, et
célébré à plein cœur : il ou elle était le plus ceci,
le plus cela, qui fut jamais! Les inimitiés ont fait
trêve; les amitiés se sont souvenues; toutes les ten-
dresses d'autrefois ont refleuri sur la terre fraîchement remuée au bord de la tombe que l'on vous
creusait. Tout est rajeuni, tout est renouvelé, tout
est beau; chacun ne vous montre que ses qualités
et ne vous offre que le dessus de ses paniers. Plus
tard, on prendra sa revanche, quand vous serez tout
à fait rétabli.

Mais, hélas! vous l'êtes déjà! La convalescence,
si longue qu'elle soit, a toujours un terme. Peu à
peu l'engrenage de la vie vous reprend. Adieu fa-

mine! mais aussi, adieu liberté! Vous êtes ressuscité, ô douleur!

Heureusement qu'après une convalescence de la
sorte, le bon docteur, pour la consolider, m'or-
donna de faire un voyage, et de flâner longtemps
encore.

Je ne me le fis pas dire deux fois, et tout aussitôt
je partis.

EXCURSIONS

EN BERRY, EN DAUPHINÉ, EN SAVOIE,
EN SUISSE, EN ALSACE

I

Lorsque rit la belle saison, ne trouvez-vous pas qu'il est agréable d'errer, sans plan, sans parti pris, au jour le jour, — et de laisser aller son esprit — comme ses jambes — au hasard?

Voilà comme je viens de faire, depuis tout à l'heure trois mois, en Berry, en Dauphiné, en Savoie, en Suisse, en Alsace. Vive l'école buissonnière! Chacun la fait de son côté, en été. Si vous voulez venir du nôtre, vous n'irez que jusqu'où vous voudrez.

Berry, en vieux français, veut dire plaine. Le Berry serait donc un pays plat. Généralement on le croit. On ne commence à en douter qu'après avoir lu George Sand. On croit aussi que les armes de Bourges sont : un Ane dans un fauteuil. On croit encore bien d'autres choses. Mais, dit le rudiment du vieux Lhomond, « c'est se tromper que de croire, » *errat qui putat!*

Il en est du Berry comme de la Belgique, dont une partie seulement justifie l'ancien nom de Pays-Bas, tandis que l'autre, pleine de variété et de mouvement, présente une telle succession de montagnes et de vallées, que, pour un trajet d'une heure seulement, entre Liége et Pépinster, on a dû percer onze tunnels. Pépinster est la station où s'embranche le chemin de Spa.

Si les Flandres, prairies spongieuses, entrecoupées de cent canaux grands et petits, sont déjà presque la Hollande ; d'autre part, le pays de Spa, l'Ardenne, avec ses sites pittoresques, ses rivières encaissées de roches abruptes, et ses cascades magnifiques, sont déjà presque la Suisse.

Eh bien ! la même différence se remarque entre le Berry plat des environs de Bourges, mélancoliques prairies nuées de colchiques et encadrées de peupliers, — et le Berry accidenté, mouvant et émouvant, soit de la Vallée Noire, soit de Châteaubrun jusqu'à Crozant.

Je n'ai pas encore vu la Vallée Noire, si ce n'est dans *Valentine* et dans *Mauprat*; mais je viens de voir Crozant et Châteaubrun, qui sont admirables.

Crozant est situé sur les confins de la Marche, au confluent de la Creuse, bien nommée, et de la Sédelle. Sur de grands rochers escarpés et noirs, on voit à Crozant les tours en ruines d'un vieux château fort attribué aux Sarrasins, et dont les débris pourtant n'ont rien de moresque.

Châteaubrun est juché, à quatre lieues de là, sur des roches plus hautes encore, toujours au-dessus de la Creuse.

C'est dans ces deux paysages grandioses que George Sand a placé les scènes du *Péché de M. Antoine*.

N'aimez-vous pas à lire ou à relire un livre dans le cadre où l'auteur l'a rêvé? Je relus donc à Châteaubrun et à Crozant, sur l'herbe fraîche, au milieu des ruines, *le Péché de M. Antoine*. Nous eûmes le plaisir, mes amis et moi, de déjeuner à la place où déjeunent M. Antoine et sa fille Gilberte avec M. Émile Cardonnet, ou plutôt en face de cette place, et à celle-là même où Émile déclare à Gilberte son amour, et où Gilberte, émue, sans rien lui dire, lui laisse deviner le sien. C'est la plus jolie scène du livre, et le plus beau site, je crois, de la Marche et du Berry.

On peut dire des bords de la Creuse ce que nous

disions de l'Ardenne : c'est déjà la Suisse en petit. C'est du moins la Suisse d'en bas.

Vous savez que la Suisse présente aux voyageurs trois étages de beautés diverses : en bas, les vallons, les lacs, les prairies, les collines verdoyantes et déjà les montagnes, les forêts de pins, les cascades ; au-dessus, les rocs dénudés, où la végétation n'atteint plus, les grands amphithéâtres granitiques ; enfin, au-dessus encore, les glaciers.

Je dis donc que Crozant et Châteaubrun — et sans doute la Vallée Noire — sont la Suisse du premier degré : une Suisse berrichonne, charmante, adorable. Rivières aux lits profonds, rochers escarpés, bastides naturelles de granit, couronnées de burgs bâtis de main d'homme et démantelés par les siècles, tout s'y rencontre pour enchanter les yeux.

Dans les ruines de Crozant, en y arrivant le matin, nous avions vu passer au-dessous de nous, bien loin, parmi les roches, un peintre, armé de la boîte et du grand bâton. Deux heures après, et au moment où nous venions de déployer sur l'herbe la nappe du festin, — c'était, Dieu me pardonne ! le *Journal des Débats*, avec l'*Indépendance belge*, — nous revîmes le jeune artiste, de l'autre côté de la Sédelle, assis et travaillant sous son grand parasol, dans un point de vue idéal. Jugeant qu'il avait assez travaillé, nous pensâmes au mot de Jean-Jacques : « Le repas sera le repos, » et nous hélâmes sans façon :

« Hé ! monsieur ! »

C'était à travers le bruit du torrent qui se précipite dans les roches. La voix cependant arriva jusqu'à l'artiste, et il leva la tête de notre côté. Mon ami L...... continua :

« Voulez-vous déjeuner avec nous ? »

L'artiste, sans façon aussi, fait signe que oui, le plus galamment du monde. Il referme sa boîte, replie son parasol, franchit de roche en roche la Sédelle au moyen de son bâton ferré, et nous reconnaissons Schneider, dont on a remarqué les paysages au dernier salon. Il venait de faire en ce beau site sa moisson de croquis pour des œuvres nouvelles.

A ce propos, avez-vous remarqué à quoi tient en partie le développement de la peinture de paysage ? C'est à celui des chemins de fer. Aujourd'hui les artistes, en quelques heures, se transportent dans les pays qui étaient autrefois d'un difficile abord, et y découvrent des trésors de beauté.

Crozant est à quatre lieues du chemin de fer qui va de Châteauroux à Éguzon, et Châteaubrun est, avons-nous dit, à quatre lieues de Crozant, à une d'Éguzon. Ce sont des séries de paysages merveilleux, où brille une grâce sauvage, comme dans les grands yeux et dans les belles dents des fines paysannes qu'on y rencontre. George Sand n'a pas eu besoin de beaucoup idéaliser ses Berrichonnes. Entre Crozant et Châteaubrun, nous vîmes je ne sais com-

bien de Solanges et de Sylvies, charmantes avec
leurs cheveux en broussailles et leurs physionomies
d'une étonnante finesse.

A Châteaubrun, forteresse féodale, dont les murs
sont encore debout, mais n'ont plus ni toits ni plafonds, on voit, dans une tour épaisse, les oubliettes,
où l'on mettait les prisonniers de guerre. On les
y descendait sans escalier.

Lasciate ogni speranza..... Le poëte, qui écrit ces
funèbres paroles sur la porte de son enfer, a imaginé cependant des espèces d'escalier parmi ces
cercles sombres et ces spirales infinies. Et l'escalier,
c'est encore l'espérance. Qui le descend peut se
flatter de le remonter quelque jour. Mais les oubliettes, enfer véritable, plus cruel que celui du
Dante, étaient sans escalier, sans espérance! Un anneau de fer est au mur : on y rivait le prisonnier.
Dans ce puits infect, il dépérissait. Un peu de vile
nourriture, jeté de temps en temps, prolongeait
l'agonie.

L'aspect de ces grandes tours sur la montagne,
au soleil couchant, est sinistre. On reconnaît d'abord,
selon l'expression de George Sand, « un lieu souillé
des crimes mystérieux de la féodalité. »

Des souterrains descendaient jusqu'à la Creuse,
pour ménager, dans la défaite, une retraite aux as-
siégés. L'issue en était cachée par les eaux. Nous
essayâmes d'y descendre ; mais ces couloirs étroits,

aux voûtes basses, où les lampes s'éteignent faute d'oxygène, sont obstrués aujourd'hui à mi-chemin par leurs propres ruines.

Crozant est moins terrible et moins escarpé que Châteaubrun, mais plus étendu et plus vaste. Ces longs remparts, aux nombreuses tourelles ébréchées, remplissent tout l'Y du confluent des deux rivières.

Les eaux de la Creuse ont un goût légèrement sucré. Avis aux chimistes.

La Sédelle, aux ondes couleur de suie, dans lesquelles on dirait que tous les ramoneurs de l'univers se sont débarbouillés, n'en contient pas moins des truites excellentes.

Le meunier à qui appartient le fermage des ruines de Crozant, et dont le moulin microscopique, vu d'en haut, a l'air d'un joujou, pêcha devant nous notre déjeuner, jetant l'épervier avec beaucoup de vigueur, de grâce et d'adresse.

L'unique hôtelier du village voisin, — cet aubergiste honnête s'appelle Brigand, et ne mérite pas son nom, — apporta le second service.

Je vous fais grâce du dessert et des toasts, qui ne manquèrent non plus que la gaieté.

Elle redoubla lorsqu'en revenant d'Éguzon à Issoudun nous vîmes un âne en singulier costume : il avait les deux jambes de devant dans un pantalon de toile écrue. C'était, nous dit-on, à cause des mouches, qui sont très-malignes dans ce pays-là. En Savoie et en Suisse, c'est au ventre que les mulets portent des camisoles, ou, si vous voulez, des gilets, ce qu'on nommait du temps de Malherbe *nihil-au-dos*. Ainsi ânes et mulets ont, comme nous, diverses modes selon les pays.

A Issoudun, je relus le roman que Balzac y a encadré : *Un Ménage de Garçon*, où se trouve la remarquable création du soudard éhonté, du beau sabreur entièrement dépourvu de sens moral, Philippe Bridau, comte de Brambourg, qui agit dans la vie privée comme sur les champs de bataille.

Nous visitâmes le cabaret de la Cognette, où se réunissaient, pour comploter leurs méfaits nocturnes, les Chevaliers de la Désœuvrance.

Mon ami L...... me fit coucher dans la grande chambre tapissée des Aventures de Télémaque, — laquelle est encore aujourd'hui telle que Balzac l'a décrite.

Le lendemain, j'allai revoir le petit château de Frapesle, où il acheva *le Lys dans la vallée*.

Frapesle appartenait alors à Mme Carraud, amie d'enfance de la sœur de Balzac, Mme Surville. Un jour Balzac dit à Mme Carraud : « Ce n'est pas tout que de me donner l'hospitalité, rendez-moi un autre service. Mes belles lectrices inconnues m'accablent de correspondances émaillées de déclara-

tions d'amour. Vous sentez que je n'ai pas le temps
de faire du roman pour mon compte, si je veux en
faire pour les libraires. Voulez-vous être aimable?
lisez toutes ces lettres et répondez-y comme si c'était
moi. Je vous donne carte blanche; cela vous amu-
sera. »

Et Mme Carraud, pendant un mois ou deux,
tint bravement le courrier de Balzac avec ses lectrices, qui croyaient recevoir des autographes de leur
romancier adoré.

Dans les livres mêmes de Balzac, je ne jurerais
pas que Mme Carraud n'ait pas écrit quelque autre
lettre, par exemple celle que Mme de Mortsauf
adresse à Félix Vandenesse pour éclairer de ses
conseils l'entrée du jeune homme dans le monde.
Je crois fermement pour ma part que Mme Carraud,
plus ou moins, a mis la main à cette grande et admirable lettre.

Mme Carraud est née dans la patrie de George
Sand. Elle a maintenant plus de soixante-cinq ans.
Elle est petite, très-brune, et boite imperceptiblement.

Telle femme, de petite taille, paraît grande par
un air noble qui lui est naturel. Toute sa grandeur
est dans son âme, mais son âme est sur son front et
le hausse.

Il y a quinze ou seize ans, un de mes amis[1], du

---

1.   « Cet amy-là, Sire, c'estoyt moy-mesme. »

fond de l'Espagne, où il voyageait alors, écrivait à
Mme Carraud les vers suivants :

Vantez-vous de vos cinquante ans :
Votre demi-siècle rayonne,
Mère, et fleurit comme un printemps ;
Mais ma jeunesse est un automne.

C'est que la source de bonté
Arrose de fraîcheur votre âme,
C'est que vos yeux noirs pleins de flamme
Étincellent de charité ;

C'est que votre front si limpide
Brille d'un jour intérieur,
Et répand en lueurs humides
Les effluves de votre cœur.

Mais nous, jeunesse débauchée,
Libertins intellectuels,
Nous quittons notre œuvre ébauchée,
Pour courir aux biens sensuels.

Aux bras des folles courtisanes,
Ivres d'amour et de soleil
Nous nous couchons sous les platanes
Dans l'indolence et le sommeil,

Cependant que, toujours sereine
Sous le ciel radieux ou noir,
D'une volonté souveraine
Vous accomplissez le devoir.

Et rien n'interrompt votre course,

Nul fardeau ne vous fait ployer ;
Et pour tous vous êtes la source,
Pour tous vous êtes le foyer :

La source des célestes ondes,
Poésie, amour, idéal ;
Le foyer des flammes fécondes,
Foi, dévoûment, haine du mal.

Aussi, tandis que les années
En passant jettent loin de nous
Nos couronnes déjà fanées,
Elles n'effeuillent rien en vous.

Vous êtes la prairie ombreuse
Que protége une haie en fleur,
Et que de sa rosée heureuse
Arrose la sainte pudeur.

Vous demeurez jeune et charmante.
Votre sourire est un éclair,
Dès qu'un œil sympathique aimante
Votre visage doux et fier.

L'âge n'y grave point de ride.
Pourtant que de rudes combats !...
Tant que l'âme n'est pas aride,
Le visage ne vieillit pas.

Stigmates des hontes passées
Aussi souvent que des douleurs,
Les rides sur nos fronts tracées
Accusent la mort de nos cœurs.

L'arbre ne meurt point par la cime,

C'est par le cœur qu'il se corrompt :
Un front pur, un cœur magnanime
Des ans ne subit point l'affront.

Et votre front est sans nuage,
Une auréole y luit toujours ;
Sans rien craindre de leur passage,
Vous avez vu passer les jours.

Ainsi que les glaciers sublimes
Grossis par les torrents des monts
Du fond de leurs chastes abîmes
Rejettent les impurs limons,

Et toujours, jusqu'à la moraine,
Par un tressaillement obscur
Repoussent ce que l'onde entraîne
Dans leur incorruptible azur,

Ainsi de votre âme épurée
Le temps n'atteint point la candeur,
Et votre vie est azurée
En sa limpide profondeur.

Le monde et sa sagesse indigne
Glissent sur vous sans vous souiller,
Comme l'eau sur l'aile du cygne
Roule en perles sans la mouiller.

Oui, vantez-vous, vantez-vous, mère !
Vous êtes plus jeune que nous :
Vos cinquante ans, soyez-en fière !
Le temps n'a point neigé sur vous.

Oh ! soyez toujours notre étoile,

Et, puisque nulle autre ne luit,
Jetez, quand l'idéal se voile,
Vos doux rayons dans notre nuit.

Venez à moi, quand ma jeune âme
Lutte avec mon esprit blasé,
Et réchauffez de votre flamme
Mon cœur que le monde a glacé.

Ce qui était vrai il y a quinze ans l'est encore aujourd'hui. Mme Carraud ne vieillit point.

Retirée à Nohan, près de Graçay, au fond du Berry, — pas le Nohant de George Sand, — un autre qui s'écrit sans T, — Mme Carraud s'est faite bénévolement médecin de campagne et maîtresse d'école. Elle s'en va trottant, hiver comme été, à travers les sentiers, les champs ou les ornières, pour porter des secours et des consolations aux paysans plus pauvres qu'elle. Un jour elle rencontre une petite fille qui menait des oies dans les champs après la moisson; elle lui trouve une physionomie intelligente, se met à causer avec elle, l'engage à venir un matin, lui apprend à lire, à écrire, à tricoter, à coudre. La petite en amène une autre; et puis il en vint trois, puis quatre, puis une douzaine.

Il faut vous dire que dans les villages où il n'y a pas une école spéciale pour les filles et où celle qui existe est à la fois pour les filles et pour les garçons, les communes, malgré les injonctions des inspecteurs primaires, se font tirer l'oreille pour accorder la gratuité aux filles. La population n'a pas encore compris que l'éducation doit commencer par la femme, qui seule, dans la famille de l'ouvrier, en conserve et en transmet la tradition.

Mais si vous saviez comment sont organisées la plupart des écoles primaires! Les instituteurs, — il faut leur rendre cette justice, — sont fort au-dessus de la position qu'on leur fait. Ils savent beaucoup et sont fort supérieurs de ce côté aux desservants, qui parfois les oppriment. Eh bien! au lieu d'être soutenus et encouragés par leurs inspecteurs, ils n'en reçoivent que déboires. La peur que l'on a du clergé est telle, que les inspecteurs disent tout bonnement à l'instituteur : « Si vous avez maille à partir avec le curé, on ne vous soutiendra pas. » Il faut s'émerveiller, en vérité, que l'on trouve encore des maîtres pour tenir les écoles rurales. Ils ont besoin d'une dose d'abnégation dont on ne peut se faire une idée juste qu'alors qu'on est posé de façon à observer les choses de près. Car, si en haut l'on encourage peu le pauvre instituteur, en bas, c'est-à-dire chez les parents des écoliers, il ne saurait être apprécié. Ceux dont les enfants sont paresseux ou indociles dénigrent le maître d'école. Il faut qu'il donne des prix à tous, sous peine de voir diminuer le nombre de ses élèves; ce qui équivaut pour lui à une diminution de vivres : car le malheureux n'a que ce qu'il faut pour exister strictement. S'il est marié, il aide sa femme à faire la lessive les jours de congé et chauffe le four. Bref, on lui donne une des fonctions les plus importantes de la société et on le voue forcément à la misère.

C'était donc rendre un vrai service que d'élever gratuitement les petites filles de Nohan. Mais l'autorité, toujours ombrageuse, s'en émut et dit à Mme Carraud qu'on allait l'inspecter et qu'elle eût à se munir d'une autorisation. Elle refusa de se soumettre à ces exigences. Alors, comme elle était bien avec le recteur et qu'on sentait les services qu'elle rendait, on lui envoya l'autorisation.

En montrant à lire à ses petites filles, Mme Carraud fut étonnée de la difficulté de trouver des livres qui convinssent à ces enfants des campagnes; et, sans prétention d'auteur, uniquement par bonne volonté, elle se mit, à soixante ans, à essayer d'en écrire elle-même un d'abord, et puis deux, et puis trois, et puis quatre.

Le premier, intitulé : *la Petite Jeanne ou le Devoir*, à l'usage des petites filles, a été couronné par l'Académie française et tiré par la maison Hachette à quatre-vingt-cinq mille exemplaires. Le second, à l'usage des petits garçons, a pour titre : *Maurice ou le Travail*. Il a été tiré à quatre-vingt-sept mille. Le troisième s'appelle : *Contes et Historiettes*; le quatrième : *Lettres de famille*. Dans tous, Mme Carraud

a su résoudre cette immense difficulté, d'écrire pour
les enfants et pour les gens du peuple des histoires
simples, attachantes, intelligibles et élevées, non
sans style et sans poésie; mais style et poésie jaillis-
sent du sein de la réalité quotidienne, pratique et
vulgaire. Devant une tâche si difficile et si ingrate,
l'amour-propre littéraire de plus d'un écrivain eût
reculé, non sans raison; mais la charité ne recule
pas. Mme Carraud est un apôtre en jupes, qui a mis
simplement son imagination au service de son bon
cœur.

Vous voyez donc qu'elle était bien capable, au
temps de sa prospérité, lorsqu'elle était châtelaine
de Frapesle, de faire l'intérim de Balzac dans sa cor-
respondance aux quatre coins du monde avec les
belles admiratrices inconnues.

Je tiens d'elle un curieux autographe où Balzac se
peint tout entier :

Mon Dieu! je voudrais bien — être à la Poudrerie (*à
Angoulême*, *où Mme Carraud habitait alors et où Balzac
improvisa* LA GRENADIÈRE *en jouant au billard*); — mais le
moyen? Je n'ai pas encore un volume de réimprimé des
Chouans; j'ai encore douze à treize feuilles du *Médecin de
campagne* à terminer; j'ai cent pages à fournir ce mois-ci
pour la *Revue de Paris*. Pour achever tout cela, ne suis-je
pas forcé de rester à Paris? Puis les affaires d'argent, dont
les difficultés vont en croissant, parce que les besoins sont
fixes et les recettes sont frappées d'anomalie autant que les
comètes.

Mais, certes, j'espère que le 10 de mars je serai à la Poudrerie; car il me faut un grand mois de solitude pour achever cette *bataille* qui me tracasse beaucoup.

J'oubliais le deuxième dizain de *Drolatiques* pour lequel j'ai encore deux contes à faire, dont l'un est le *majeur* du volume.

Je vous assure que je vis dans une atmosphère de pensées, d'idées, de plans, de travaux, de conceptions, qui se croisent, bouillent, petillent dans ma tête à me rendre fou. Néanmoins rien ne me maigrit, et je suis *le plus vrai pourtraict de moine qui oncques ait été vu depuis l'extrême heure des couvents.*

Quant à l'âme, je suis profondément triste. Mes travaux seuls me soutiennent dans la vie. Il n'y aura donc pas de femme pour moi dans le monde? Mes mélancolies et ennuis physiques deviennent plus longs et plus fréquents : tomber de ces travaux écrasants à rien ! n'avoir pas près de soi cet esprit doux et caressant de la femme pour lequel j'ai tant fait !

Mais laissons cela.

J'ai à vous remercier, et des soins que vous prenez pour mon service (*ce mot s'expliquera plus loin, il s'agit d'un service de porcelaine*), et de tout ce que vous me dites de bon : vos lettres me font toujours l'effet d'une de ces belles fleurs dont le parfum réjouit.

Je ne connais point Mme de Saint-S..., pas plus que beaucoup de femmes dont on me jette les faveurs à la tête, qui se vantent de m'avoir pour amant et dont je ne connais ni le nom ni le visage. Je n'ai vu personne d'Angoulême, et je n'y connais que vous et les personnes que j'ai vues chez vous.

La semaine prochaine, nous vous expédions votre *Lambert*, que vous auriez déjà, n'était la paresse de M. Au-

guste, qui a oublié de commander la boëte (*sic*). J'y joins
un exemplaire ordinaire, dont vous ferez ce que vous voudrez.

Nous avons mangé avec un saint respect votre pâté,
pensant à vous nécessairement, mais de cœur bien volontiers, comme vous l'imaginez.

Allons ! encore quelques jours, et je viendrai à vous armé
d'un des plus beaux livres qu'auront fait les hommes, *si*
j'en crois mon pressentiment et ceux de mes amis, *si* mon
bon esprit ne m'abandonne pas, enfin *si* tous les *si* sont
accomplis.

Le Médecin de campagne me coûte dix fois plus de travail que ne m'en a coûté *Lambert*. Il n'y a pas de phrase,
d'idée, qui n'ait été vue, revue, lue, relue, corrigée, c'est
effrayant ; mais, quand on veut atteindre à la beauté simple
de l'Évangile, surpasser le *Vicaire de Wakefield* et mettre
en action l'*Imitation de Jésus-Christ*, il faut piocher, et
ferme ! Émile de Girardin et notre bon Borget parient pour
quatre cent mille exemplaires. Émile l'éditera à vingt sous
comme un almanach, et il faut le vendre comme on vend
les paroissiens.

Adieu, à bientôt, les retards ne viennent pas de moi,
vous ne pouvez douter de mon affection, et Ivan a raison.
Nous causons souvent de lui avec Auguste.

Adieu donc, mille gentillesses de cœur, et même tout le
cœur. Baisez Ivan au front pour moi. Puis, que le Comman-
dant accepte ma poignée de main.

Pressez mon service, car j'ai un dîner à donner, je ne
sais quand maintenant. Quant aux tasses, je les voudrais
en forme (passez-moi l'expression, parce qu'elle explique
la forme) de pot de nuit, élégante, pure : elle ne passe jamais de mode. Les assiettes de dessert, vous le savez, doivent avoir un ornement de plus que les autres. Je vous

donne ici mon chiffre à leur envoyer, avec un B de plus néanmoins, également gothique. (*Ceci, parce que le petit cachet de cire rouge, apposé sur la page comme spécimen, ne porte qu'une H. Il dit donc de mettre H. B.*)

Tel est ce curieux autographe. N'eût-on de Balzac que cette lettre, est-ce qu'elle ne suffirait pas à le peindre au vif, des pieds à la tête, physiquement, intellectuellement et moralement?

II

Certes, la cathédrale de Bourges est admirable
avec ses cinq nefs grandioses qui présentent, vues
obliquement, l'aspect d'une forêt immense dont
les arbres seraient en pierre et les feuillages en
vitraux.

Elle a deux petits portails latéraux, du onzième
siècle si je ne me trompe, qui sont des merveilles
de grâce.

Le portail principal par où l'on entre dans la
grande nef est tout un poëme de pierre extrêmement curieux. Il représente les scènes du Jugement

dernier : les morts sortant de leurs tombes au son
des trompettes, le pesage des âmes dans des ba-
lances. Les âmes sont figurées par de petites filles
nues, ou du moins de petites personnes sans sexe.
Les unes, trouvées légères, — légères de péchés,
— s'en vont dans le ciel avec les anges, à la droite
du Père et du Fils. Les autres, trouvées lourdes, —
et c'étaient celles que nous appelions légères ici-
bas, — s'en vont dans l'enfer avec les démons.

Ces démons à faces bestiales ont des attributs
naïvement expressifs. Le démon de la luxure entre
autres est étonnant : il a des ailes par derrière, et
ce n'est ni aux épaules ni aux talons; par devant,
quatre gueules dévorantes : d'abord celle de la face,
puis deux aux seins, et la quatrième beaucoup
plus bas.

Les diables, rayonnants de joie, se partagent les
fonctions de gendarmes et de bourreaux : les uns
empoignent et malmènent, avec le zèle qui appartient à la première de ces deux institutions, les
pauvres âmes condamnées et damnées par la sen-
tence du tribunal suprême; les autres, avec de gros
soufflets, soufflent le feu sous des chaudrons; la
flamme monte tout alentour; d'autres diables, armés de grandes fourches, plongent et retournent dans
la chaudière les pauvres âmes, qui lèvent les bras,
pendant que les démons ricanent et hurlent de joie.

C'est une *Divina Commedia* en pierre; mais, tandis

que chez Dante tout est lugubre, amer, désolé, gé-
missant, au point que le poëte paraît aussi malheureux, peu s'en faut, que les damnés qu'il représente, et semble être un damné lui-même, de son
vivant, par sa propre mélancolie et ses propres colères; ici, au contraire, au portail de Bourges, éclate
et flambe une sorte de joie, je ne sais quelle verve
gauloise au milieu des supplices infernaux. De part
et d'autre, matérialisme épais, même dans les parties
de l'œuvre qui veulent être spiritualistes; mais le
poëte italien semble prendre au sérieux les croyances
de son temps, même lorsqu'il les brode de ses fic-
tions, tandis que l'artiste français semble animé
déjà du souffle de *Candide* et répand dans son œuvre
plus d'esprit que de foi. Il a mêlé là quelques-unes
des gausseries de la Danse Macabre. Ses démons à
faces bestiales l'amusent plus qu'ils ne l'effrayent,
et il leur dit en les sculptant : « Vous êtes plus bêtes
que méchants. »

Il n'y avait d'épouvantés par ce portail que ceux
qui voulaient l'être, — ceux qui le sont d'avance en
tout cas et toujours.

Les vitraux ne sont pas la partie la moins belle
de cette grande Bible de pierre et de verre qui s'appelle Saint-Étienne de Bourges. Ils sont d'une richesse de coloris que l'on ne sait plus égaler, et
d'une variété splendide. Ils représentent les histoires
les plus pathétiques de l'Ancien Testament et du

Nouveau : Job, l'Enfant prodigue, Lazare et le Mauvais Riche ; ici les chiens léchant les plaies du pauvre lépreux, qui se lamente ; là les insolents festins du riche au cœur sourd ; puis la terrible catastrophe : le lépreux dans la gloire, au sein de Dieu, et le riche dans la géhenne.

Sous la grande cathédrale, il y en a une autre : c'est la crypte, fort belle aussi, où sont les statues de marbre des ducs de Berry, et un Christ au tombeau, entouré de personnages, de grandeur naturelle et peinturlurés, qui font l'admiration du bedeau. « Est-ce assez beau ! » s'écriait-il en levant la main gauche avec enthousiasme, tandis qu'il tendait la droite à ma pièce de vingt sous.

La cathédrale, à l'intérieur, est très-nue et même un peu pauvre ; mais cette austérité ne messied pas, et, pour ma part, j'aime mieux cet excès-là que celui du bariolage byzantin si fort à la mode aujourd'hui et où l'on engloutit des sommes à farder des églises chrétiennes comme des courtisanes païennes.

C'est dans ce grand vaisseau de Saint-Étienne de Bourges que j'entendis, il y a bien longtemps, en 1843, insulter publiquement et impunément, du haut de la chaire chrétienne, une femme, la gloire du Berry ; et cela en des termes tellement incroyables et tellement grossiers, et tellement absurdes, que je ne les répéterai point.

Comme contraste, il y a dans une maison de
Bourges, que George Sand habita quelque temps,
une belle prière écrite par elle, au crayon, sur le
panneau d'une alcôve : paroles d'angoisse et de foi,
jaillies du cœur dans une douloureuse crise.

Si la cathédrale est grandiose, la maison de Jacques Cœur, dans un genre différent et dans un ordre
tempéré, est aussi fort belle. C'est moins une maison
qu'un élégant palais, que s'était fait construire, au
temps de sa richesse et de sa fabuleuse prospérité,
l'argentier du roi Charles VII, alors qu'il était en
état de prêter à ce prince deux cent mille écus d'or.

Princes ne sont toujours reconnaissants : Jacques
Cœur expia ses éclatants services. Calomnié par ses
envieux, accusé de crimes imaginaires, il fut jeté
dans un cachot, ne parvint qu'avec peine à s'échapper, et mourut en exil.

> Aussitôt qu'un sujet s'est rendu trop puissant,
> Encor qu'il soit sans crime, il n'est pas innocent ;
> On n'attend point alors qu'il s'ose tout permettre :
> C'est un crime d'État que d'en pouvoir commettre.

Aujourd'hui la maison de Jacques Cœur sert de
palais de justice.

Soit ! mais pourquoi dégrader sans scrupule ce
chef-d'œuvre d'architecture en scellant tout le long

de la façade d'affreux tuyaux de fer armés de becs pour les illuminations au gaz?

Dans la rue au-dessous est la jolie maison du jurisconsulte Cujas, au cœur bienfaisant, qui avait un nombre prodigieux d'élèves, et qui, non content de les instruire, les assistait souvent de sa bourse et de son amitié.

A présent, la gendarmerie, aux bottes bruyantes, à la rude poigne, habite ce paisible asile de la science et de l'étude. La force remplace le droit.

Mais n'a-t-on pas découvert récemment que force et droit sont même chose, et qu'au fond la force du droit se réduit au droit de la force? Ma foi! vivent les antinomies, par lesquelles on arrive à de si belles trouvailles, et qui vous procurent le moyen de jongler ainsi avec les idées!

C'est encore un joli bijou d'architecture que la petite Maison des Sœurs Bleues, où l'on dit qu'est né Louis XI : — charmant berceau d'un vilain sire, qui fit certaines choses utiles et un grand nombre d'exécrables. Gardons-nous de jamais l'absoudre, ni lui ni les autres tyrans. Ne faisons pas comme ces Chartreux dont parle son historien, Philippe de Commines :

« Le corps de Jean Galéas, dit-il, *un grand et mauvais tyran, mais honorable*, est aux Chartreux, à Pavie, près du Parc, plus haut que le grand autel, et les Chartreux me l'ont montré. Et l'un d'eux, natif de Bourges, me l'appela *saint*. Et je lui demandai en l'oreille pourquoi il l'appelait *saint*, et qu'il pouvait voir alentour de lui les armes de plusieurs cités qu'il avait usurpées, où il n'avait nul droit. Il me répondit tout bas : « En ce pays-ci, nous appelons *saints* tous ceux qui nous font du bien. »

Notez que Commines a l'air de sourire de la réponse de ce Chartreux, mais que cela ne l'empêche pas de professer les mêmes principes dans tout son livre, soit naïvement, soit politiquement, et de dire, ici même, ce mot superbe : « Un grand et mauvais tyran, *mais honorable !* »

La charmante maison dont nous parlons sert aujourd'hui de nid à une école de petites filles dirigée par les Sœurs Bleues. L'une des Sœurs nous servit de cicérone.

Escaliers, cheminées, plafonds sont ouvrés, brodés à ravir, semés d'armoiries, de rébus, de fantaisies gracieuses ou bouffonnes. Au plafond de l'oratoire, droit devant l'autel, un joli gamin pisse dans un sabot. Ici la Sœur Bleue devint rouge, comme il convenait, et baissa un œil.

Oui, cette maison est gracieuse, et celle de Cujas est noble, et celle de Jacques Cœur est belle, et la cathédrale de Saint-Étienne est admirable ; mais, avec tout cela, il faut en convenir, cette ville de Bourges, — si considérable qu'elle ait été et qu'elle soit encore, — respire l'ennui.

Telle je l'avais laissée jadis, telle je la retrouvai, — en léthargie, — comme la Belle au bois dormant.

Le chemin de fer est-il le beau prince qui la réveillera enfin? Je le souhaite, sans l'espérer.

Je tombai dans cette ville, par hasard, le 13 août dernier [1], jour de la distribution des prix du lycée. C'était ce jour-là même que je l'avais quittée, il y avait dix-huit ans! Rien n'était changé depuis lors : dans la même grand'salle, toujours sombre, toujours étayée de gros piliers de bois qui gênent la vue, j'aperçus de loin, sur la petite estrade encaissée, un jeune professeur en robe noire, qui, au milieu de ses collègues en costume noir aussi, prononçait le discours d'usage, — juste comme moi dix-huit ans auparavant, jour pour jour et heure pour heure; je crus me voir là-bas dans la pénombre, ce fut une sorte d'hallucination rapide; aussi bien ne restai-je là qu'une minute : — il me sembla que c'était moi qui, mort, faisais le discours à des morts.

Après tout, en ce qui me concernait, ce rêve n'était pas sans quelque vérité : le moi de ce temps-là était bien mort, et je revenais voir la place où il était inhumé pour toujours, la chaire où j'avais dé-

1. 1861.

buté en sortant de l'École normale. Je me rappelai la parole de saint Augustin dans ses *Confessions :* « Et voilà que ma jeunesse est morte depuis long-temps, et moi je vis! » *Et ecce adolescentia mea olim mortua est, et ego vivo!*

On ne saurait imaginer, sans l'avoir vu, à quel point, dans une si grande ville, la tranquillité et la solitude règnent! Il y a telles rues, — par exemple celle de la Grosse Armée et celle de la Petite Armée, datant de l'époque de Charles VI, et telles aujour-d'hui qu'au temps de ce roi, — qui restent dans mon souvenir comme une image de la désolation. Même au grand soleil, le spleen seul y passe. Au clair de lune, c'est à pleurer. Entre de longs murs blancs, coupés de grandes ombres, parmi les petits pavés pointus, si bien nommés graine de clochers, on voit pousser l'herbe et la tristesse.

En ce temps-là, quand je passai dix mois à Bourges pour ma première étape universitaire, une pensée me venait souvent : « Si cependant on mou-rait tout à coup après dix mois pareils, précédés de trois ans à l'École normale dans les vieux bâtiments humides du Plessis, et de quatorze ans de reclusion préparatoire dans les colléges et les pensions, en tout dix-huit ans de tristesse, sur vingt-trois années d'existence, — comme on serait volé! »

Je ne prévoyais pas qu'on pouvait l'être encore d'une autre manière sans décéder subitement.

Quelle admirable carrière que l'Université, où, après un noviciat et un stage de cette durée, après des travaux excessifs, après je ne sais combien d'examens subis, de concours franchis, de grades conquis, la pauvre chaire qu'on a si bien gagnée, au prix de tant de labeurs et de peines, peut vous être enlevée du soir au matin, sous le premier prétexte venu, sans débat contradictoire, sans défense régulière, sans nul texte de loi qui puisse vous atteindre, sans appel, sans cassation, sans l'ombre d'une garantie quelconque — soit contre le bon plaisir d'un Ministre, soit contre l'entraînement d'un Conseil !

Ainsi, on vous prend vingt années de votre vie, et les plus belles ! et on vous prend avec ces vingt années tout l'avenir qui en dépendait, — car, tandis que vous vous préparez à une chose, vous ne vous préparez pas à une autre ; — puis, un beau matin, on vous destitue, *ad vitam æternam, amen !* On vous met *à la réforme*, comme un vieux cheval, quand vous avez trente ans ! *À la réforme !* le mot, vraiment, est aussi joli que la chose. Qu'avez-vous à dire ? Pas un mot. Qu'avez-vous à faire ? Rien du tout. Dans cette carrière libérale, vous êtes hors du droit commun. On exige de vous mille garanties, et on ne vous en donne aucune. Je ne crois pas qu'il existe une profession aussi hérissée de difficultés, ni, en récompense, aussi complétement livrée, pieds et poings liés, à l'arbitraire le plus pur.

Et pourtant, — Daniel Stern le dit avec raison, — c'est surtout aux fonctions professorales qu'il faudrait attacher des garanties et des droits (il dit même : des priviléges) « de telle nature, que bientôt l'opinion s'accoutumât à les considérer comme les plus éminentes dans l'État, et qu'elles devinssent à tous les degrés l'ambition des hommes supérieurs. »

De Bourges nous allâmes à Lyon, par le Nivernais et le Bourbonnais aux belles campagnes, pays délicieux à voir. A chaque pas, sur les bords de l'Allier, au milieu des grasses prairies, vous rencontrez des troupeaux de grands bœufs tout blancs, de race charolaise, semblables à ces divins bœufs du Soleil que dévorent, dans leur faim sacrilége, les compagnons d'Ulysse, « ces bœufs que le Soleil se réjouissait de voir en partant le matin pour le ciel étoilé, et le soir quand il retournait du ciel vers la terre. »

Avec ces deux vers de l'*Odyssée* se croisèrent dans ma mémoire ces quatre de Leconte de Lisle :

Non loin, quelques bœufs blancs, couchés parmi les herbes,
Bavent avec lenteur sur leurs fanons épais,
Et suivent de leurs yeux languissants et superbes
Le songe intérieur qu'ils n'achèvent jamais.

Au-dessus des murs d'un parc magnifique, je lis un écriteau ainsi conçu :

LE PUBLIC EST PRÉVENU
QU'IL Y A DES PIÉGES A LOUPS.

Le public ! comment trouvez-vous le mot ? S'il est poli et délicat, c'est à l'égard de MM. les voleurs plutôt qu'envers les honnêtes gens qui passent leur chemin sans songer à mal. Pauvre public ! pauvres nous tous ! N'est-ce pas comme si ce monsieur, du haut de sa propriété, nous criait : « Hé ! tas de voleurs, halte-là ! garde à vous ! »

Mais je veux croire que ce brave homme n'y a pas entendu malice. On est riche, on ne peut pas tout avoir.

Les oiseaux, qui peut-être ne savent pas lire et qui en tout cas se moquent des piéges à loups, s'en donnaient à cœur-joie dans ce beau parc et chantaient à ravir sous les hautes futaies. Je m'arrêtai quelque temps pour les écouter.

Le chant des oiseaux dans les arbres est charmant, varié, vivant, léger et doux, — parce qu'ils sont libres ; — le chant des oiseaux dans les cages est strident, monotone, cassant et énervant, — parce qu'ils sont captifs. — C'est comme les enfants dans une chambre, ou les enfants dans la campagne. — La liberté met tout ou plutôt laisse tout dans sa vraie harmonie et dans sa vraie beauté ; au contraire, la reclusion, la compression, la servitude gâtent et enlaidissent toutes choses et toutes gens, depuis les oiseaux et les enfants jusqu'aux hommes.

La nuit arrive, on remonte en wagon ; on s'étend, on tâche de dormir. De temps en temps on entr'ouvre les yeux, on voit de jeunes ormes au feuillage clairet sur l'azur nocturne, ou de longues rangées de peupliers sombres posés sur le ciel comme un grand clavier où le vent se joue en modulations infinies.

Puis, tout se confond, et l'on s'assoupit jusqu'au matin.

Un coup de coude, que je remercie, me réveille au moment où la Saône se jette dans le Rhône et où de beaux coteaux, couronnés de villas, annoncent l'admirable entrée de Lyon, éclairée par un gai soleil.

La vieille ville est sale et affreuse ; la nouvelle est splendide.

La montagne de Fourvière qui, en immense amphithéâtre, domine la vaste cité, est d'une beauté unique. On y grimpe par des rampes carrossables, ou, tout droit, par un escalier qui rappelle l'échelle de Jacob, tant il est roide et paraît infini, et tant il est parcouru par des anges ! Cela se nomme la Montée des Chazeaux : douze ou quinze cents marches de pierre, en droite ligne et à pic, avec une rampe de fer. C'est là que la crinoline est perfide et trahit bien des secrets ! d'autant plus que les Lyonnaises, qui ont la jambe assez bien faite, n'adoptent pas jusqu'à présent l'usage anglais des pantalons, qui commence à sévir à Paris même, avec toutes les autres hypocrisies.

Il est seulement regrettable que cette belle montagne de Fourvière soit en quelque sorte la citadelle de la superstition et de l'idolâtrie. Un Anglais que j'y rencontrai était stupéfait de ce qu'il voyait. Tout ce qu'on expose là n'est pas croyable. Il faut voir les choses par ses propres yeux, et encore on en doute. Je fus obligé de convenir avec ce gentleman que la bêtise humaine, sur certains points, a des profondeurs insondables.

Fourvière forme un pays à part. — Comme j'aime beaucoup les inscriptions, je m'amusai à en copier deux ou trois assez curieuses. — Sur les panneaux d'un magasin on lit ceci :

CATHERINE MOUSSANT

TIENT

UN GRAND ASSORTIMENT

DE

BIJOUTERIE RELIGIEUSE

A DES PRIX TRÈS-MODÉRÉS.

Sur une autre boutique, non loin de là, il est écrit :

FABRIQUE D'ARTICLES DE RELIGION

ET AUTRES OBJETS PLASTIQUES.

Et sur une autre :

FABRIQUE D'ARTICLES DE RELIGION,

OS, IVOIRE ET PLASTIQUE,

GROS ET DÉTAIL.

De Lyon, j'allai à Grenoble, puis à la Grande-Chartreuse, célèbre par sa piété et par sa liqueur.

Les abords sont d'une beauté sauvage ; cela s'appelle le Désert. C'est une route montante, ombragée de grands arbres et bordée de précipices.

Le monastère, sur sa montagne, est beau, vaste et sévère.

L'hospitalité y est gratuite. On nous fit souper dans une vaste salle. Au-dessus de la porte, en dehors, sont écrits ces mots :

AULA PROVINCIARUM GALLIÆ.

Cette salle est éclairée par sept fenêtres à petits carreaux en losange, enchâssés dans du plomb. Le plafond, bruni par le temps et par la fumée de la grande cheminée, est fait de cinq gros sommiers qui supportent une quantité infinie de petits soliveaux étroits. Sur les murs, blanchis à la chaux, il y a un crucifix en face de la cheminée, et quelques tableaux tellement enfumés qu'on n'en sait plus voir le sujet, puis deux cartes de géographie.

Il n'entre jamais de viande à la Grande-Chartreuse. Ce fut donc un souper maigre que l'on nous donna : panade, omelette, pommes de terre, haricots verts, poires et noix. Et, par là-dessus, un petit verre de la liqueur très-saine, qui rapporte au couvent de jolis revenus, malgré des contrefaçons innombrables. Elle est faite avec la pulpe résineuse des feuilles du sapin.

Après le souper, on peut, à son gré, veiller près de l'immense cheminée, en attendant l'office nocturne, ou aller prendre quelque repos dans un lit fait comme un cercueil, et où l'on reste forcément sur le dos, faute de place pour se retourner. Ajoutez qu'en guise de bougie on me donna une sorte de cierge.

C'est dans cet appareil funèbre que je m'endormis, pour très-peu de temps; mais je rêvai que c'était pour toujours, — ce fut comme la suite du rêve que j'avais fait tout éveillé dans la grand'salle du lycée de Bourges, — il me sembla que mes amis, et mes ennemis mêmes, rangés autour de moi, célébraient mes vertus : « Il était le plus ceci, le plus cela... » et qu'on aspergeait d'eau bénite le drap mortuaire jeté sur ma face.

L'eau bénite me réveilla, et fort à propos, car l'heure de l'office venait de sonner. Et, quand on couche à la Grande-Chartreuse, il convient de ne pas manquer l'office nocturne, qui d'ailleurs est intéressant par sa mise en scène.

On vous conduit donc, vers minuit, dans une tribune élevée qui domine la chapelle. Pour le moment, et tribune et chapelle demeurent entièrement obscures, excepté une petite veilleuse suspendue tout là-bas devant l'autel, et qui ne fait que rendre visibles les ténèbres. Dans ces ténèbres, peu à peu, on distingue les formes vagues des moines qui entrent successivement, chacun portant une lanterne sourde qui permet de le deviner plutôt que de le voir. Toutes ces ombres se rangent dans les stalles du chœur. Ensuite, une immobilité complète, un silence profond.

Puis, tout à coup, une sorte de roulement sourd. Ce sont tous les moines qui, dans l'ombre, se prosternent et frappent du front le plancher de leurs stalles. Ils se relèvent : nouveau silence et nouvelle immobilité pendant quelque temps.

L'obscurité n'est mêlée, çà et là, que des reflets brisés et fantastiques qui s'échappent des lanternes sourdes et des pâles lueurs de la veilleuse.

Enfin, de cette presque-nuit et de ce silence, soudainement s'élève une colonne de voix puissantes qui fait retentir les voûtes du chœur :

> Deus, in adjutorium meum intende !
> Domine, exaudi, vocem meam !...

En même temps les lanternes s'ouvrent, les cierges s'allument, la chapelle s'éclaire, et on découvre dans leurs stalles tous les Chartreux en robes blanches. Ce coup d'œil est d'un grand effet.

Le reflet des cierges aux lueurs blafardes joue sur ces crânes chauves et polis....

Les moines continuent à chanter jusqu'à deux heures du matin.

L'office terminé, on s'en va se recoucher dans son cercueil.

III

Du Dauphiné je passai en Savoie, et de la Chartreuse aux Charmettes.

A une demi-heure de Chambéry, « entre deux
coteaux assez élevés, — laissons parler Rousseau lui-
même, — est un petit vallon nord et sud, au fond
duquel coule une rigole entre des cailloux et des
arbres. Le long de ce vallon, à mi-côte, sont quelques maisons éparses, fort agréables pour quiconque aime un asile un peu sauvage et retiré.

Après avoir essayé deux ou trois de ces maisons, nous choisîmes enfin la plus jolie.... »

Quels enchanteurs que ces poëtes ! et Rousseau était l'un et l'autre. Comme ils transforment toutes choses ! comme ils savent sur tous les objets répandre la grâce et la vie ! comme ils créent ce qu'ils voient et ce qu'ils aiment !

Sans les souvenirs de Rousseau et de Mme de Warens, que seraient les Charmettes ? Une petite maison pauvre et triste, qui porte la date de 1660, et qui n'était donc pas déjà fort neuve quand Mme de Warens en prit possession à la fin de l'été de 1736. Aujourd'hui à plus forte raison est-elle misérable et délabrée. Pour tous meubles, dans la chambre de Mme de Warens, il reste une chaise longue et un miroir ; dans celle de Rousseau, un vieux clavecin. La maison, en tout cas, était petite et basse : elle n'avait qu'un rez-de-chaussée et un étage, avec un grand toit moussu. On ne sait comment y faire tenir en idée toutes les personnes qui l'habitaient. Rousseau dit cependant : « La maison était très-logeable. » Mais bien vite il ajoute, et c'est apparemment ce qu'il trouvait de plus logeable dans les Charmettes : « Au devant était un jardin en terrasse, une vigne au-dessus, un verger au-dessous ; vis-à-vis, un petit bois de châtaigniers ; une fontaine à portée ; plus haut dans la montagne, des prés pour l'entretien du bétail ; enfin tout ce qu'il

fallait pour le petit ménage champêtre que nous y
voulions établir. »

Rousseau était, je pense, comme mon ami H...,
qui vite, au retour de l'exil, chercha une maison à
Paris. Il trouva un jardin et deux gros marronniers,
deux marronniers splendides. « Oh ! les beaux
marronniers ! » dit-il ; et aussitôt il écrit à sa
femme : « Viens ! j'ai trouvé ce qu'il nous faut ! »
Lorsque Mme H.... arriva, il lui montra avec enthousiasme le jardin et les deux gros arbres. « Et
la maison ? dit-elle. — Bah ! la maison ! nous la
ferons construire ici, en face de ces deux magnifiques marronniers. Est-ce que cela n'est pas très-
logeable ? » Et il fit comme il avait dit. — Heureusement que c'était l'été, et qu'on pouvait attendre,
sous les grands marronniers, que la maison fût
bâtie et séchée.

Je suis sûr que, de même, ce qui plut à Rousseau dans cette maison des Charmettes, ce fut le
jardin, et la vigne, et le petit bois de châtaigniers
vis-à-vis, et les montagnes alentour. Ce fut surtout, dans ce frais paysage, la femme qui, pour lui,
l'animait, l'éclairait des rayons du premier amour.
Voilà, sans doute, comment cette pauvre maison
lui parut la plus jolie et la plus logeable de toutes.

« J'étais transporté, écrit-il, le premier jour que
nous y couchâmes. — O maman ! dis-je à cette chère
amie, en l'embrassant et l'inondant de larmes d'at-

tendrissement et de joie, ce séjour est celui du bonheur et de l'innocence.... »

De l'innocence ! Sur ce pied-là, qui donc ne serait innocent, et ne se contenterait de cette innocence ?

Quel sophiste que ce Rousseau, même lorsqu'il est le plus sincère ! Comme il excelle à se leurrer, avec sa sensibilité, qui n'est bien souvent que la joie des sens et qu'il prend pour de la tendresse ! Et c'est là pourtant qu'il est le plus vrai.

Rousseau, ours pour les hommes, était chat pour les femmes, — excepté lorsque sa timidité ou ses bizarreries maladives le faisaient paraître ours même avec elles : « Ce qui nous attache le plus aux femmes, dit-il, est moins la débauche qu'un certain agrément d'être auprès d'elles. » Il était chat, vous dis-je, et il aimait à se frôler contre leurs jupes.

Et les femmes le savaient bien. Elles sont comme les enfants, elles sentent ceux qui les aiment. Aussi, toute sa vie et dès son plus jeune âge, s'il fut toujours occupé d'elles, elles furent toujours occupées de lui, — depuis Mlle Lambercier, et Mlle Wulson, et Mlle Goton, et Mlle Galley avec Mlle de Graffenried, et Mme de Warens, et Mme de Larnage, et Mme Basile, et tant d'autres, jusqu'à Mme d'Houdetot et sa sœur Mme d'Épinay, qui le dorlotait si bien dans son ermitage à Montmorency, qu'un

jour elle lui envoya un de ses jupons de flanelle anglaise — chose alors rare et précieuse — pour lui
faire un gilet bien chaud.

Mme d'Épinay, dit-il, inquiète de me savoir seul en hiver
au milieu des bois, dans une maison isolée, envoyait très-
souvent savoir de mes nouvelles.... Un jour qu'il gelait
très-fort, en ouvrant un paquet qu'elle m'envoyait de plusieurs commissions dont elle s'était chargée, j'y trouvai un
petit jupon de dessous, de flanelle d'Angleterre, qu'elle me
marquait avoir porté, et dont elle voulait que je me fisse
un gilet. Le tour de son billet était charmant, plein de
caresse et de naïveté. Ce soin, plus qu'amical, me parut
si tendre, comme si elle se fût dépouillée pour me vêtir,
que dans mon émotion je baisai vingt fois, en pleurant, le
billet et le jupon. Thérèse me croyait devenu fou. Il est
singulier que de toutes les marques d'amitié que Mme d'É-
pinay m'a prodiguées aucune ne m'a jamais touché comme
celle-là, et que, même depuis notre rupture, je n'y ai jamais repensé sans attendrissement. J'ai longtemps conservé son petit billet, et je l'aurais encore, s'il n'eût eu le
sort de mes autres lettres du même temps.

Voici ce billet, que Rousseau ne se rappelait pas
exactement; du moins le voici tel que le rapportent les Mémoires de Mme d'Épinay :

J'envoie, mon hermite, de petites provisions à Mmes le
Vasseur; et, comme c'est un commissionnaire nouveau
dont je me sers, voici le détail de ce dont il est chargé :
un petit baril de sel, un rideau pour Mme le Vasseur et
un cotillon tout neuf à moi (que je n'ai pas porté, au moins !)

d'une flanelle de soie, très-propre à lui en faire un, ou à vous-même un bon gilet.

Bonjour, le roi des ours. Un peu de vos nouvelles.

Que Rousseau ait eu tort, dans ses *Confessions*, de nommer Mme de Warens et d'apprendre au monde comment s'appelait cette femme si bonne et si faible, cela est incontestable ; mais qu'il ait eu tort de la peindre, et que dans sa peinture il l'ait calomniée, comme le suppose M. de Lamartine, je ne le crois pas. Ce caractère et ce tempérament, tels que Rousseau les représente, paraissent vrais. On peut ne pas approuver, ne pas estimer l'extrême facilité de mœurs de cette « chère maman, » et son excessive largesse en toutes choses ; mais on est forcé de lui pardonner pour sa franchise et de l'aimer pour sa bonté.

Jean-Jacques lui fut redevable du seul temps heureux de sa vie. Voilà surtout pourquoi cette petite maison resta entourée, dans son souvenir, d'une poétique auréole. La réalité était pauvre, soit matériellement, soit moralement. Il a tout embelli par un lointain mirage. Il y a répandu les grâces et les prestiges de son génie de coloriste. Les Charmettes avaient fait Rousseau, et Rousseau a fait les Charmettes.

De tout cela il reste une masure humide et les pages immortelles des *Confessions*, très-malsaines au fond, très-contagieuses, mais enfin les plus séduisantes et les plus adorables du monde.

Dans le mur extérieur des Charmettes, sur une pierre blanche, est gravée l'inscription suivante, placée, en 1792, par Hérault de Séchelles, commissaire de la Convention dans le département du Mont-Blanc :

> Réduit par Jean-Jacque habité,
> Tu me rappelles son génie,
> Sa solitude, sa fierté,
> Et ses malheurs, et sa folie.
>
> A la gloire, à la vérité
> Il osa consacrer sa vie,
> Et fut toujours persécuté
> Ou par lui-même ou par l'envie.

On attribue ces vers à Mme d'Épinay.

En redescendant des Charmettes, le long de la petite haie de charmilles d'où sans doute vint ce joli nom, je n'y trouvai point de pervenche, ce n'en était plus la saison. Mais je vis des liserons roses, à l'odeur d'amande ; des coquelicots blancs, d'une virginale pureté, et des jusquiames, au calice élégant, fermé d'un petit couvercle pour préserver les graines, qui y sont contenues comme dans une urne aux bords dentelés. Je vis encore un beau poupon, dru et frais sur le bras de sa nourrice, comme une fleur de marronnier. Et enfin, plus bas, près de Chambéry, je cueillis, en passant, ce mot magnifique. Une petite fille occupée à faire une paire de pantoufles en tapisserie pour la fête de son grand-père, disait à une autre : « Ah ! tu es bien heureuse, toi ! ton bon papa n'a qu'une jambe ! »

Mme de Warens (dont le nom, en Savoie et en Suisse, se prononce *de Varan*) était de Vevay, à l'extrémité du lac de Genève, et c'est à Vevay que Jean-Jacques, par un tendre ressouvenir, a placé la maison de Julie d'Étanges et ses amours avec Saint-Preux. A côté de Vevay est Clarens, où se passe la scène du Bosquet, et qui en Suisse se prononce *Claran*. A Paris, nous prononçons — un peu capricieusement — *Wariass* et *Clarance*. Je ne sais si c'est parce que j'y suis habitué, mais ces prononciations me semblent plus légères et plus gracieuses. Cependant les Savoisiens et les Suisses doivent faire autorité pour la prononciation des noms de leurs pays. Ni en Suisse, ni en Savoie on ne fait sonner les consonnes finales des noms de personnes et de lieux : ainsi on écrit Fernex, Chamonix, et on prononce *Ferney*, *Chamouny*. De même, Bernex, Vernex, Sacconnex, Foncenex, Bex, Genthod, Berthod, Cohennoz, Lemenc, Yens, se prononcent *Berney*, *Verney*, *Sacconney*, *Fonceney*, *Bey*, *Genthô*, *Berthô*, *Cohennô*, *Léman*, *Yan*. Il en est de même en Belgique, dans le pays wallon ; on écrit : Trooz, et on dit *Trô*. C'est peut-être l'ancienne prononciation

française ; car nous ne faisons pas sonner la con-
sonne finale dans les noms communs. Et c'est ce
que me répondit un Suisse à qui je témoignais
quelque étonnement de ce qu'ils ne la font pas
sonner dans les noms propres.

Nous partîmes de Chambéry pour Chamouny et
la Mer de Glace.

Sur la route de Chambéry à Albertville, je vis
une petite église rustique remplie d'hirondelles qui
voltigeaient dans la nef, pendant que le prêtre disait la messe.

D'Albertville à Sallanches on voyage gaiement sur
l'impériale des diligences. La route est bordée de
pommiers qui vous offrent leurs fruits au passage,
un peu rudement, à la vérité, si l'on ne se hâtait de
baisser la tête. De jeunes Anglais, nos compagnons,
criaient, à chaque arbre : *Hats! hats!* Les voyageurs de l'intérieur prirent d'abord ces cris pour
des signaux d'alarme et crurent qu'on allait verser.
La joie redoubla, et les cris : *Hats! hats!* à chaque
pommier qui arrivait.

En voyage, on est gai, on est fou, on est jeune,
on est bon, et on a des ailes. Tout s'ouvre, les yeux,
l'esprit, le cœur, et l'appétit.

Les Savoisiennes sont jolies : de grands yeux
noirs, de belles dents et des physionomies hon-

nêtes. Une douceur de mœurs et une urbanité naturelles font que pas une ne manquerait, lorsque
vous passez devant elle, à vous saluer avec grâce et
à vous souhaiter le bonjour.

Ce regard échangé, du haut d'une voiture, avec
une jolie femme qui rêve accoudée à sa fenêtre et
qu'on ne reverra jamais, quoi de plus désintéressé ?
Mais quoi de plus charmant parfois, de plus favorable à la rêverie ?

J'avais éprouvé le même sentiment sur la Ta-
mise, au croisement des paquebots qui vont sans
cesse de Westminster au Pont de Londres et du
Pont de Londres à Westminster. Deux regards
qui se croisent ainsi, sans arrière-pensée comme
sans conséquence, mais bien à fond et bien hu-
mainement, sont parfois une idylle dans un
éclair.

De Sallanches vers Chamouny, on voyage bizarrement dans des espèces de tilburys tournés de côté,
je ne sais pourquoi. On dit que c'est pour voir le
paysage. En voici bien la preuve : on conte qu'un
Anglais prit un de ces chars-de-côté pour faire le
tour du lac de Genève. Or, grâce à la disposition
ingénieuse du véhicule, le touriste, occupé à lire
son *Guide*, fit le tour du beau lac pendant toute la
journée en lui tournant le dos sans s'en apercevoir. Il attendait toujours le moment d'admirer, et

le soir, à l'hôtel, il dit : « Quand donc verrons-nous ce beau lac ? »

Saint Bernard, à peu près de même, allant de Lausanne à Genève, non pas dans un char-de-côté, mais à pied, avec ses amis, ceux-ci exprimaient à l'envi leur admiration et leur extase à la vue de ce lac qu'ils côtoyaient. Et lui, plongé dans ses méditations : « De quel lac parlez-vous ? » dit-il. Il ne voyait que sa pensée, et le lac était sous ses yeux.

De Sallanches on découvre le Mont-Blanc, l'Aiguille Verte, l'Aiguille du Midi et l'Aiguille Sans-Nom, confondus à Chamouny sous la dénomination de Monts-Maudits.

Nous traversons la plaine de Sallanches, ravagée en 1852 par les débordements de l'Arve, rivière torrentueuse, à l'onde blanche et trouble, comme de l'eau de savon. Elle prend sa source au col de Balme, et là, le petit Paul, qui a six ans, la traversa d'une enjambée ; mais quelques lieues plus bas elle est vaste et terrible. Quoi qu'en disent deux vers ridicules où la rime a plus de part que la raison :

> L'Arve, qui prend sa source au haut du col de Balme,
> Arrive à Chamouny pour y trouver le calme,

l'Arve ne le trouve même pas à Sallanches. Pour prévenir ses ravages effroyables, on a fait de très-grands travaux ; ce qui n'empêche pas que, la veille

même du jour où notre voiture passait par là,
l'Arve n'en eût emporté une toute pareille, avec les
chevaux et les voyageurs.

Bien nous prit de nous être attardés vingt-quatre
heures à Chambéry et aux Charmettes. Nous eûmes
de la difficulté pour passer ; mais la veille nous aurions eu de la facilité pour trépasser. Et on aurait
pu dire de nous à peu près comme du chien Joli :
« Le pauvre chien Joli, avec une pierre au cou, fut
jeté à l'eau ; ce fut dans cette circonstance qu'il se
noya. »

Saluons la jolie cascade de Chède ! — Il y avait un
lac du même nom, dont les eaux pures réfléchis-
saient, comme un miroir, les glaciers du Mont-
Blanc. En 1837, une avalanche de pierres a cassé le
miroir, comblé le lac. La route passe, non plus sur
ses rives, jadis si admirées et si célèbres, mais sur
l'emplacement de son lit, si singulièrement rem-
blayé. Ensuite elle s'élève à droite, au-dessus des
cataractes de l'Arve, que traverse le Pont-aux-
Chèvres. Puis elle passe, au fond d'un ravin creusé
dans un sol d'ardoise, sur le Nant ou Torrent-
Noir, qui, après de fortes pluies, coupe les commu-
nications.

Enfin on traverse Servoz, qui se prononce comme
Cerveau. Au-dessus s'élèvent les rochers de Fiz,
« débris de la montagne de ce nom, dont la partie
supérieure s'écroula, vers la fin du siècle dernier,

avec un si grand fracas et une telle poussière, que
les habitants des vallées voisines envoyèrent dire à
Turin qu'un volcan venait de faire explosion dans
les Alpes; la Pointe d'Ayer resta seule debout au
milieu de ces décombres[1]. »

Bientôt après, nous arrivons à la vallée de Chamouny et au village de ce nom, qui s'appelait jadis
le Prieuré, et nous découvrons successivement le
glacier de Griaz, celui de Tacconay, celui des Bossons et celui des Bois, sur lequel est la Mer de
Glace.

1. Ad. Joanne.

IV

C'est en partant de Chamouny pour faire l'ascension du Montant-Vert et de la Mer de Glace que l'on s'arme de l'*alpen-stock*, ou bâton de montagne, ferré au bout, très-utile pour monter, très-nécessaire pour descendre, et indispensable sur les glaciers, si l'on ne veut filer par l'une de leurs fissures comme une lettre à la poste.

Encore n'est-on jamais certain, même avec ce secours, de ne pas disparaître. Au moment où nous arrivions à Chamouny, on venait de retrouver les restes de trois guides qui avaient été engloutis, quarante et un ans auparavant, dans le glacier des

Bossons. C'était le 15 août 1820, en faisant l'ascension du Mont-Blanc avec le docteur Russe Hammel et le colonel anglais Anderson, que ces trois malheureux avaient péri. Ils se nommaient Auguste Terraz, Pierre Balmat et Pierre Carrier. Et voilà que, quarante et un ans après, jour pour jour, le 15 août 1861, on venait de retrouver leurs restes, avec quelques autres débris d'objets qui leur avaient appartenu.

Dans une chambre, près de l'hôtel de *l'Union*, nous vîmes ces funèbres dépouilles. C'étaient, entre autres : 1° un bras très-bien conservé, avec la peau, la chair et les ongles ; 2° un fragment de mâchoire, avec la peau, la barbe et quatre dents ; 3° une lanterne ; 4° un morceau d'un sac de cuir ; 5° un crampon en fer, de ceux dont on se servait en 1820 ; 6° plusieurs parties de vêtements assez reconnaissables.

Les parents étaient là qui sanglotaient.

Et, par un singulier contraste, tout Chamouny retentissait de cris de joie, de coups de fusil et de pétards, pour célébrer la gloire d'un voyageur français qui venait de faire sans encombre cette terrible ascension du Mont-Blanc et qui en redescendait ce soir-là même en triomphateur.

Le lendemain, dès six heures du matin, nous étions en route, nous traversions l'Arve sur un petit pont devant l'hôtel *Royal*, et nous grimpions au Montant-Vert.

Le Montant-Vert s'appelle ainsi sans doute par opposition au Mont-Blanc, dont il est le premier étage et sur lequel il se détache avec ses forêts de sapins.

L'ascension du Montant-Vert, lorsque je la fis pour la première fois, il y a seize ans, était difficile; on mettait quatre heures au moins à l'accomplir et on se fatiguait beaucoup. Aujourd'hui on monte en trois heures et aisément : la plupart des sentiers sont adoucis comme ceux des collines de Spa et de Bade.

Juste au milieu de la montée se trouve la fontaine de Caillet, où se passe la première scène de la jolie nouvelle de Florian intitulée : *Claudine, nouvelle savoyarde.*

Une demi-douzaine de Claudines, plus charmantes les unes que les autres, vinrent à notre rencontre, nous offrant à l'envi de l'eau et des fraises, des fleurs et du lait.

Ces fraises de Savoie ont une saveur exquise. Le lait aussi est délicieux et ne se sent pas encore de l'annexion. Autant le lait de Paris est écœurant et indigeste, autant celui des Alpes est sain et appétissant, à la fois léger et fort, comme tout ce qui est bon et beau.

Après nous être reposés là quelque temps, en admirant toute la vallée de Chamouny qui se déroulait

sous nos pieds avec la série de tous les glaciers qui
y descendent d'entre les monts, le glacier des Bossons, celui des Bois, celui d'Argentière et celui du
Tour , nous continuâmes la montée, et, au bout
d'une heure et demie, au détour du sentier, nous
vîmes tout à coup la Mer de Glace !

On dirait en effet une mer houleuse qui aurait été
subitement gelée. Les vagues, blanches à la cime,
— quelques-unes ont quarante à cinquante pieds
de haut, — vont s'azurant dans les intervalles, qui
parfois non-seulement se creusent, mais se fendent
à des profondeurs infinies. Ces fissures, appelées
crevasses, tantôt traversent la masse du glacier de
part en part, tantôt ne vont qu'à une certaine distance. D'autres, peu profondes, s'appellent baignoires, et sont remplies d'une eau limpide et vive qui
est admirable à voir dans ces murs transparents,
couleur d'aigue-marine. Comme le glacier est toujours en pente, elles déversent leur trop-plein dans
les grandes crevasses, qu'on nomme les rimayes, et
y forment des cataractes qui se précipitent dans les
abîmes du glacier, au-dessous duquel tous ces ruisseaux intérieurs se réunissent pour aller s'échapper
dans la vallée de Chamouny par une voûte de glace
qu'on appelle la source de l'Arveiron.

Cette grotte des fées est ornée des plus merveil-
leuses stalactites. Là je compris le mot de Schel-
ling : « La cristallisation est une pensée incon-

sciente, » auquel fait suite dans ma mémoire cette formule de Buffon, charmante autant que profonde : « Un végétal est un animal qui dort. » Pour monter un degré de plus, j'y ajoute le mot que M. Michelet disait un soir, au coin du feu, en souriant : « Le chien est un candidat à l'humanité. » Telle est en effet l'échelle des êtres, ou du moins les quatre échelons qu'il nous est donné de connaître dans l'échelle infinie, dont nous nous imaginons modestement être l'extrémité supérieure, immédiatement avant Dieu.

Mais revenons sur le glacier. On marche donc entre les vagues et les fissures de cette mer de glace blanche et bleue. On tourne les crevasses le plus que l'on peut ; parfois on les saute, à l'aide du bâton ferré.

Lorsque je pense à ces crevasses de loin, j'ai des frissons dans les cheveux ; mais de près on joue avec le danger, et c'est le plaisir. Au reste le danger, comme la douleur, semble toujours plus grand de loin que de près ; la perspective morale est le contraire de la perspective physique : elle agrandit les objets au lieu de les diminuer. J'ai toujours vu que la douleur et le danger grossis par les lointains mirages de l'imagination, diminuent lorsqu'on les approche et qu'on les affronte.

La vérité est cependant que, si le pied glissait en

sautant ces crevasses, on disparaîtrait comme ces trois malheureux guides de Chamouny, peut-être pour quarante et un ans, ou davantage. Mais on devient agile lorsqu'il le faut : l'exemple excite, la marche enivre, il y a dans les voyages une certaine folie, et c'est cette folie même qui nous rend heureux en nous enlevant à la platitude de l'existence quotidienne.

Quel spectacle que cette mer pétrifiée ! que cette tempête immobile et silencieuse ! et que tous ces géants de glace qui la regardent éternellement ! l'Aiguille du Géant, l'Aiguille du Dru, l'Aiguille verte, l'Aiguille du Moine, l'Aiguille du Bochard, les Aiguilles rouges, le Brévent, la Pointe de Tenneverges, la Dent du Midi, l'Aiguille des Charmoz, enfin toute la chaîne du Mont-Blanc et le Mont-Blanc lui-même ! On se croirait sous le pôle, au milieu des banquises. Toute cette blancheur, et tout ce silence, et toute cette désolation des frimas éternels remplissent l'âme d'une rêverie mêlée d'admiration et d'épouvante.

Sur ces rocs où le vent efface tout vestige,
Sur ces glaciers brillants qu'allume le soleil,
Sur ces mille sommets où guette le vertige,
Sur ce lac où le soir mire son teint vermeil,

Sur ma tête, à mes pieds, et partout — le silence !
Le silence qui fait qu'on voudrait se sauver,

Le silence effrayant sur la montagne immense !
Car l'air est immobile et tout semble rêver.

On dirait que le ciel, en cette solitude,
Se contemple dans l'onde, et que ces monts, là bas,
Écoutent, recueillis, dans leur grave attitude,
Quelque mystère saint que l'homme n'entend pas....

Ah ! je comprends celui qui le premier, saisi
d'une religieuse stupeur en présence de ces merveilles grandioses et terribles, eut la pensée d'élever
là un temple et d'écrire sur le fronton ce mot d'a-
doration mystérieuse :

A LA NATURE.

Pourquoi faut-il que l'on ait dégradé ce temple
modeste, au lieu de respecter en lui la sublime idée
qu'il représentait ?

L'inscription existe encore, sur une plaque de
marbre noir ; mais l'humble pavillon est délabré,
souillé, avec une grossière ingratitude.

Le pavillon et l'inscription étaient l'œuvre de
M. Félix Des Portes, préfet de la République française dans le département du Léman, et plus tard
dans celui de la Dyle.

Proscrit par la Restauration, il s'occupait encore
de ce petit monument, dont il voulait faire en même
temps un lieu de refuge pour les voyageurs sur ces
sommets orageux. Le 6 octobre 1818, il écrivait de
Francfort à un de ses amis de Chamouny, pour le

prier de « faire faire au pavillon du Montant-Vert toutes les réparations qui y étaient nécessaires et quelques agréments qu'il croyait convenable d'y ajouter. »

L'important dans des réparations de cette espèce, disait-il, est la solidité ; l'agrément ne vient qu'en seconde ligne. Cependant je désire qu'on réunisse l'un à l'autre autant qu'il sera possible. Je veux que mon hospice soit digne en tout des amis de la Nature qui viendront là admirer ses merveilles.

Vous n'oublierez pas ce qui peut particulièrement être à la convenance des dames. Quand vous irez à Genève, vous ferez l'acquisition de la glace qui doit être replacée sur la cheminée.

Le chambranle de celle-ci sera en pierre bien travaillée, et telle, que le temps ni l'insouciance de quelques voyageurs peu attentifs ne puissent la détériorer.

Il faudra vous procurer aussi une paire de chenets, une pelle et une pincette en fer poli, mais d'une grande consistance. Enfin vous achèterez à Genève tout le menu mobilier indispensable.

Pour que l'on ne soit point tenté de dégrader les murs de l'intérieur, vous les ferez recrépir très-proprement en plâtre très-fin que vous ferez recouvrir d'une couche de peinture en détrempe, couleur de granit rose ou jaune clair, à votre choix.

Au-dessus de la glace vous ferez mettre mon nom (puisque c'est l'intention des habitants de Chamouny), avec cette inscription :

CE PAVILLON EST OFFERT

PAR

FÉLIX DES PORTES

AUX AMIS DE LA NATURE.

M. de Pontécoulant s'étant montré le bienfaiteur de cet hospice pendant mon séjour dans les pays étrangers, il faut y conserver précieusement son nom. Vous le ferez inscrire au-dessus de la porte d'entrée, de cette manière :

DOULCET DE PONTÉCOULANT.

Dans toute la ligne qui règne le long du plafond, et au-dessus de la croisée à droite, on placera les noms des six naturalistes français qui suivent : *Buffon, de la Lande, Dolomieu, Bernardin de Saint-Pierre, Haüy, Brochant.* Dans la ligne au-dessus de la croisée à gauche, seront inscrits les noms des six naturalistes genevois suivants : *Saussure, De Luc, Bourrit, Sennebier, Jurine, Bonnet.* Dans les quatre angles, et toujours à des distances égales, vous ferez figurer, chacun en regard, les noms de *Spallanzani, Humboldt, Walkenaert, Cavanille.*

NEWTON sera inscrit en grosses lettres au milieu du plafond.

Il faut que toutes ces inscriptions soient faites avec goût. Vous consulterez pour cela M. Jacques, sculpteur célèbre à Genève, qui m'a conservé de l'affection et qui se fera un plaisir de vous guider dans ce travail. Il vous dira aussi à qui il faudra vous adresser pour faire refaire et la table de marbre noir et les lettres en cuivre qui étaient au-dessus et en dehors de la porte d'entrée, où l'on lisait cette inscription :

A LA NATURE.

Tout cela devra être rétabli, et le berger chargé de la garde de l'hospice en sera responsable comme de tout le mobilier....

Cette lettre est adressée à M. Couteran, propriétaire à Chamouny.

Le 29 juin 1819, dans une autre lettre à la même personne, M. Des Portes revient sur ce sujet qui lui tient au cœur.

Ces lettres, et d'autres relatives à la même affaire, — parmi celles-ci une de M. de Barante, préfet du Léman, — ont été recueillies par M. Joseph Simond, propriétaire de l'hôtel du *Nord* à Chamouny, qui a bien voulu me les communiquer, en autographe.

Elles sont curieuses à plus d'un titre. On y voit, entre autres choses, quelle énorme affaire c'était, en ce temps-là, que le voyage de Chamouny et de la Mer de Glace. On écrivait de Paris et de Londres, plusieurs mois à l'avance, et par je ne sais combien d'intermédiaires, pour s'assurer des guides habiles.

Aujourd'hui ce serait en vain : l'ingénieux règlement de 1852 s'y oppose, et, consultant les intérêts des guides bien plus que ceux des voyageurs, oblige ceux-ci de prendre les guides à tour de rôle, bons ou mauvais. Ainsi deviennent inutiles les recommandations qu'ont méritées par leur intelligence et leur expérience les Mugnier, les Coutet, les Balmat, les Simond, les Carrier, les Paccard, les Terraz.

Il en est des mulets comme des guides : il faut les prendre à tour de rôle, fourbus ou vicieux, n'importe ! ou cherchant les difficultés, comme font les commentateurs, ou bien sujets à se rouler, chose agréable au bord des précipices.

Mais l'article 34 a prévu le cas. Aussi curieux par la forme que par le fond, l'article 34 est destiné à consoler à l'avance le voyageur *perdu* (c'est-à-dire *mort*) par la faute de son guide ou de son mulet. Oyez plutôt :

Si *l'égarement* du chemin a causé *la perte* du voyageur, hormis le cas d'orage, IL sera rayé pour toujours des rôles....

Qui? le voyageur? — Non, le guide.

Il sera rayé pour toujours des rôles et perdra tout droit à la gratification, quelles que soient les années de service qu'il peut compter.

Entendez-vous cela? Vous êtes rayé, vous, du nombre des vivants; mais *il* est rayé, lui, des rôles. Raie pour raie, n'êtes-vous pas content? Et puis *il* n'aura pas de gratification. Cela ne vous console-t-il pas d'être mort? Demandez à vos héritiers s'ils ne trouvent pas cette clause admirable. Ils auront une gratification, eux, mais *il* n'en aura point, lui. Dites, après cela, que tout n'est pas pour le mieux dans le meilleur des règlements possibles!

Au reste, le hasard nous donna trois bons guides pour nous conduire, cinq voyageurs que nous étions, à travers le glacier jusqu'à l'endroit qu'on nomme le Jardin ou Courtil. C'est tout bonnement une petite

place où l'on trouve parfois un peu d'herbe au milieu des glaces éternelles. On y va par curiosité,
mais surtout pour voir le glacier. C'est un but de
voyage, et c'est là qu'on déjeune avec les provisions
qu'on a soin d'apporter.

Il avait beaucoup neigé les jours précédents, ce
qui rendit notre voyage très-pénible et assez dangereux ; car la neige parfois recouvre les crevasses,
et, si l'on y pose le pied, on est perdu. Aussi les
guides allaient-ils en avant et à la file, selon l'usage,
sondant avec leurs bâtons où poser leurs pieds ; et
nous de même à la file après eux, marchant tous
dans les mêmes traces. Le premier avait de la neige
jusqu'aux chevilles, le second jusqu'aux mollets et
le huitième jusqu'aux jarrets, la neige se tassant
toujours sous les pas qui se succédaient précisément
dans les mêmes trous. C'était comme des chaussures
de neige que nous chaussions l'un après l'autre tous
les huit ; mais pour le premier c'étaient des souliers,
pour le second des brodequins, pour le septième
des bottes de gendarme, pour le huitième des bottes de postillon.

Une marche de cette sorte était, comme bien vous
pensez, très-fatigante.

Nous marchâmes ainsi pendant quatre heures, et
nous arrivâmes au Jardin. Pas un brin d'herbe
n'était visible : la neige avait tout recouvert ; mais
autour de nous se dressaient, comme la clôture en-

chantée de ce jardin imaginaire, les aiguilles gigantesques du glacier de Talèfre, magnificences inouïes!

Nous nous assîmes dans la neige, sur les manteaux de toile cirée que l'on porte toujours avec soi, en cas d'orage; et nous déjeunâmes gaiement, si ce n'est que la chaleur nous incommodait. La réverbération du soleil sur la neige nous cuisait à grand feu. Nos lèvres étaient noires de hâle. Nos visages et nos mains furent rissolés et, quelques jours après, firent peau neuve.

La même chose m'était arrivée, il y avait seize ans, et m'avait fait une belle peur; voici pourquoi.

Je venais alors de passer la Gemmi, un des sites les plus sauvages et les plus désolés des Alpes, celui où Werner a placé la scène de son drame sinistre du *Vingt-quatre Février*, — et j'étais descendu à Louèche par ce zigzag à pic, de trois mille deux cent quatre-vingts mètres, où vient de périr si déplorablement cette année une jeune femme. Harassé de fatigue, je vois un écriteau : *Hôtel des bains;* j'y cours et j'entre. On m'introduit dans une cabine où il n'y avait point de baignoire, mais seulement des porte-manteaux, qui m'invitaient à me déshabiller, et sur une chaise une grosse blouse de toile noire dont le garçon me dit de me revêtir, et il tira la porte sur lui. Il y avait une autre porte, et, après celle-là, un petit escalier de quelques marches. Je le descends,

et tout à coup je me trouve dans un grand bassin carré où barbotaient des hommes et des femmes pêle-mêle. Quelques-uns jouaient aux dominos sur des liéges flottants; d'autres, aux dames ou au tric-trac; quelques femmes brodaient, d'autres causaient.

Une petite femme brune m'adresse la parole :

« Y a-t-il longtemps, monsieur, que vous êtes à Louèche?

— Non, madame, il y a cinq minutes.

— Et comptez-vous rester longtemps ici?

— Non, madame, je repars demain.

— Quoi! si tôt?

— Oui.

— Alors c'est inutile.

— Qu'est-ce qui est inutile?

— De vous baigner.

— Mais d'abord cela sert à me délasser, madame; je suis excédé de fatigue, je viens de passer la Gemmi.

— Veuillez donc vous asseoir. »

Et elle m'offrit un siége dans l'eau, comme elle eût fait dans un salon. Puis elle reprit :

« Il faut que vous restiez au moins une semaine.

— Pourquoi?

— Pour avoir la poussée.

— Plaît-il, madame?

— Oui, ces eaux sont parfaites, mais encore y

faut-il le temps. Au reste, cela dépend des complexions. Peut-être vous suffira-t-il de cinq jours.

— Pour quelle chose?

— Mais pour la poussée !

— La poussée? Qu'est-ce que la poussée?

— Allons, allons! vous voulez rire! Tels que vous nous voyez ici, nous l'avons tous, un peu plus tôt, un peu plus tard. Oh! les eaux de Louèche sont excellentes !

— Ont-elles donc une vertu particulière?

— Comme si vous ne le saviez pas! »

Croyant enfin comprendre, une sueur me monte : je salue la dame au plus vite, et je regrimpe dans ma cabine, où je sonne le garçon à tour de bras.

« Monsieur a sonné?

— Qu'est-ce que c'est donc que ces bains-ci?

— Monsieur, ce sont les bains de Louèche.

— Hé! je le sais bien, parbleu!

— Alors, pourquoi Monsieur me le demande-t-il?

— Mais est-ce que les eaux de ces bains ont une qualité particulière?

— Oui, monsieur, ce sont des eaux sulfureuses, qui guérissent les maladies de peau.

— Et qui peut-être en donnent aux gens qui n'en ont pas?

— Possible.

— Pourquoi ne me l'avez-vous pas dit?

— Dame! Monsieur ne me l'a pas demandé.

— Et cette sale blouse noire! Dieu sait à qui elle a servi! Et vous me dites de m'en revêtir!

— Sans ça, avec quoi donc Monsieur serait-il descendu dans la piscine? »

La piscine! ce mot me remit en pensée tous les lépreux de l'Évangile!

« Ah! malheureux! où m'avez-vous fourré?

— Comment, monsieur!

— C'est bon, allez, sortez! »

Et j'arrachai l'infâme blouse, et, prenant à peine le temps de me rhabiller, je me sauvai de Louèche-les-Bains comme si le diable m'emportait. J'aurais voulu dès le soir même m'enfuir bien loin de ce pays des goîtres. Force me fut de coucher à Louèche-Ville. Le lendemain j'étais à Martigny, le surlendemain à Chamouny, et le jour d'après à la Mer de Glace et au Jardin, où la chaleur du soleil sur les neiges fit son effet accoutumé, mais que je ne connaissais pas encore. Voyant mes mains bouffies deux jours après, je calculai soudainement qu'il y en avait cinq d'écoulés depuis la piscine et la blouse noire, et que la petite femme brune m'avait dit : « Peut-être vous suffira-t-il de cinq jours. » Là-dessus, la peur me galope : « Allons, bon! dis-je, c'est la poussée! »

Mais je me rassurai bientôt en voyant que mes mains et mon visage seuls étaient en rumeur. C'était le hâle qui les avait rissolés et frits. J'en fus quitte au bout de deux ou trois jours.

Il en fut de même cette fois-ci, excepté que, ne venant plus de Louèche et de la piscine, je n'eus plus peur de la poussée.

Quand nous eûmes déjeuné, assis dans la neige, nous repartîmes et retraversâmes le glacier. On met quatre heures pour aller du Montant-Vert au Jardin, et autant pour revenir. Comme nous approchions de la moraine — on appelle ainsi le grand bourrelet de pierre que le glacier, par un travail incessant, rejette sur ses bords, pour rester pur dans ses profondeurs azurées, — le ciel commença à se couvrir; le glacier craquait; quelques avalanches se détachaient des sommets neigeux qui fermaient l'horizon. Elles glissent comme un souffle sur le flanc des montagnes, et une seconde après c'est un coup de tonnerre. « Dépêchons-nous! crièrent les guides, voilà l'orage! »

A ce moment déjà, nous étions occupés à escalader ce qu'on appelle les ponts de chamois. C'est une petite corniche sur laquelle on a juste de quoi poser un pied; elle est taillée grossièrement dans le flanc d'un roc à pic, le long duquel la pensée même glisse. C'est là-dessus qu'il faut passer : on a d'un côté le roc, sur lequel on s'appuie, de l'autre, l'abîme. Les chamois peuvent y être à l'aise, mais les

hommes y ont le vertige pour peu qu'ils regardent
en bas; le mieux est donc de regarder seulement où
l'on met le pied et de passer le plus vite possible
sans réfléchir.

De larges gouttes de pluie commençaient à tomber lorsque nous arrivâmes à l'auberge qui est sur
le Montant-Vert, à côté du petit pavillon de Félix
Des Portes.

Au reste, nous n'eûmes pas besoin de nous abriter,
car, tandis que la pluie, une pluie diluvienne, mêlée
d'éclairs et de tonnerre, enveloppait toute la vallée
de ce voile d'un noir de boue que le Poussin a si
admirablement rendu dans son *Déluge*, nous, sur la
cime du Montant-Vert, nous étions au-dessus de l'o-
rage et aux premières loges pour l'admirer en
sécurité. Les beaux vers de Lucrèce me revinrent en
mémoire : *Suave mari magno....*

On eût dit vraiment un déluge. Ce sont ces immenses trombes d'eau qui, tombant entre les fissures du glacier et s'y congelant aussitôt, s'y dilatent,
le font *éclater* en fissures nouvelles, en même temps
grossir de plus en plus et s'avancer toujours du
haut des monts vers la vallée qu'il menace.

Nous étions, dis-je, au-dessus de l'orage, mais
dans son cercle même. C'était splendide. Pendant
que le sommet, du haut duquel nous regardions,
restait dans la sérénité, la base de la montagne, sous
les coups répétés du tonnerre, tremblait.

Dans les grands silences qui alternaient avec les détonations de la foudre, nous entendions, chose plus nouvelle pour nous et plus terrible, les effroyables craquements du glacier dans ses profondeurs.

Lorsque les éclairs déchiraient le grand voile funèbre qui enveloppait toutes choses au-dessous de nous, la Mer de Glace, au lieu d'être blanche et bleue, apparaissait toute rouge, comme dans un incendie immense. Et c'étaient des beautés nouvelles que toutes ces vagues du glacier houleux et toutes ces aiguilles d'alentour soudainement enflammées, et aussitôt retombant dans les ténèbres.

Comme des dieux olympiens, nous avions les nuages, les éclairs, le tonnerre au-dessous de nos pieds, et le front dans l'azur.

V

Dans les Alpes il suffit de quelques heures d'orage pour improviser des torrents et faire déborder les rivières. Quand je redescendis vers Chamouny, fort las de ma journée, — quatorze heures de marche, — et goûtant déjà en idée les trois choses les plus souhaitables après des ascensions pareilles, — bon bain, bon souper et bon lit, — il se trouva que l'Arve inondait la vallée et coupait les chemins.

Impossible de regagner le pont et de rentrer à Chamouny. Impossible aussi de songer au bain, —

à moins de le prendre dans l'Arve ; mais ce n'eût pas été un bain chaud ! — Je rayai donc le bain de mon programme.

Pour le souper et pour le lit, je ne me sentais pas disposé à être aussi accommodant; c'étaient là deux articles indispensables : le déjeuner du Jardin était loin, mes dents s'aiguisaient, et toute la force que je n'avais plus dans les jambes semblait s'être retirée dans les mâchoires.

Déjà cependant, la brume et la nuit montaient du fond de la vallée : il s'agissait de prendre un parti. Je n'en vis pas d'autre que d'aller demander l'hospitalité jusqu'au lendemain dans un de ces pauvres chalets qui sont au pied du Montant-Vert, juchés sur pilotis comme sur des échasses, afin que les avalanches de l'hiver, au lieu d'emporter ces cabanes, puissent passer dessous. Plus bas, d'énormes blocs de roche sont disposés de manière à en rompre le cours et à les empêcher, autant que possible, de descendre sur le village de Chamouny.

J'entrai donc et fus accueilli avec beaucoup de bonne grâce par une brave famille de paysans, qui malheureusement n'avait à m'offrir pour souper que du pain noir et du fromage. J'acceptai l'un avec reconnaissance, et laissai l'autre, tout comme si j'eusse encore été aux soupers de l'École normale, ayant toujours eu horreur de ces putréfactions.

Après ce repas un peu bref, j'espérais bien du moins me rattraper sur le coucher et le dormir. On m'introduisit dans une chambre où était un lit comme une montagne. Un édredon immense le couvrait tout entier. Au mois d'août, cela me parut de luxe. Je priai donc la belle Savoisienne d'enlever ce monceau de plumes. Elle me regarda avec de grands yeux étonnés, puis elle fit ce que je demandais.

Pendant qu'elle allait déposer l'édredon dans un coin de la chambre, je tâtai le lit, et je m'aperçus qu'il était fait d'une autre montagne de plumes. Je priai encore la jeune fille d'ôter ce second lit de plumes comme le premier, ce qu'elle fit également, mais en ouvrant des yeux plus grands encore. Sa physionomie semblait dire : « Il est fou, ne le contrarions pas. »

Je la remerciai, et elle se retira, en me souhaitant une bonne nuit.

Ah bien oui, une bonne nuit !

Le lit, débarrassé de ses deux montagnes de plumes, se trouvait réduit à une paillasse, couverte de deux draps très-courts, et rien de plus. Je rappelai doucement la jeune hôtesse et lui demandai si elle n'aurait pas une couverture à me prêter. Elle alla tranquillement ramasser dans le coin de la chambre un des deux lits de plumes, en me disant : « Mais vous n'en vouliez pas ! » Et elle le remit sur les draps, puis s'en alla de nouveau.

Il paraît que ces montagnards ne connaissent pas d'autres couvertures.

Quand la jeune fille fut partie, je me hâtai, croyant bien faire, d'enlever de nouveau ce monceau étouffant et d'aller le remettre à côté de l'autre, au bout de la chambre. Puis, soufflant la lumière, je me couchai, en ruminant ces maximes consolantes : « Bah ! à la guerre comme à la guerre ! Une mauvaise nuit est bientôt passée ! Quand on est las, on dort sur tout. »

Mais la paillasse me prouva bien le contraire !

En digne fille de la Savoie, et faite à l'image de sa mère, elle n'était que montagnes et que vallées. Quel lit pour un homme déjà courbatu !

J'enviai le sort d'Encelade : il avait une montagne sur lui, mais il était couché à plat !... Moi, ce n'était pas dessus, mais dessous, que j'avais, non pas une montagne, — j'aurais trouvé quelque versant pour y dormir, — mais une chaîne tout entière !

Je tins bon quelque temps ; mais, à la fin, j'allai chercher à tâtons dans la chambre un des deux lits de plumes que j'avais rejetés, et je l'étendis sur cette *sierra*, pour en combler un peu les vallées et en adoucir les cols et les pics.

« Toute montagne sera aplanie, toute vallée sera comblée, » c'est une des promesses de l'Écriture sainte. Mais le lit de plumes eut beau faire, je vis que le temps n'était pas venu où cette prophétie serait accomplie.

Ce n'est pas tout. Le chalet, très-mal clos et perché sur ses pilotis comme une cage au flanc de la montagne, laissait filtrer de tous côtés l'air de la nuit, qui est glacial dans les Alpes, même en plein été. Quoique couché sur de la plume, qui me donnait chaud en dessous, je n'avais pas chaud en dessus ; je peux même dire que j'avais froid ; tranchons le mot, je grelottais.

J'enviai pour la seconde fois le sort du géant couché sous l'Etna : au moins, sa montagne, à lui, était un volcan ! il ne devait pas grelotter ! Scarron manque de vraisemblance lorsqu'il dit, parlant d'Encelade :

> Et chaque fois qu'il éternue,
> Il met la Sicile à l'envers.

L'heureux Encelade n'éternuait pas !.... Mais moi, grand Dieu !...

La conclusion fut que je me relevai encore, pour aller, toujours à Colin-Maillard et à casse-cou, chercher le second lit de plumes. Et je le mis sur moi, en guise de volcan, pour me réchauffer, s'il était possible.

Enfin je fus forcé de reconnaître que les montagnards savaient mieux que nous ce qui convient à

leur climat, et que, si les paillasses de Savoie sont
faites sur le modèle de la chaîne du Mont-Blanc,
les Savoisiens n'ont pas tort, vu le froid de leurs
nuits alpestres, de s'y coucher, même au cœur de
l'été, entre deux avalanches de plumes.

Bref, le jour commençait à poindre lorsque je
sommeillai un peu, en convenant avec la sagesse
des nations que, comme on fait son lit, on se couche, — et, avec l'auteur de l'*Esprit des Lois*, qu'un
peuple, après tout, n'a jamais que les paillasses qu'il
doit avoir.

Deux ou trois heures après, un rayon de soleil
entrant par une lucarne me réveilla dans un bain
de vapeur qui m'avait ôté toute lassitude. Je me levai
et j'égayai mes hôtes, et surtout la rieuse jeune fille,
par le récit de mes voyages nocturnes. Elle vit alors
que je n'étais pas fou, mais que j'avais été bête :
car, en voyage, on doit s'en rapporter à l'expérience
des gens du pays.

Sans attendre le déjeuner, qui eût trop ressemblé
au souper, je remerciai ces braves gens, et j'eus
grand'peine à leur faire accepter quelque chose en
reconnaissance de leur cordiale hospitalité.

L'Arve est capricieuse comme une jolie femme,
et ses colères, terribles, ne durent pas longtemps.
Tandis que j'étais dans mon lit, elle était rentrée

dans le sien. Le pont était redevenu possible. Je rentrai donc à Chamouny, pour en repartir aussitôt et aller de Savoie en Suisse, soit par la Tête-Noire, soit par le Col de Balme.

Les deux routes sont admirables; chacune a des beautés diverses.

La première côtoie des précipices étourdissants, au fond desquels l'Eau-Noire d'abord, puis la Barberine, puis le Trient, mugissent et se débattent dans des roches énormes, emportant çà et là les rives et des demi-douzaines de grands pins d'un seul coup.

La cascade de Barberine, qui donne naissance à l'un de ces torrents, tombe de trois cents pieds de haut. On se repose en face d'elle, au bruit de ses ondes.

Tous ces merveilleux précipices sont dominés par la montagne de la Tête-Noire, dans le flanc de laquelle on a pratiqué, pour franchir le Maupas, ou Mauvais-Pas, une petite galerie appelée la Roche-Percée.

C'est au sortir de là qu'un guide, il y a quelques années, se laissa choir dans l'abîme. Par miracle, il ne fut pas tué. Il est seulement mutilé, et, sur le lieu même de l'accident, il le raconte aux voyageurs pour intéresser leur pitié, en leur montrant une de ses jambes beaucoup plus courte que l'autre.

Comme je connaissais déjà cette route de la Tête-Noire, je pris celle du Col de Balme, que je ne connaissais pas encore. Les guides vous la déconseillent la plupart du temps, parce qu'elle est plus difficile. En revanche, elle est encore plus sauvage et plus grandiose. Il faut monter six à sept mille pieds ; mais quand on est au haut de ce col désolé, entouré partout de gorges profondes, quel spectacle sublime se déroule à vos yeux ! Vous êtes, si l'on peut s'exprimer ainsi, à cheval sur la Savoie et sur la Suisse. D'un côté, vous apercevez toute la vallée de Chamouny, avec tous ses glaciers splendides et toutes les aiguilles du Mont-Blanc, et le Mont-Blanc lui-même ; de l'autre, la Forclaz, les Diablerets, les gorges du Valais, et, au delà, les sommets neigeux des grandes Alpes qui le séparent de l'Oberland, — la Gemmi, la Iung-Frau, la Grimsel, la Furka, le Finsteraarhorn ! Chacun de ces deux panoramas est idéal, et vous les avez tous deux à la fois, selon que vous tournez la tête à droite ou à gauche. On ne regrette pas la rude ascension que l'on vient de faire pendant quatre ou cinq heures, et on serait prêt à recommencer, — après avoir bu toutefois.

Il faut voyager dans les Alpes et gravir leurs cimes escarpées pour savoir ce que c'est que la soif, et pour comprendre l'idéal du bonheur tel que le représente Homère, dans l'*Odyssée*, en la personne du roi des Phéaciens, Alcinoüs,

« Assis sur son trône et buvant pendant tout le jour, comme un immortel. »

On sort du Col de Balme par un bois fantastique, nommé le Bois Magnin, que dévastent les avalanches; si bien que ce bois étrange n'est plus composé que de troncs blanchis, étêtés et morts, qui semblent descendre à la débandade sur le versant d'un formidable précipice qu'on ne peut regarder sans éblouissement et qu'on doit côtoyer pendant deux heures. Ce ne sont plus des arbres, ce sont des spectres d'arbres, des fantômes. On se croirait dans le domaine du roi des Aulnes, ou dans ce bois lugubre de l'*Enfer* du Dante, composé de damnés changés en troncs.

« Je cueillis un rameau d'un grand arbre épineux, et le tronc s'écria : « Pourquoi me brises-tu? » Puis, quand il fut devenu noir de sang, il se reprit à crier : « Pourquoi me déchires-tu? N'as-tu donc aucun sentiment de pitié? Nous fûmes des hommes, et maintenant nous ne sommes plus que des troncs ! »

Le dessin de Gustave Doré sur cette scène fantastique peut donner une idée du Bois Magnin aux personnes qui ne l'ont pas encore parcouru. Ce serait un décor magnifique pour une scène de *Robert-le-Diable*. Au clair de lune, ce doit être terrible.

En ce beau lieu nous rencontrâmes l'abbé X..., homme d'esprit, et d'éloquence à sa manière. Aumônier d'un vaisseau de guerre, un jour que l'on allait sonner le branle-bas, il exhorta les hommes à bien se battre, et termina par cette péroraison, qui, certes, ne traîne pas dans toutes les rhétoriques : « Et souvenez-vous, mes enfants, qu'il n'y a pas de paradis pour les jean-f.....! »

Stendhal eût aimé ce trait-là, lui qui en raconte un pareil de la campagne de Russie. « Partis de Moscou, dit-il, nous nous perdîmes le troisième jour de la retraite, et nous nous trouvâmes, à la nuit tombante, au nombre d'environ quinze cents hommes, séparés du gros de l'armée par une forte division russe. On passa une partie de la nuit à se lamenter ; puis, les gens énergiques haranguèrent les poltrons, et firent si bien qu'on résolut de s'ouvrir un chemin l'épée à la main dès que le jour permettrait de distinguer l'ennemi. Ne croyez pas qu'on dît alors : « Braves soldats, » etc. Non. « Tas de canailles, vous serez tous morts demain, car vous êtes trop jean-f..... pour prendre un fusil et vous en servir. » Cette allocution héroïque ayant produit son effet, à la petite pointe du jour nous marchâmes résolûment aux Russes, dont nous voyions encore briller les feux de bivac. Nous arrivons, la baïonnette baissée, sans être découverts, et nous trouvons un chien tout seul. Les Russes étaient partis dans la nuit. »

Un des amis et biographes de Stendhal raconte

qu'il niait, de parti pris, toutes les harangues pompeuses, tous les mots plus ou moins sublimes attribués aux généraux sur les champs de bataille. « Savez-vous ce que c'est que l'éloquence militaire? disait-il; en voici un exemple : dans une affaire fort chaude, un de nos plus braves généraux de cavalerie haranguait en ces termes ses soldats près de se débander : « En avant! s.... n.. d. D...! J'ai le c.. rond comme une pomme! j'ai le c.. rond comme une pomme! » Ce qu'il y a de drôle, c'est que, dans le moment du danger, cela paraissait une harangue comme une autre, qu'on fit volte-face et qu'on repoussa l'ennemi. Croyez que César et Alexandre, en pareille occasion, parlaient d'une façon non moins sublime. »

L'abbé X.... serait donc de l'école de Stendhal en fait d'éloquence militaire. Il est vrai que rien n'est absurde et ennuyeux comme l'emphase. L'emphase, presque toujours, est un manque de justesse, ou un manque de sincérité, ou l'un et l'autre en même temps. Si donc il faut, comme le veut Pascal, se moquer des gens emphatiques, car c'est, je crois, ce que Pascal a voulu exprimer par cette pensée : « La vraie éloquence se moque de l'éloquence; » — il faut aussi se méfier d'eux : ce sont ordinairement des charlatans, quand ce ne sont pas des fanatiques. Et, si les derniers sont plus respectables, ils ne sont pas moins dangereux que les premiers.

On descend des hauteurs du Bois Magnin dans le val de Trient par une trentaine de zigzags qu'on trouverait fort escarpés si l'on ne connaissait pas ceux de la Gemmi. Le val de Trient est dominé par le glacier qui lui donne son nom ainsi qu'au torrent qui le traverse, et qui, de là, se fraye la voie à travers les roches vers la Tête-Noire.

C'est dans le val de Trient que les deux routes de Chamouny à Martigny, celle de la Tête-Noire et celle du Col de Balme, se rejoignent et n'en font plus qu'une, laquelle grimpe par-dessus la Forclaz, dernière ascension avant le Valais. — Au haut de la Forclaz, la gendarmerie suisse vous demande votre passe-port. Je trouve que, dans tous les pays, le gendarme gâte le paysage, mais sur les Alpes plus qu'ailleurs. « Un brigadier est une rose » qu'on n'aime pas à voir fleurir au milieu des rhododendra. Sur ces hauteurs immaculées on se plaît à rêver la liberté sans bornes. Le gendarme et le passe-port vous font brusquement redescendre du rêve dans la réalité.

De la Forclaz à Martigny, on met trois heures à descendre et on découvre des perspectives admirables. Le Rhône inondait la vallée, les villages semblaient des îles dans les prairies. La lune se levait derrière le Saint-Bernard et projetait de grandes ombres qui alternaient avec des lueurs pâles. Quand nous fûmes au fond de cette vallée profonde, cernée de montagnes titaniques, nous nous sentîmes écrasés par ces masses énormes et ces grandes ténèbres entrecoupées de blancheurs fantastiques.

Le lendemain matin, par un heureux contraste, un gai soleil éclairait tout, la vallée et les monts, les neiges des glaciers et les fleurs des jardins.

Sous mes fenêtres, dans le verger de l'hôtel de *la Tour*, de petites tortues d'Afrique goûtaient la tiédeur des rayons bienfaisants. Tandis qu'elles rôdaient parmi les laitues, des moineaux francs voltigeaient autour d'elles et semblaient se moquer de leur lenteur. C'était une scène assez amusante. Je crus voir des gouvernements lutinés par des journalistes, et qui n'en allaient pas plus vite pour cela.

Dans les montagnes, le long deuil de l'hiver rend plus sensible à tous les êtres la rapide fête de l'été.

Pendant que tout se réjouissait, nous vîmes le convoi d'une jeune fille s'acheminer vers le cimetière qui est près de là. Mais ce convoi était bien loin de présenter l'aspect funèbre que vous pourriez imaginer.

Dans le Valais comme à Venise, des enfants couronnés de fleurs mènent la pompe mortuaire, et l'espérance se mêle au deuil.

Le cercueil, couvert d'un drap blanc sur lequel on avait posé des fleurs, était porté à bras par les amis, qui avaient aussi des fleurs à la boutonnière comme pour une fête nuptiale. Les femmes, mêlées au cortége, avaient également des bouquets, soit à la main, soit au corsage. Les enfants de chœur et le porte-croix en avaient aussi, et la croix elle-même était fleurie.

Instinctivement je descendis et suivis la foule dans le cimetière. Sur la terre fraîchement remuée de la fosse déjà recouverte dans le temps que j'étais descendu, chacun des assistants plantait son bouquet, de sorte que la tombe, en un clin d'œil, disparaissait sous un voile de fleurs, de poésie et d'espérance, et semblait elle-même rire au soleil, comme toutes les autres choses d'alentour.

La mère cependant pleurait. Et je la suivis, malgré moi, à quelque distance, pendant qu'elle s'en retournait tenant par la main son petit garçon de quatre ou cinq ans, frère de la jeune fille qu'on venait d'inhumer. Et, malgré moi encore, j'entendis le dialogue suivant :

« Maman, et les pétards que tu m'avais promis, quand est-ce qu'on les tirera ?

— On ne les tirera point.

— Pourquoi ?

— Parce que.

— Mais pourquoi, dis ?

— Parce que ta sœur est morte. Je t'avais dit : Si elle guérissait.

— Est-ce qu'on les tirera demain?

— Non.

— Quand donc?

— Je ne sais pas.

— Mais quand donc, dis ?

— L'année prochaine, peut-être.

— Ma sœur ne sera donc plus morte, l'année prochaine? »

A ce mot, la mère éclata de nouveau en sanglots et en larmes. Et ceux qui l'avaient entendu s'en allèrent tout rêveurs.... Quels horizons un mot d'enfant ouvre parfois à la pensée !

Hélas! Stahl a eu raison de le dire, « ce qu'il y a de plus affreux dans certaines douleurs, c'est qu'on n'en meurt pas et qu'on s'en console! » — et que l'on sait d'avance qu'on s'en consolera, quand même on ne le voudrait pas, quand même on s'en indignerait!

C'est que la vie est à ce prix. Autrement, de telles douleurs dévoreraient rapidement notre existence, et la mort d'un être chéri en entraînerait un grand nombre d'autres. L'homme ne dure un peu que parce qu'il est borné dans ses douleurs comme dans ses joies; il ne supporte l'existence qu'à la condition d'oublier.

Assurément, c'est une nécessité; mais aussi c'est une honte, une fatalité ignoble, comme celle du

manger et du boire le lendemain du jour et parfois
le jour même où l'on a enfoui dans la terre les dépouilles d'un être adoré !

Rêvant ainsi, je retournai à la tombe de la jeune
fille, et il me souvint du mot de Laërte sur la fosse
d'Ophélia : « Puissent de son corps chaste et pur
éclore les douces violettes ! »

VI

Quoi qu'en disent les vieux paradoxes, passés lieux communs à l'avancement et au tableau, il est très-doux, après plusieurs journées d'ascensions alpestres — fort belles, mais fort rudes, — de s'installer dans un large wagon, de coucher l'*alpen-stock* dans le filet, comme un matelot dans son hamac, et de lui dire : « Reposons-nous tous deux, cher compagnon, nous avons assez travaillé; le chemin de fer, à présent, se fatiguera pour nous. »

Quelles délices d'être assis à l'aise, comme dans une loge à l'Opéra, mais dans une loge qui nous promène! et de voir se dérouler sous nos yeux, non

pas quelques décors de toile peinturlurée, éclairés par
des becs de gaz criards — à la lumière exaspérée,
verdâtre et fausse, — mais les vrais paysages de la
nature, éclairés par la vraie lumière du soleil !

Quels changements à vue que ceux-ci ! sans ficelles,
sans poulies et sans coup de sifflet ! rien que par la
succession naturelle des montagnes, des vallées, des
fleuves, des lacs, des cieux, qui évoluent sous nos
regards ! On goûte le double plaisir de la locomotion et du repos. Le corps se délasse, et l'âme
voyage : aucune fatigue de son serviteur ne la dis-
trait des contemplations dont elle s'enivre.... Quel
état plus heureux a-t-on jamais rêvé, lorsqu'on a
essayé d'imaginer les félicités éternelles ?

Et c'est ainsi que nous allions de Martigny jusqu'à
Genève, à travers le plus beau pays du monde et
sous le ciel le plus favorisé, autour de ce lac
admirable, tant aimé de Rousseau et de tous les
poëtes !

Avant le lac lui-même, et sur tout le parcours de
la ligne ferrée, c'est une succession de spectacles
d'une variété infinie.

Presque au sortir de Martigny, entre cette ville et
Saint-Maurice, voici, à gauche, la belle cascade de
Pisse-Vache, qui tombe de deux cents pieds de haut
sur des roches où elle se brise. Les rayons du soleil

levant traversent la pluie de ses ondes et y forment sans cesse de magnifiques iris.

Plus loin, deux montagnes gigantesques, la Dent du Midi et la Dent de Morcles, se dressent comme deux sentinelles, l'une sur la limite du Valais, l'autre sur celle du canton de Vaud. Un pont les réunit, le pont de Saint-Maurice, d'une seule arche de vingt-deux mètres, hardiment jetée sur le Rhône. Les bases en sont tellement rapprochées, qu'elles laissent à peine un passage au fleuve. « Il est un endroit, dit Byron, où le Rhône rapide s'ouvre un passage entre deux rochers semblables à deux amants que le ressentiment a séparés : bien que leur cœur soit brisé par cette séparation, ils ne peuvent plus se réunir, tant est profond l'abîme ouvert entre eux ! Et cependant, lorsque leurs âmes se sont ainsi mutuellement blessées, l'amour était au fond de la fureur cruelle et tendre qui est venue flétrir leur vie dans sa fleur ! Puis ils se sont quittés : l'amour lui-même s'est éteint, ne leur laissant plus que des hivers à vivre et des combats intérieurs à livrer. — C'est là, c'est à l'endroit où le Rhône se fraye une issue, que les ouragans les plus furieux se sont donné rendez-vous.... »

Cette vallée a été le théâtre de cataclysmes effroyables et en garde partout les traces. Pour mieux dire, elle est tout entière un cataclysme permanent. Les bouleversements anciens de la planète y sont

modifiés fréquemment par des révolutions nouvelles.

De la Dent du Midi, il y a quelques années, se
détacha une masse de quinze mètres de large, sur
quarante-huit mètres de haut, qui se précipita sur
la vallée en torrents de pierres, de terre et de boue.
« Au débouché de la gorge du Jorat, les coulées qui
se renouvelèrent pendant plusieurs jours avaient
plus de douze mètres d'épaisseur sur autant de lar-
geur. Dès qu'elles atteignaient la plaine, elles se ré-
pandaient en forme de nappes jusque dans le Rhône.
Elles entraînaient des blocs énormes, de quatre-
vingt-dix-sept mètres cubes de volume. Leur vitesse
dépendait des inégalités de la pente du sol. C'était
quelquefois celle d'un cheval au galop. »

La même chose était arrivée déjà deux cents ans
auparavant, et Dieu sait combien de fois encore dans
les siècles plus reculés !

A Bex (prononcez Bey) se joignent le chemin de
fer de Suisse et celui d'Italie. Bex est célèbre par
ses salines — d'eau et de roche, — dont l'illustre
Haller fut directeur, — Haller, une des gloires de la
Suisse, à la fois poëte et savant, à qui l'on doit cette
formule : « L'homme est la partie musculaire de
l'humanité, la femme en est la partie nerveuse. »

Sur une roche colossale se dresse la vieille tour
romaine de Saint-Tryphon, où l'on grimpe par le
poétique Sentier des Dames. On y trouve une in-

scription en l'honneur du « divin » empereur Bottine,
— en latin *Caligula*, — l'idole des soldats, qui eût
voulu que le peuple romain n'eût qu'une seule tête
pour pouvoir l'abattre d'un coup, et qui, en guise
de paroles d'amour, disait à sa maîtresse : « Ce beau
col, si blanc et si doux, je n'ai qu'à faire un signe
pour qu'on le coupe. »

Voilà Yvorne (*Hybernum*, quartier d'hiver de la
cavalerie de Galba), Yvorne au vin blanc parfumé,
avec quoi se fait le champagne en Suisse. Et je voudrais que tous les champagnes de France fussent
aussi bons que celui-là. Mais surtout l'yvorne pur et
simple, l'yvorne naturel et non déguisé, est un vin
excellent et des plus agréables.

C'est en approchant de Villeneuve qu'on découvre
enfin la merveille que les Grecs appelaient « le lac
du Désert, » que les Suisses appellent le Léman, que
les Français nomment le lac de Genève, et que Byron
saluait de son vrai nom « Lac de Beauté ! »

Toutefois, Mme Dora d'Istria, dans son nouveau
livre, — *Au bord des Lacs helvétiques*, — remarque
avec raison que « Byron, malgré la puissance de son
génie, est un peintre assez vulgaire des splendeurs
de la nature ; il se contente de traits vagues, et ce
qu'il dit du lac de Genève s'appliquerait aussi bien
au lac des Quatre-Cantons. »

Chacun d'eux pourtant a sa beauté propre — et
sa couleur à lui : — le lac des Quatre-Cantons est

vert, celui de Genève est bleu, d'un bleu splendide.

Cet azur profond, où le soleil joue et mêle par moments des tons d'aigue-marine; les légères crêtes d'écume argentée que la brise forme sur les vagues et qui piquent des accents vifs sur cette grande nappe d'eau bleue pleine de sourires; la gamme infinie des tons lumineux de cet azur vivant et diaphane; le cadre magnifique de ce miroir du ciel, d'un côté les vignobles et le Jura, de l'autre la Savoie et ses Alpes, couronnées de neiges éternelles : tout cela forme une harmonie qui vous saisit le cœur et vous remplit d'amour. On voudrait rester sur ces bords divins, on voudrait ne plus les quitter jamais. Aussi ne s'étonne-t-on point qu'ils soient semés à chaque pas de tant d'illustres et touchants souvenirs, et que, parmi toutes les splendeurs de la nature, s'entre-croisent les rayons de gloire du génie humain en ses aspects les plus divers.

O poëtes! vrais créateurs, dont les fantaisies deviennent pour nous des réalités immortelles! Nous cherchons à Clarens le Bosquet de Julie, comme s'il avait existé! Byron feint de le regretter, lui qui savait bien comment on invente, et qui avoue lestement, dans ses notes sur *le Prisonnier de Chillon*, qu'il ne connaissait pas l'histoire de Bonnivard lorsqu'il composa ce poëme, — et qu'il a fait un prisonnier de fantaisie.

« Clarens! doux Clarens! berceau de l'amour sincère! on respire dans ton air le soufflé de la pensée
jeune et passionnée ; tes arbres ont leur racine dans
le sol de l'amour; ses couleurs se reflètent sur les
neiges de tes glaciers, et les derniers rayons du soleil couchant y déposent affectueusement une teinte
de rose.... Clarens! tes sentiers sont foulés par des
pas célestes, — les pas de l'Amour immortel!... »

Le journal dans lequel Byron notait pour sa sœur
les détails particuliers de son voyage en Suisse,
contient, à propos de Clarens et de Meillerie qui est
en face, sur la côte de Savoie, les lignes suivantes :
« J'ai eu le bonheur ou le malheur, comme on vou-
dra, de traverser le lac par un temps d'orage, en
allant de Meillerie, où nous séjournâmes quelque
temps, jusqu'à Saint-Gingo (Saint-Gingolph, mais
Byron écrit comme on prononce dans le pays); la
tempête ajoutait à la magnificence du spectacle qui
nous entourait, bien qu'elle fît courir des dangers
à notre bateau, qui était petit et trop chargé. Nous
étions justement dans cette partie du lac d'où celui
de Saint-Preux et de Mme de Wolmar gagna Meillerie pour être à couvert de l'orage. En abordant
au rivage de Saint-Gingo, je vis que le vent avait été
assez violent pour déraciner quelques vieux châtaigniers au bas de la montagne. Sur la colline qui
fait face à Clarens est un château. Les hauteurs sont
couvertes de vignes et entrecoupées de quelques

petits bois d'un effet très-pittoresque. Il y en avait
un qu'on nommait le Bosquet de Julie ; il a été
abattu par les moines du Saint-Bernard, auxquels
le terrain appartenait, et converti en vignobles.
Néanmoins les habitants de Clarens continuent à
montrer la place qu'il occupait, en l'appelant du
nom qui l'a consacré et lui survivra. Rousseau n'a
pas été heureux pour la conservation des lieux où
il avait placé ses créations idéales. Le prieur du
Grand-Saint-Bernard a abattu ces bosquets pour
obtenir quelques tonneaux de vin de plus, et Bona-
parte a fait sauter une partie des rochers de Meillerie
pour améliorer la route du Simplon. La route est
excellente ; mais je ne puis partager l'opinion que
j'ai entendu exprimer, que la route vaut mieux que
les souvenirs. »

Après Chillon et Clarens, c'est Vevey, deux fois
cher à l'auteur des *Confessions* et de *la Nouvelle
Héloïse*, Vevey où il avait connu Mlle Wulson, son
premier amour ; Vevey, où était née Mme de Warens, son plus heureux souvenir !

Toute cette extrémité du lac est le climat le plus
doux de la Suisse et un des plus beaux de l'Europe.
Tandis que la moyenne des jours pluvieux s'élève
annuellement à 178 pour Londres, à 152 pour Paris,
à 117 pour Rome, à 109 pour Pau, à 103 pour Florence, à 80 pour Montpellier, elle n'est à Vevey que

de 72. Marseille, Cannes, Nice et les îles d'Hyères, où la moyenne descend à 55 et encore au-dessous, semblent seuls plus favorisés du ciel.

Cette contrée, depuis Chillon jusqu'à Lausanne, est en pente vers le midi. Une chaîne de rochers élevés la garantit des vents du nord. De beaux vignobles en amphithéâtre descendent jusqu'au chemin de fer, et parfois jusqu'au lac, où ils baignent leurs pieds. On a étendu sur les rocs de ce Val de Maturité, *Ryffthal*, la terre fertile de la Savoie, apportée en bateau de la côte d'Évian. On la retient par de petits murs en gradins sur la pente rocheuse où elle est appliquée.

Mitis in apricis coquitur vindemia saxis.

C'était ce vin qui consolait le gourmet Brillat-Savarin, lorsqu'il était exilé à Lausanne : « Quels bons dîners nous faisions en ce temps-là à Lausanne, au *Lion d'Argent !* Moyennant quinze batz (2 fr. 25 c.), nous passions en revue trois services complets, où l'on voyait, entre autres, le bon gibier des montagnes voisines, l'excellent poisson du lac de Genève ; et nous humections tout cela, *à volonté et à discrétion*, avec un petit vin blanc, limpide comme eau de roche, qui aurait fait boire un enragé. »

La situation de Lausanne, au-dessus du Lac, en

face du Mont-Blanc, est la plus belle qu'on puisse rêver.

La ville est coquette et charmante à voir, avec ses jardins en terrasses et ses rosiers en haies sous des arcades de pampres. Son viaduc à deux étages sur la vallée du Flon est plein d'élégance.

Lausanne a eu l'honneur de compter tour à tour parmi ses hôtes et ses admirateurs Benvenuto Cellini, Théodore de Bèze, Voltaire, Gibbon, Haller, Necker, Joseph et Xavier de Maistre, Fox, Mme de Charrière, Benjamin Constant, Chateaubriand, Lamartine, Adam Mickiewicz, Sainte-Beuve et Victor Hugo.

En 1783, l'historien Gibbon écrivait de Londres à un des amis qu'il avait laissés dans ce beau pays : « Lausanne a eu mes prémices. Elle me sera toujours chère par le doux souvenir de ma jeunesse. Au bout de trente ans je me rappelle les polissons qui sont aujourd'hui juges, les petites filles de la société du printemps qui sont devenues grand'mères. Votre pays est charmant.... »

M. Alfred de Bougy, qui a étudié avec passion et avec esprit toute cette Suisse française qu'on nommait autrefois la petite Bourgogne, rappelle que Gibbon, en sa jeunesse, à Lausanne, « était devenu amoureux de Mlle Curchod, — qui fut Mme Necker et la mère de Mme de Stael, — mais qu'il dut renoncer à elle par obéissance filiale. »

C'est à Lausanne que Voltaire commença son séjour en Suisse, qui devait durer près d'un quart de
siècle. « Je me suis arrangé, écrit-il, une maison à
Lausanne, qu'on appellerait palais en Italie : quinze
croisées de face, en cintre, donnent sur le lac, à
droite, à gauche et par devant. Cent jardins sont
au-dessous de mon jardin; le grand miroir du lac
les baigne; je vois la Savoie au-delà de cette petite
mer, et, par delà la Savoie, les Alpes qui s'élèvent
en amphithéâtre et sur lesquelles les rayons du soleil forment mille accidents de lumière. »

Dans une autre lettre, il dit : « Je voudrais vous
tenir dans cette maison délicieuse. Il n'est point de
plus bel aspect dans le monde. La pointe du Sérail
de Constantinople n'a pas une plus belle vue. Je ne
puis me lasser de vingt lieues de ce beau lac, des
campagnes de la Savoie et des Alpes qui les couron-
nent dans le lointain. Mais il faudrait avoir un estomac, cela vaudrait mieux que l'aspect de Constantinople. »

Un autre jour, l'estomac va mieux, à ce qu'il paraît, car Voltaire écrit : « Nous mangeons des géli-
nottes, des coqs de bruyère, des truites de vingt livres.... Ne sommes-nous pas fort à plaindre? »

C'est à Lausanne que Voltaire découvrit les lettres
de la belle Circassienne, Mlle Aïssé.

En sortant de cette ville charmante, on franchit

la Venoge, jolie petite rivière qui se jette dans le lac, et par laquelle, en la réunissant à l'Orbe, on avait eu dessein, dans le dix-septième siècle, de faire communiquer ensemble le lac de Neufchâtel et celui de Genève, qui sont à six lieues l'un de l'autre. Aujourd'hui le chemin de fer par Morges et Yverdun, les réunit bien mieux.

A Echichens, près de Préverenges, est établi l'Asile rural vaudois, institution et ferme-école pour l'éducation des enfants pauvres.

Entre Morges et Rolle, au-dessus d'Allaman, nous montons à Aubonne et au Signal de Bougy, d'où l'on découvre d'un côté tout le Léman, et de l'autre tout le Jura, les Allinges et le Roc d'Enfer, — quarante lieues de pays, et de quel pays !

Ensuite nous passons à Nyon, patrie de Niedermeyer, qui peut mettre deux lacs dans ses armes parlantes.

Et puis voici Coppet, avec ses pavillons pointus parmi les peupliers, — Coppet, brillant de souvenirs !

De 1670 à 1672, Bayle, âgé de vingt-deux à vingt-trois ans, y fut précepteur des fils du comte de Dohna, à qui appartenait alors cette seigneurie.

Au commencement de notre siècle, Mme de Stael y régna dans l'exil. Wilhelm Schlegel, Benjamin Constant, Mme de Charrière, M. de Sismondi, Mme Récamier, M. de Sabran, M. de La Bédoyère, et bien d'autres encore, lui composaient une cour comme il y en a peu, une cour spirituelle et libre.

Lord Byron, toutefois, y fit scandale. C'est lui-même qui le raconte. On sait qu'il aimait à dire des énormités. Mme de Stael crut devoir mettre le holà. — « Elle prit la liberté de me faire *une morale* devant cette nombreuse assemblée. J'y répondis par une profonde révérence d'adieu. »

M. de Chateaubriand vint aussi à Coppet, mais ce fut pour y apporter son ironie sèche et sa mauvaise grâce.

Il s'étonne que Mme de Stael, malgré tant d'hommages et de sympathies, ne se consolât point d'être exilée. Il en parle bien à son aise, lui qui n'avait connu que l'exil volontaire, pour déserter une révolution.

Moi, je crois sans peine que Mme de Stael souffrait profondément de cet exil. Et son fils le croyait aussi apparemment, puisqu'un jour, — sans la consulter, je pense, — il alla trouver Napoléon qui passait à Chambéry en revenant d'Italie, et sollicita pour elle l'autorisation de rentrer en France. C'était dans les derniers jours de 1807. M. Auguste de Stael avait alors tout au plus dix-sept ans. Il avait fait remettre une lettre à l'Empereur. L'Empereur lui donna audience, tout en déjeunant. Voici les principaux traits de cette conversation très curieuse à laquelle assistait Duroc, qui en a conté les détails :

« D'où venez-vous?

— De Genève, Sire.

— Où est votre mère?

— A Vienne.

— Eh bien, elle n'est pas mal là ; qu'elle y reste : elle peut y apprendre l'allemand.... Je ne dis pas que ce soit une méchante femme que votre mère. Elle a de l'esprit, elle en a beaucoup,... trop peut-être, un esprit insubordonné, sans frein. Elle a été élevée dans le chaos d'une monarchie qui s'écroulait et d'une révolution; elle fait de tout cela un amalgame.... C'est une tête exaltée. J'y dois veiller. Elle ne m'aime pas. C'est dans l'intérêt de ceux qu'elle pourrait compromettre que je ne dois pas la laisser revenir à Paris.... Si je le lui permettais, il ne se passerait pas six mois sans qu'elle me mît dans la nécessité de la faire enfermer.

— Sire, je ne pense pas que Votre Majesté fît arbitrairement détenir ma mère en prison sans qu'elle vous en donnât sujet.

— Elle me le donnerait dix fois pour une! Je la connais bien!... Elle verrait du monde, elle ferait des plaisanteries; elle n'y attache pas d'importance, mais moi j'en mets beaucoup : mon gouvernement n'est pas une plaisanterie, et je prends tout au sérieux ; il faut qu'on le sache, dites-le bien à tous.

— Sire, ma mère, si elle revenait à Paris, ne désirerait nullement voir du monde ; elle ne vivrait qu'avec un petit nombre d'amis.

— Oui, oui, c'est bien moi qu'on prend à ces belles promesses!... Je vois ce que vous voulez; mais je vous dis que cela ne se peut pas. Elle servirait de drapeau au faubourg Saint-Germain. Ne voir personne! est-ce qu'elle le pourrait? On lui ferait des visites, elle les rendrait; elle ferait mille folies.

— Sire, Votre Majesté permettra-t-elle à un fils de lui demander ce qui a pu l'indisposer contre sa mère? Quelques personnes m'ont dit que c'était le dernier ouvrage de mon grand-père; je puis pourtant jurer à Votre Majesté que ma mère n'y a été pour rien.

— Oui, certainement, cet ouvrage y est pour beaucoup. Votre grand-père était un idéologue, un fou, un vieux maniaque. A soixante ans, vouloir renverser ma Constitution, faire des plans de constitution! Les États seraient ma foi, bien gouvernés avec des gens à systèmes, des faiseurs de théories, qui jugent les hommes dans des livres et le monde sur la carte!

— Sire, puisque ces plans tracés par mon grand-père ne sont, aux yeux de Votre Majesté, que de vaines théories, je ne conçois pas comment elle s'en montre si fort irritée. Il n'est point d'économiste qui n'ait tracé des plans de constitution....

— Oui, oui! les économistes! ce sont des songe-creux, qui rêvent des plans de finances et qui ne sauraient pas remplir les fonctions de percepteur dans le dernier village de mon empire. L'ouvrage de votre grand-père est l'œuvre d'un vieil entêté qui est mort en rabâchant sur le gouvernement des États.

— Il me serait peut-être permis de penser, Sire, d'après la manière dont Votre Majesté en parle, qu'elle s'en est fait rendre compte par des personnes malveillantes et qu'elle n'a pas eu le temps de le lire.

— C'est ce qui vous trompe, monsieur : je l'ai lu, moi-même, d'un bout à l'autre.

— Votre Majesté a donc dû voir combien mon grand-père y rend justice à votre génie.

— Oui! une belle justice! Il m'appelle l'homme né-cessaire! L'homme nécessaire! et, d'après son ou-vrage, la première chose à faire était de couper le cou à cet homme nécessaire! Oui, sans doute, j'é-tais nécessaire, indispensable, pour réparer toutes les sottises de votre grand-père, pour effacer le mal qu'il a fait à la France : c'est lui qui a renversé la monarchie et conduit Louis XVI à l'échafaud.

— Sire, vous n'ignorez pas que c'est pour avoir défendu le roi que mon grand-père a vu ses biens confisqués.

— Défendu le roi? Une belle défense, ma foi!... Monsieur de Stael, si je donnais du poison à un homme et que je lui apportasse de l'antidote quand il serait à l'agonie, diriez-vous que j'ai voulu sauver cet homme? Eh bien! voilà comment votre grand-père a défendu Louis XVI.... Quant aux confiscations dont vous parlez, que prouvent-elles? Rien. N'a-t-on pas confisqué les biens de Robespierre? Je vous le dis, ce Robespierre lui-même, Marat, Danton, ont fait moins de mal à la France que M. Necker : c'est lui qui a fait la révolution!... Que tout le sang versé retombe sur lui! »

Puis l'Empereur, se tournant vers Duroc : « Après tout, reprit-il en changeant de ton et en riant, ce n'est pas trop à moi de me plaindre de la Révolution, puisque j'ai fini par y attraper un trône. »

Alors il se leva de table, et, faisant un pas vers M. Auguste de Stael, il reprit :

« Le règne des brouillons est fini. Je veux de la subordination. Respectez l'autorité, parce qu'elle vient de Dieu. Vous êtes jeune, bien élevé, suivez une meilleure route, habituez-vous à la subordination; ne suivez pas ces mauvais principes qui, pour des bavardages, compromettent l'existence des sociétés.

— Sire, si je suis assez heureux pour que Votre Majesté me fasse l'honneur de me trouver bien élevé, elle ne doit pas condamner les principes de mon grand-père et de ma mère, car c'est dans ces principes que j'ai été élevé.

— Eh bien, je vous conseille de vous tenir droit en politique, car je ne pardonnerai pas la moindre chose à tout ce qui tiendra à M. Necker ; il faut que tout le monde se tienne droit en politique.... Vous êtes bien jeune : si vous aviez mon âge et mon expérience, vous jugeriez mieux des choses.... Au lieu de me choquer, votre franchise m'a plu : j'aime qu'un fils plaide la cause de sa mère.... Je suis bien aise d'avoir causé avec vous : j'aime la jeunesse, quand elle est simple.... et pas trop raisonneuse.... Si votre mère était en prison, je n'hésiterais pas à vous accorder sa grâce ; mais elle est en exil, et rien ne me l'en fera rappeler.

— Mais, Sire, n'est-on pas aussi malheureux loin de sa patrie et de ses amis que si l'on était en prison ?

— Tout cela, ce sont des idées de roman ; vous avez entendu dire cela à votre mère. Elle est vraiment bien à plaindre, ma foi ! A l'exception de Paris, elle a l'Europe pour prison.

— Mais, Sire, c'est à Paris que sont ses amis.

— Avec l'esprit qu'elle a, elle s'en fera ailleurs. Après tout, je ne conçois pas qu'elle mette tant d'importance à venir à Paris. Pourquoi a-t-elle si grande envie de se placer immédiatement à portée de cette tyrannie ? vous voyez que je tranche le mot : en vérité, je ne le conçois pas ! Ne peut-elle aller à Rome, à Berlin, à Vienne, à Milan, à Londres ? Hé !

oui, qu'elle aille à Londres ; elle pourra, si elle veut y faire des libelles. Partout là je la saurai avec plaisir ; mais Paris, voyez-vous, monsieur de Staël, c'est le lieu de ma résidence, et je n'y veux souffrir que des personnes qui m'aiment. Il est bon qu'on se le tienne pour dit.... Votre mère, à Paris, ne pourrait se tenir de parler politique.

— Sire, ma mère ne s'occuperait que de littérature.

— De littérature, oui, je connais cela ! On fait de la politique en parlant de tout, de littérature, de morale, de beaux-arts, de tout enfin.... Il faut que les femmes tricotent.... Quant à votre grand-père, je n'ai rien dit de trop. Non, M. Necker n'avait aucun talent en administration. Je sais ce que c'est, depuis dix ans que je m'en mêle.

— Cependant, Sire, Votre Majesté me permettra-t-elle de lui faire observer qu'elle a peut-être reconnu quelque mérite dans les institutions financières de mon grand-père, puisqu'elle en a conservé plusieurs dans l'ordre admirable qu'elle a établi.

— Cela ne prouverait rien, car deux ou trois idées éparses ne font pas le mérite d'un système.

— Sire, laissez-moi espérer que la postérité sera plus favorable à mon grand-père que Votre Majesté.

— La postérité ? Elle n'en parlera peut-être seulement pas.

— J'ose espérer le contraire, Sire.

—Quoi qu'il en soit, je vous répète que je ne permettrai jamais à votre mère de revenir à Paris.... Allez en Angleterre : là on aime les Génevois, les ergoteurs, les politiques de salon.... »

Après cette conversation, l'Empereur remonta en voiture avec Duroc. Il garda le silence jusqu'un peu avant la cascade qui tombe à gauche de la route à quelques lieues de Chambéry. Il paraissait réfléchir. Là, il dit : « Peut-être ai-je été un peu dur avec ce jeune homme ?... Oui, c'est possible.... Eh bien! tant mieux, après tout! D'autres n'y reviendront pas. »

Quoi qu'en pensât Napoléon, — qui sans doute changea de sentiment plus tard, à Sainte-Hélène, — l'exil, même dans les circonstances les plus favorables, est une douloureuse suspension de la vie.

Voilà pourquoi Mme de Stael, même à Coppet, au milieu de cette cour brillante que formaient autour d'elle tant d'éminents esprits, dans ce château orné par les lettres et par les arts, sous les ombrages de ce beau parc, au bord de ce lac idéal, ne pouvait s'empêcher pourtant de regretter le ruisseau boueux de la rue du Bac.

Mais la locomotive nous entraîne : déjà nous sommes à Genthod, patrie du naturaliste Saussure, neveu de Charles Bonnet; et bientôt nous arrivons à Genève, qui se glorifie avec Lausanne des deux entomologistes Huber, père et fils, l'un historien des abeilles, l'autre des fourmis; à Genève, berceau de Jean-Jacques, qu'on voit ressuscité en bronze par son compatriote Pradier et méditant dans l'île qui est au bout du lac, au milieu de la sortie du Rhône.

Quel admirable spectacle encore que cette sortie du Rhône, après tant de féeries de toutes sortes qui ont rempli une journée splendide! Ce matin, près de Villeneuve, le fleuve entrait tout jaune dans ce grand lac qui reçoit avec lui quarante et une rivières; ce soir, à Genève, il en sort tout bleu, comme le lac lui-même, qu'il vient de traverser dans toute sa longueur, — dix-huit à vingt lieues d'étendue! — On dirait que c'est le lac qui se fait fleuve.

On le passe sur des ponts de planches très-bas et très-étroits: on marche, peu s'en faut, sur les eaux rapides de cet immense torrent d'azur, d'une limpidité si parfaite, qu'on voit jusqu'au fond les moindres objets déposés sur le sable de son lit. La vue tourbillonne avec l'onde. Accoudé sur la rampe de fer, on goûte en sûreté le plaisir du vertige. On se repaît de cette couleur divine, que les yeux ont bue toute la journée et dont ils ne peuvent s'assouvir.

VII

On a dit, avec un peu d'insolence, que Voltaire
était « le roi des esprits communs. » Peut-être qu'on
a voulu dire des esprits pratiques. Il n'y en eut
jamais un plus flexible, plus prompt à se plier
aux circonstances, à revêtir toutes les formes, ni en
même temps un plus tenace dans ses principes,
dans son amour passionné de la raison et de la justice. Ce caractère réunit deux formules qu'on n'est
pas habitué à voir ensemble : le *Justum ac tenacem
propositi virum*, et la célèbre maxime de ces hommes
habiles qu'il avait eus pour maîtres : *Qui veut la fin*

veut les moyens. Oui, cet élève des jésuites garda le pli de son éducation, mais corrigea heureusement, par le but qu'il se proposa, l'usage d'une maxime si dangereuse. Il eut souvent l'air de se contredire, changeant de forme et de moyens, jamais d'idée.

C'était le plus adroit de tous les tacticiens. Ceux qui tiennent plus à la régularité de leur marche et à l'inflexibilité de leurs procédés qu'au succès de leurs entreprises ressemblent à un colonel bizarre qui, pouvant pénétrer dans une place par une poterne étroite, s'obstinerait à y vouloir entrer de front avec toutes ses lignes déployées, et y renoncerait plutôt que de ne pas garder un si bel ordre. L'homme habile se contente de faire entrer homme par homme, idée par idée, et la place est prise.

La logique est une bonne chose, pourvu qu'on n'en abuse pas. Il n'y a rien d'absolu dans la vie. En mathématiques, 2 et 2 font 4; mais, dans la vie, deux hommes et deux hommes ne font pas toujours quatre hommes; quelquefois cela ne fait que trois, et d'autres fois cela fait cinq, ou six, ou sept. C'est ce que n'admettent ni ne sentent les esprits trop mathématiques ou les logiciens à outrance. Aussi les uns et les autres, dans la vie, raisonnent-ils ordinairement fort mal.

Les hommes et les choses de la vie sont des quantités variables et diverses, et non pas des chiffres. Ni les esprits ni les visages humains ne sont des fi-

gures géométriques. Et la preuve, c'est que pas un
homme ni pas une femme, comme vous savez, n'a
le nez au milieu du visage : il incline toujours à
droite ou à gauche. Les artistes en sont ravis : un
visage qui serait « d'ensemble, » comme ils disent,
les ennuierait; ce serait ce qu'ils appellent « une
académie, » ou une tête de coiffeur. Les géomètres,
au contraire, seraient révoltés, comme de raison,
de cette irrégularité, s'ils la remarquaient; mais les
géomètres ne remarquent rien, occupés qu'ils sont
à démontrer tout. L'art vit d'irrégularité. L'éloquence et toutes ses figures ne sont que des ma-
nières de parler inexactes. Plus elles le sont, plus la
figure est belle. On voit par là que l'éloquence est le
contraire de l'algèbre, comme l'art est le contraire
de la géométrie. De même, la pratique de la vie dif-
fère souvent de la théorie, et ce qu'il y a de plus rai-
sonnable est parfois le contraire de la logique, au
moins de la logique apparente, mais non pas, il est
vrai, de la logique intime : celle-ci est toute relative; celle-là est tout absolue. Laissons la logique
absolue aux esprits faux et aux scolards. Elle procède comme un engrenage : c'est une machine très-
forte, mais très-lourde et sans délicatesse. La logique relative, au contraire, va comme l'électricité,
qui va plus vite que la lumière, qui fait soixante-
dix-sept mille lieues par seconde. — Tel était l'esprit de Voltaire.

9

Que ne donnerait-on pas pour avoir eu le bonheur de voir, seulement pendant cinq minutes, Voltaire, Molière, Shakspeare, Homère? Je ne dis même pas les entendre, mais les voir seulement!

En revoyant du moins les lieux qu'ils habitèrent, il semble que l'on ressaisisse quelque chose de leur personne.

On va de Genève à Ferney en trois quarts d'heure par des espèces de voitures décorées du nom d'omnibus, qui vous descendent à l'entrée du pays. On rentre pour un moment de Suisse en France.

Nous cherchâmes à pied le château de Voltaire, et nous le demandâmes successivement à deux hommes, un jeune et un vieux. Chose étrange! ni l'un ni l'autre ne parut savoir ce que nous voulions dire; le vieux, aussi bien que le jeune, ignorait le nom de Voltaire, dans ce pays presque créé par lui! Ferney, lorsque Voltaire y arriva, se composait de sept ou huit cabanes; à sa mort, Ferney comptait 1200 habitants, et exportait pour 40 000 livres par an d'horlogerie. Aujourd'hui, la population est de 16 à 1800 âmes.

Ferney! Pour quiconque chérit la raison, et la liberté, et la justice, ce lieu est sacré.... Quelle émotion en y arrivant!

Après avoir marché pendant dix minutes, nous

vîmes, à gauche de la route, une avenue de tilleuls
qui mène au château. Il est dans une situation admirable, au pied du Jura, en face des Alpes de Savoie et du Mont-Blanc, avec le lac de Genève dans
l'intervalle. Il est d'ordre composite, à colonnes do-
riques, n'ayant qu'un étage sur perron et couronné
de mansardes en style de l'époque.

Avant la grille d'entrée, à gauche, est la petite
église élevée par Voltaire ; elle porte encore l'inscription, que M. Arsène Houssaye appelle « une
impertinence, » et qui n'est qu'une profession de
foi déiste :

DEO

EREXIT VOLTAIRE

MDCCLXI.

Lui-même, dans une de ses lettres, l'explique
ainsi très-simplement : « L'église que j'ai fait bâtir
est la seule de l'univers en l'honneur de Dieu. L'Angleterre a des églises bâties à saint Paul, la France à
Sainte-Geneviève, mais pas une à Dieu. »
Comme il y a juste cent ans de cela, le progrès
des idées a fait que l'on a fermé cette église, et qu'on
en a bâti une autre à quelque distance, sous une in-
vocation moins philosophique et plus orthodoxe.
Encore un peu de temps, et peut-être que, par un
nouveau progrès, on ôtera l'inscription elle-même.

Déjà on la déclare impertinente, bientôt on la pro-
clamera irréligieuse.

N'est-il pas convenu que Voltaire est un impie?
— Lui qui a écrit ces paroles sublimes : « Je médi-
tais cette nuit; j'étais absorbé dans la contemplation
de la nature, j'admirais l'immensité, le cours, les
rapports de ces globes infinis.... J'admirais encore
plus l'intelligence qui préside à ces vastes ressorts.
Je me disais : il faut être aveugle pour n'être pas
ébloui par ce spectacle; il faut être stupide pour n'en
pas reconnaître l'auteur, il faut être fou pour ne pas
l'adorer. Quel tribut d'adoration dois-je lui rendre?
Ce tribut ne doit-il pas être le même dans toute l'é-
tendue de l'espace, puisque c'est le même pouvoir
suprême qui règne également dans cette étendue?
Un être pensant qui habite dans une étoile de la voie
lactée ne lui doit-il pas le même hommage que l'être
pensant sur ce petit globe où nous sommes? La lumière est uniforme pour l'astre de Sirius et pour
nous; la morale doit être uniforme. Si un animal
sentant et pensant, dans Sirius, est né d'un père et
d'une mère tendres qui aient été occupés de son
bonheur, il leur doit autant d'amour et de soins que
nous en devons ici à nos parents. Si quelqu'un, dans
la voie lactée, voit un indigent estropié, s'il peut le
soulager et s'il ne le fait pas, il est coupable envers
tous les globes.... »

Voltaire! grande âme, encore tant discutée, parce

que son esprit parfois l'éclipse d'un rayonnement
éblouissant et la fait disparaître dans les éclats du
rire philosophique et de l'ironie sainte! Ame vraiment religieuse, quoi qu'en disent les éclectiques
grands et petits!... Ces philosophicules dédaignent
le déisme, dont Voltaire et Rousseau se contentaient.
Ils le trouvent trop simple : il leur faut du mystère,
comme aux théologiens. Le déisme, cependant, en a
encore assez. Mais il n'est pas absurde; cela les
gêne.

Pour les cléricaux, à plus forte raison, Voltaire
est toujours l'antichrist; ou, comme on le disait
déjà de l'auteur de *Tartuffe*, c'est « un démon vêtu
de chair. »

Et pourtant ceux-là même qui aujourd'hui ne
laissent échapper aucune occasion d'injurier le nom
de Voltaire, recueillent, qu'ils le veuillent ou non,
le fruit de ses travaux et de ses luttes : c'est sur le
terrain même conquis par lui qu'ils s'établissent
pour l'insulter. Comme les idées qu'il a répandues
sont passées dans la circulation universelle, et dor-
énavant font partie de l'air que nous respirons tous,
on a besoin de quelque attention, de quelque effort
et de quelque travail d'esprit, pour se reporter en
idée au temps où tout cela se débattait encore. Mais
le plus grand nombre des hommes en jouissent
sans y penser : on goûte comme des choses naturelles
les libertés qu'il a gagnées pour nous; on perd de

vue ce qu'il lui a fallu de courage, d'esprit, d'adresse, pour en doter le monde; bref, le bienfait, comme il n'arrive que trop souvent, fait oublier le bienfaiteur.

Pour nous qui sentons la grandeur de l'œuvre, ne marchandons ni l'admiration ni la reconnaissance au lutteur intrépide, à l'athlète infatigable, qui a tant contribué à notre délivrance; et, en face de ses détracteurs, saluons, honorons à jamais un des génies dont l'influence a le plus servi l'humanité!

On laisse donc cette petite église à gauche, et on sonne à la grille du château. Le propriétaire actuel, M. David, qui l'habite une partie de l'année et qui possède à Lajoux un bel établissement de lapidairerie, permet aux voyageurs de visiter le parc et deux pièces des appartements, qu'on appelle le salon et la chambre de Voltaire, et qui sont restées, dit-on, à peu près telles qu'elles se trouvaient lorsqu'en 1778 il quitta Ferney sans savoir qu'il n'y reviendrait plus, et alla triompher à Paris jusqu'à en mourir.

Dans le prétendu salon, qui pourrait bien avoir été la salle à manger, il y a, d'un côté, un énorme poêle de faïence, à moitié engagé dans le mur et décoré d'ornements dorés, un de ces poêles-monuments comme on en voit en Suisse et que rend nécessaires la rudesse du climat pendant les longs hivers; de l'autre côté, un petit cénotaphe de mar-

bre, d'assez mauvais goût, construit par le marquis
de Villette et destiné à contenir le cœur de Voltaire,
ce cœur tant agité pendant sa vie, tant ballotté après
sa mort, et qu'un évêque, l'année dernière, sou-
haitait si passionnément d'obtenir, avec les millions
qui l'accompagnaient. Ce mausolée porte deux inscriptions que les faits ne justifient guère :

Son esprit est partout, et son cœur est ici.

Le premier hémistiche seul est vrai. — Puis, au-
dessous : « Mes mânes sont consolés, puisque mon
cœur est au milieu de vous. »

Dans la chambre à coucher, il reste un lit, capi-
tonné en soie pompadour, du reste dégarni, sans
rideaux et sans courte-pointe; plusieurs portraits,
entre autres ceux de Frédéric II et de Catherine II,
donnés au poëte-philosophe par les deux souverains,
ses admirateurs; celui de Le Kain, celui de Mme du
Châtelet, enfin celui de Voltaire lui-même, admirable pastel de la Tour : c'est Voltaire encore jeune,
les yeux vifs, le nez gaulois, moins effilé qu'on ne
croirait, un peu sensuel et un peu gros au bout,
comme celui de Molière. C'est d'ailleurs bien lui
comme on se le figure et tel que nous le représentent les contemporains qui allèrent à Ferney. « Il
est impossible, dit Mme Suard, de décrire le feu de
ses yeux ni les grâces de sa figure. Quel sourire enchanteur! Ah! combien je fus surprise quand, à la

place de la figure décrépite que je croyais voir, parut cette physionomie pleine d'expression; quand, au lieu d'un vieillard voûté, je vis un homme d'un maintien droit, élevé et noble avec abandon. Il n'y a pas dans sa figure une ride qui ne forme une grâce. » Voltaire n'avait pas moins de quatre-vingt-un ans lorsque Mme Suard parlait ainsi de lui. — « Il fallait le voir, dit de son côté le feld-maréchal prince de Ligne, il fallait le voir animé par sa belle et brillante imagination, jetant l'esprit à pleines mains, en prêtant à tout le monde, porté à voir et à croire le beau et le bien; abondant dans son sens, y faisant abonder les autres; rapportant tout à ce qu'il écrivait, à ce qu'il pensait; faisant parler et penser ceux qui en étaient capables; donnant des secours à tous les malheureux; bâtissant pour de pauvres familles et bon homme dans la sienne, bon homme dans son village; bon homme et grand homme tout à la fois : réunion sans laquelle on n'est jamais complétement ni l'un ni l'autre; car le génie donne plus d'étendue à la bonté, et la bonté plus de naturel au génie. »

En même temps que Voltaire s'occupe de fonder à Ferney une école d'agriculture et une fabrique d'horlogerie dont les produits sont exportés jusqu'au Bengale, il plaide pour toutes sortes de personnes devant trois ou quatre tribunaux à la fois; entre autres, pour six pauvres gentilshommes dépouillés de leur patrimoine, dans leur minorité, par les pères de la Compagnie de Jésus. Voltaire fit rentrer dans leurs biens ces six gentilshommes, officiers du roi. D'Argental, quelques jours après, le félicite de ce que ses procès sont terminés. — « Comment, terminés! Dieu m'en préserve! » répond Voltaire, et il se compare en riant à la comtesse de Pimbesche.

Toujours souffrant mais toujours gai, il s'amuse de ses ennemis, non-seulement devant le public, mais tête à tête avec eux-mêmes. L'ex-jésuite Nonotte compose contre lui un livre anonyme et lui fait écrire par son libraire la lettre suivante :

Avignon, le 30 avril 1762.

Monsieur,

Avant de mettre en vente un ouvrage qui vous est relatif, j'ai cru devoir, décemment, vous en donner avis. Le titre porte : *Erreurs de M. de Voltaire sur les faits historiques, dogmatiques*, etc., en deux volumes in-12, par un auteur anonyme. En conséquence, je prends la liberté de vous proposer un parti. Le voici : je vous offre mon édition, de *quinze cents exemplaires, à quarante sous, en feuilles*, montant à *trois mille livres*. L'ouvrage est désiré universellement. Je vous l'offre, dis-je, cette édition, de bon cœur, et je ne la ferai paraître que je n'aie auparavant reçu quelque ordre de votre part.

J'ai l'honneur d'être, avec le respect le plus profond, monsieur,

Votre très-humble et très-obéissant serviteur,

Fez,

Imprimeur-libraire à Avignon.

A ce joli chantage, Voltaire répond :

Monsieur,

Vous me proposez, par votre lettre datée d'Avignon, du 30 avril, de me vendre pour mille écus l'édition entière d'un recueil de mes *Erreurs sur les faits historiques et dogmatiques*, que vous avez, dites-vous, imprimé en terre papale. Je suis obligé, en conscience, de vous avertir qu'en relisant, en dernier lieu, une nouvelle édition de mes ouvrages, j'ai découvert dans la précédente pour plus de deux mille écus d'erreurs ; et comme, en qualité d'auteur, je me suis probablement trompé de moitié à mon avantage, en voilà au moins pour douze mille livres. Il est donc clair que je vous ferais tort de neuf mille francs, si j'acceptais votre marché....

Puis la plaisanterie reprend et continue à propos de cette naïve parenthèse : « *L'ouvrage est désiré universellement.* »

On regrette de ne pouvoir visiter la chambre où travaillait Voltaire. Au reste, elle doit être entièrement changée, puisque toute sa bibliothèque se trouve en Russie, ayant été achetée, comme on sait, par l'impératrice Catherine II.

Le jardin, derrière le château, est assez grand ; moitié à la française et moitié à l'anglaise : d'abord un parterre, ensuite une sorte de parc irrégulier ; à gauche, une longue allée de charmille, où il se promenait à l'abri du soleil en composant et déclamant

ses vers. De distance en distance, il avait ménagé
dans la charmille de petites ouvertures qui donnent
vue sur le Mont-Blanc et la Savoie, — le plus beau
paysage du monde. — Dans le petit bois, on vous
montre un orme que Voltaire, dit-on, planta de ses
mains, et qui est protégé par une clôture contre
l'admiration des touristes.

C'est dans cette heureuse retraite qu'il avait trouvé
la sécurité pour continuer sa guerre incessante contre les abus et les injustices. « C'est à Ferney que je
vais demeurer dans quelques semaines, écrit-il à
D'Alembert... Il faut toujours que les philosophes
aient deux ou trois trous sous terre, contre les chiens
qui courent après eux. » Ces deux ou trois trous,
c'étaient les Délices, le château de Tournay et celui
de Ferney. Il y vivait en grand seigneur, mais en
grand seigneur philosophe. Le nombre des domes-
tiques, tels que jardiniers, valets de ferme, ouvriers,
s'élevait, dans les deux maisons de Tournay et de
Ferney seulement, à environ cent cinquante. Point
de laquais ! point de fainéants ! Maître et vassaux,
tout était voué au travail dans cette étrange seigneurie ; et, l'exemple étant donné par M. de Voltaire,
tout travaillait avec joie. Mais nul n'égalait l'activité
du maître.

Tout le monde l'aimait et l'adorait ; par-dessus
tout, sa vieille servante *Baba*. « Elle n'était pas bien
sûre, dit M. Eugène Noël, de ne pas être la servante

du bon Dieu en personne. Les bouillons de son
maître étaient préparés avec dévotion. »

Voltaire trouvait du temps pour tout, même pour
babiller avec les enfants. « Lorsque mes enfants,
encore tout jeunes, — dit Wagnière, son secrétaire,
— l'importunaient par leurs questions dans le temps
même qu'il me dictait quelque chose, et que je les
voulais faire taire, il me disait : « Laissez-les ; il
« faut toujours répondre aux enfants, et leur rendre
« raison sur ce qu'ils demandent, suivant la portée
« de leur esprit, et ne pas les tromper. » Il avait la
bonté d'en user ainsi avec eux. »

Tout le monde sait par cœur ces vers charmants :
O maison d'Aristippe! ô jardin d'Épicure!... — Aujourd'hui qu'on préfère les détails *réalistes*, je ferai
mieux de citer les suivants : « Heureux qui vit chez
soi, avec ses nièces, ses livres, ses jardins, ses vignes, ses chevaux, ses vaches, son aigle, son renard,
et ses lapins qui se passent la patte sur le nez! J'ai
de tout cela, et des Alpes par-dessus, qui font un
effet admirable. » Ailleurs il parle de ses bœufs
« qui lui font des mines. » S'il s'absente, il ne perd
pas de vue sa propriété. « Je recommande à Loup
d'avoir soin de fermer la grille.... Je prie M. Colini
de renvoyer les maçons au reçu de ma lettre : ils
n'ont plus rien à faire. Mais je voudrais que les
charpentiers pussent se mettre tout de suite après le
berceau du côté de la Brandie. Il faut que les do-

mestiques aient grand soin de remuer les marronniers, d'en faire tomber les hannetons et de les donner à manger aux poules. »

Caton l'Ancien n'eût pas mieux dit. — Tout cela
mêlé à la poésie, à la philosophie, à la science, à
l'histoire, aux romans, aux pamphlets et aux luttes.
Car « il faut donner à son âme toutes les formes
possibles. C'est un feu que Dieu nous a confié, nous
devons le nourrir de ce que nous trouvons de plus
précieux.... Il faut faire entrer dans notre être tous
les modes imaginables, ouvrir toutes les portes de
son âme à toutes les sciences et à tous les sentiments; pourvu que tout cela n'entre pas pêle-mêle,
il y a place pour tout le monde. » Et ailleurs, en
parlant des Muses : « Je les aime toutes neuf; et il
faut avoir le plus de bonnes fortunes qu'on peut,
sans être pourtant trop coquet. »

Sa prodigieuse activité met le feu partout à la fois.
« Je suis, dit-il encore gaiement, comme un homme
qui a des procès à tous les tribunaux. »

Et, au fond de cette gaieté, que de sérieux ! que
d'ardeur ! quelle succession de combats sans trêve,
pour les Calas, pour les Sirven, pour Lally, pour
la Barre, pour Montbailly, pour d'Étallonde, pour
l'affranchissement des serfs de Saint-Claude, enfin
pour tous les opprimés, pour l'humanité et pour
la justice !

Pendant vingt ans, ce malicieux vieillard, toujours

mourant et toujours vif, ne fût-ce que pour faire enrager ceux qui lui payent des rentes viagères, étincelle de là sur l'Europe, lançant par-dessus le Jura des fusées volantes qui crèvent à Paris sur la tête des sots et des méchants ; bombardant le vieux monde du moyen âge, la vieille bastille des iniquités ; luttant par toutes les armes, sous toutes les formes, et répandant sur toutes choses cet inimitable mélange d'imagination et de raison, ce style limpide, finement coloré, le plus vif, le plus élégant et le plus naturel du monde ; lutin, démon, génie, athlète, apôtre — de la tolérance, de la liberté, — l'audace chez lui croît avec l'âge. « J'aime passionnément, écrit-il au maréchal de Richelieu, à dire des vérités que d'autres n'osent pas dire, et à remplir des devoirs que d'autres n'osent pas remplir. Mon âme s'est fortifiée à mesure que mon pauvre corps s'est affaibli. »

Toutefois, il y met la prudence qu'il faut, connaissant la France, « ce pays où des singes agacent des tigres ; » voulant bien qu'on fasse brûler ses livres par la main du bourreau, mais non pas lui, qui a encore à dire tant de bonnes vérités !

Il y a les héros dogmatiques et les héros ironiques : les dogmatiques se font brûler, en chair et en os ; les ironiques brûlent leurs adversaires au feu de l'esprit et de la raison. Dans cette ironie, que de foi!... En France, l'ironie et la gaieté sont des formes de l'héroïsme. Elles seules peut-être nous sauveront. Ah! si Voltaire nous voyait dans cette impasse où nous nous consumons d'impatience et de honte! quel serait son étonnement! Quoi! encore là!... cent ans après lui! lui qui espérait si prochaine la révolution définitive!

Et comment ne l'eût-il pas prévue, prophétisée, avec précision, puisqu'elle était en grande partie son œuvre?

Le 2 avril 1764, il écrit au marquis de Chauvelin : « Tout ce que je vois jette les semences d'une révolution qui arrivera immanquablement, et dont je n'aurai pas le plaisir d'être témoin. Les Français arrivent tard à tout, mais enfin ils arrivent. La lumière s'est tellement répandue de proche en proche, qu'on éclatera à la première occasion, et alors ce sera un beau tapage. Les jeunes gens sont bien heureux, ils verront de belles choses! »

Le 17 juin de la même année, il écrit aux d'Argental : « Les écailles tombent des yeux ; le règne de la vérité est proche. Mes anges, bénissons Dieu! »

A quelqu'un qui s'effraye de voir le peuple s'instruire et qui s'écrie que *tout est perdu* : — « Non, monsieur, répond-il, tout n'est point perdu quand on met le peuple en état de s'apercevoir qu'il a un esprit. Tout est perdu, au contraire, quand on le traite comme une troupe de taureaux ; car tôt ou tard ils vous frappent de leurs cornes. »

Il dit encore : « Nous arrivons à la terre promise, mais je ne la verrai pas. Je meurs : j'ai quatre-vingt-quatre ans, quatre-vingt-quatre entreprises accablantes pour un pauvre vieillard, et quatre-vingt-quatre maladies qui m'épuisent. Jouissez, mes amis, du spectacle que j'ai préparé pendant soixante ans et auquel je ne puis assister avec vous ! Je m'éteins, mais je peux dire en mourant, comme le vieux Lusignan ;

Mon Dieu ! j'ai combattu soixante ans pour ta gloire ! »

Il prophétise, non-seulement pour la France, mais pour l'Europe. Et tout ce qu'il prédit arrive. La Prusse reçoit de Frédéric II la libre pensée ; un ministre d'Espagne abolit l'inquisition ; les rois de Danemark, de Pologne, et la moitié des princes d'Allemagne, établissent dans leurs États la liberté de conscience ; le premier y ajoute la liberté de la presse ; Catherine II décrète la tolérance dans son immense empire ; elle met bravement la philosophie au préambule de son Code nouveau ; et bientôt l'Assemblée constituante en traduira les principes dans un autre Code qui deviendra celui de l'humanité tout entière [1].

1. Voy. Bersot, *Philosophie de Voltaire*.

Voltaire va jusqu'à prévoir avec précision la crise qui travaille aujourd'hui l'Italie, et jusqu'à en indiquer la solution : « Si la Raison fait encore des tentatives pour entrer en Italie, on croit qu'elle commencera par s'établir à Venise, et qu'elle séjournera dans le royaume de Naples, malgré toutes les liquéfactions de ce pays-là, qui lui donnent des vapeurs. On prétend qu'elle a un secret infaillible pour détacher les cordons d'une couronne qui sont embarrassés, je ne sais comment, dans ceux d'une tiare, et pour empêcher les haquenées d'aller faire la révérence aux mules. »

Est-ce assez clair, assez précis ?

Mais on ne finirait pas si l'on voulait recueillir tous les traits de Voltaire qui aujourd'hui seraient encore de mise, avec autant d'à-propos que jamais ; celui-ci, par exemple, sur certains publicistes : « Chacun d'eux briguait une place de valet, et une réputation de grand homme. »

Ces souvenirs nous revenaient en foule, pendant que nous parcourions plusieurs fois de suite, avec quel respect et quel attendrissement ! cette longue allée de charmille, où ce grand et charmant esprit médita tant de choses !

Et, pour nous consoler des tristesses du temps présent, nous nous disions que, plus la liberté ira se dégageant, plus la raison se fera jour, plus aussi Voltaire sera reconnu comme un des plus grands bienfaiteurs et de la France et de l'humanité, plus son nom sera entouré d'admiration et de sympathies.

VIII

Genève, lorsqu'on y arrive, non par le lac, mais
par une autre route quelconque, présente une physionomie étrange. La première chose qui vous saute
aux yeux, ce sont ses cheminées, les plus bizarres
du monde. Tordant à tous les vents du ciel leurs
longs bras de fer-blanc à plusieurs coudes, elles ont
l'air de gesticuler et de se raconter entre elles les
mystères des maisons, comme l'a imaginé Le Sage
dans les *Cheminées de Madrid*. Ou bien ce tumulte
muet ressemble à un synode des anciens télégra-
phes, furieux de se voir détrônés par le télégraphe
électrique, et protestant de tous leurs bras au dé-
sespoir.

La ville a un caractère singulier. Ses vieilles maisons, dont quelques-unes tiennent du chalet, quoique hautes et bâties en pierres de roche noircies par le temps ; ses nouvelles rues élégantes et ses anciennes ruelles sombres, reliées entre elles par de longs passages ténébreux et sales à travers plusieurs maisons et plusieurs petites cours, tout cela présente un ensemble original, à moitié brillant et à moitié triste, plein de disparates curieuses.

C'est qu'à Genève, comme à Lyon, il y a deux villes dans une seule : la vieille et la nouvelle ; celle-ci plus belle, l'autre plus caractérisée. N'étaient le lac et les montagnes, miroir et cadre sans pareils, la Genève moderne, à ne regarder que ses rues, ses magasins luxueux et ses édifices, ressemblerait à n'importe quelle autre grande ville de l'Europe, d'autant plus que l'on y rencontre une population cosmopolite. La Genève ancienne, labyrinthe sombre, est toujours l'austère cité de Calvin, où le soleil avait peine à descendre, et qu'éclairaient par intervalles les lueurs sinistres des bûchers. La tristesse farouche du seizième siècle semble régner encore parmi ces maisons noires et massives. On croit y respirer le fanatisme. Ces ruelles tortueuses, ces passages obscurs, réseau inextricable, ressemblent à la trame d'une conjuration théologique.

Quoique la liberté religieuse et politique règne

aujourd'hui à Genève, la théologie y fleurit toujours, plus qu'en aucun lieu du monde.

Un Parisien qui, en arrivant dans cette ville, prend le premier journal venu, est un peu étonné d'abord d'y lire le programme des sermons et des catéchismes du jour, comme chez nous on met dans les journaux le programme des spectacles et des bals.

Ainsi, le jour que j'y étais, voici ce que je lus, — entre le bulletin de la bourse et celui de l'état civil : —

PRÉDICATEURS DU DIMANCHE 18 AOUT 1861

SAINT-PIERRE.

MM. Oltramare, à 8 h., *Sermon*.
    Archinard, à 10 h., *Sermon*.

AUDITOIRE.

Lecoultre, à 9 h., *Catéchisme élémentaire*.

SAINT-GERVAIS.

Bordier, à 8 h., *Catéchisme élémentaire*.
Dardier, à 10 h., *Sermon*.

MADELEINE.

Braschoss, à 9 h., *Catéchisme élémentaire*.
Rœrich, à 10 h., *Cath. supér*. (Obéissance à Dieu).

TEMPLE-NEUF.

Le Fort, à 8 h., *Catéchisme élémentaire*.
Bost, à 10 h., *Sermon*.
Pallard, à 2 h., *Sermon*.

*** à 10 h., *Service allemand.*

TEMPLE LUTHÉRIEN.

Andersen, à 10 h., *Sermon.*

PAQUIS (*École de Montbr.*)

Bourdillon, à 8 h., *Catéchisme élémentaire.*

En France, où l'on ne se fait pas encore une idée très-nette ni très-complète de ce que doit être la publicité, — l'organe de la liberté pour tous, sans contrainte, ni gêne, ni restriction d'aucune sorte, — on trouverait là peut-être un sujet de glose. Le programme des prédicateurs dans le journal! concevez-vous cela? Celui des spectacles et des casinos, à la bonne heure! — Mais, monsieur, en Suisse l'un n'exclut pas l'autre. C'est nous qui sommes exclusifs. En Suisse règne la liberté.

Aussi à Genève, comme à Lausanne et à Zurich, le développement intellectuel est-il extrêmement remarquable. Chaque hiver particulièrement, il y a dans toutes ces villes, comme en Belgique et comme en Angleterre, une véritable éruption de lectures, de conférences, de discussions de toute sorte; — ce que nous essayons en ce moment d'acclimater en France, rue de la Paix. — Elles ont pour sujets variés les littératures comparées, les sciences, les arts, les voyages, l'industrie et le commerce, les ques-

tions politiques et sociales, philosophiques et reli-
gieuses : noble passe-temps d'esprits virils, qui aiment à s'instruire, c'est-à-dire à s'armer, *instruere
se !* Par là, tous sont prêts pour les luttes de la vie
libre et du *self-government.*

Lorsque j'étais exilé à Bruxelles, Lausanne me fit
l'honneur de m'offrir une chaire de littérature française. Comme je m'en étais fait une à Bruxelles et
dans toutes les grandes villes de Belgique, où règne
également la liberté complète, avec une noble hospitalité, je n'eus pas besoin d'accepter l'offre libérale de Lausanne, et je me contentai de lui exprimer ma vive reconnaissance, dont je suis heureux
de lui renouveler ici le témoignage. — Mon compagnon d'exil, M. Marc Dufraisse, accepta la chaire
de droit commercial que lui offrit Zurich, et M. Barni
la chaire de philosophie française du dix-huitième
siècle que lui offrit Genève. — Tel est l'esprit sérieux, libéral et hospitalier de la Suisse.

Après cela, dites, si vous voulez, qu'il y a au fond
du caractère génevois quelque chose d'un peu triste,
du moins pour des Français ; ajoutez même, si bon
vous semble, qu'en général la tournure des esprits,
dans cette ville est toujours un peu éristique, et
qu'enfin si la controverse venait à disparaître du
reste de la terre, c'est à Genève qu'on la retrouverait. Soit ; mais je répondrai que si la controverse
a parfois ses excès funestes, elle est préférable au

silence. En Suisse toute voix peut se faire entendre, sans obstacle et sans autorisation.

Dans une des rues anciennes, qui monte du lac à la place Cornavin, une maison, qui porte en quelque sorte pour armoiries un cadran d'horloge, est celle où naquit le fils de l'horloger, Jean-Jacques Rousseau. Elle est noire et haute, comme presque toutes celles de la vieille ville, qui, enserrée de remparts, avait regagné en élévation ce qui lui manquait en étendue. Avant la Révolution, les portes de ces remparts étaient fermées le soir à une certaine heure et ne se rouvraient plus de toute la nuit, sous aucun prétexte. Cette consigne fut l'occasion qui décida de la vie de Jean-Jacques. Adolescent, inquiet, mécontent de tout et de lui-même, il apprenait sans goût l'état de graveur pour l'horlogerie chez un homme dur et brutal. Quelques promenades dans la campagne, les dimanches, étaient sa seule consolation. Deux fois, il revint trop tard à la ville, en trouva les portes fermées et fut châtié le lendemain par son maître. Une troisième fois, se trouvant encore en retard, sans aucun moyen de se faire ouvrir la porte, il ne voulut plus s'exposer à d'humiliantes brutalités : il prit donc la résolution de quitter sa ville natale, — il avait seize ans, — et quelques jours après, à Annecy, il rencontra Mme de Warens.

Nous avons retrouvé l'un et l'autre aux Charmettes.

En allant de Genève à Neuchâtel, nous retrouvons encore la trace de Rousseau. On sait que la bibliothèque de Neuchâtel possède ses manuscrits inédits. Du moins l'étaient-ils encore récemment, mais ils viennent d'être publiés par M. Streckeisen-Moultou, avec d'autres que possédait sa famille, à qui Rousseau lui-même les avait confiés, aussi bien que le précieux manuscrit des *Confessions*[1].

C'est peu à peu et successivement que ces manuscrits ont été donnés au public. M. E. H. Gaullieur, professeur d'histoire à l'Académie de Genève, secrétaire général de l'Institut génevois, puis M. Félix Bovet, bibliothécaire à Neuchâtel avant M. Godet, ensuite M. Alfred de Bougy, M. Gaberel, M. Sayous, en avaient révélé telle ou telle partie.

M. de Bougy avait dressé avec M. Bovet la liste suivante des ébauches manuscrites de Rousseau appartenant à la bibliothèque de Neuchâtel :

Préface des Confessions.
Fragments des Confessions.
Fragments des Rêveries.
Arlequin amoureux malgré lui (comédie inachevée).
Les Amours de Claire et de Marcellin (nouvelle, *idem*).

---

1. *OEuvres et Correspondances inédites de Jean-Jacques Rousseau*, un volume in-8°, Paris, Michel Lévy.

Le petit Savoyard, ou la Vie de Claude Noyer (nouvelle, *idem*).

Commencement d'une dissertation ou d'un Discours philosophique (n° 40).

Les Lois (fragments).

Pensées des recueils B et C.

Des Richesses (discours).

Conseils à un Curé.

Lettres (philosophiques) à une dame.

De l'Honneur (dissertation ou traité).

Le volume que vient de publier M. G. Streckeisen-Moultou contient les morceaux dont voici les titres. Ceux qui sont marqués d'un astérisque appartiennent en manuscrit à sa famille; les autres sont à peu près ceux qu'on vient de désigner comme existant à la bibliothèque de Neuchâtel :

* *Projet de Constitution pour la Corse.*

* *Lettres sur la Vertu et le Bonheur.*

* *Morceau sur la Révélation.*

* *Traité de Sphère.*

Fragment d'un Essai sur les Langues.

Fragments des Institutions politiques.

Recueil de Pensées diverses.

Les Amours de Claire et de Marcellin.

La Vie de Claude Noyer.

Mon Portrait.

* *Préface d'une Lettre à M. Bordes.*

* *Allocution écrite pour la lecture des Confessions.*

* *Divers autres Fragments ou Variantes d'œuvres de Rousseau.*

Enfin 70 *Lettres inédites.*

Bien entendu, la plupart de ces titres ne sont que des désignations quelconques, données on ne sait par qui, — comme ceux des catalogues du Louvre, sur lesquels un dessin de Raphaël représentant Apollon et les Muses, est indiqué en ces termes : Neuf femmes, précédées d'un homme qui joue du violon. — Ces titres donnés aux manuscrits de Rousseau, n'ont rien d'authentique, et l'un d'eux, par exemple, est des plus inexacts. Ce qu'on appelle *Morceau sur la Révélation*, et plus explicitement, *Fiction ou Morceau allégorique sur la Révélation*, est, au contraire, une allégorie qui n'a rien de religieux, où le Christ n'intervient que comme Socrate, et pas autrement. C'est peut-être pour sauver ce manuscrit qu'on l'aura couvert autrefois de ce titre orthodoxe. — Il est curieux de remarquer que Voltaire, de son côté, a fait une allégorie analogue, dans laquelle on voit figurer aussi Socrate et le Christ, présentés également sous un aspect purement philosophique et humain. — Quoi qu'il en soit, ce fragment de Rousseau (que la prudence l'obligea peut-être de détacher du *Vicaire savoyard*, c'est une conjecture que je propose) est, dans les premières pages surtout, un des plus parfaits qui soient sortis de sa plume. Platon n'a rien de plus beau ni de plus charmant que le début de ce morceau.

Si Rousseau se rencontre ici avec Voltaire, ailleurs, dans les fragments sur *les Lois* ou sur les *Institutions politiques*, — car ces deux titres différents se rapportent à la même œuvre, nous voyons qu'il avait ébauché un livre analogue à celui de Montesquieu sur *l'Esprit des Lois* (y compris un chapitre sur l'influence des climats, — quoique Rousseau ailleurs semble critiquer Montesquieu comme poussant trop loin cette théorie). Et c'est, sans doute, de ce premier projet qu'il tira ensuite *le Contrat social.*

Je ne sais si Florian eut connaissance de la nouvelle inachevée qui a pour titre : *le Petit Savoyard, ou la Vie de Claude Noyer*; mais sa *Claudine, nouvelle savoyarde*, a de nombreuses ressemblances avec cette ébauche de Rousseau.

Une petite *Allocution* à l'auditoire qui s'était assemblé pour écouter la lecture des *Confessions* se termine ainsi : « Je prie les dames qui ont la bonté de m'écouter de vouloir bien songer qu'on ne peut se charger de la fonction de confesseur sans s'exposer aux inconvénients qui en sont inséparables, et que, dans cet austère et sublime emploi, c'est au cœur à purifier les oreilles. Pour moi, je me suis mis dans la nécessité de remplir fidèlement le mien, qui n'est pas seulement d'être fidèle et vrai,

mais encore de vaincre la honte et de la sacrifier à
la vérité. »

Le début primitif des *Confessions* avait une dizaine de pages, que Rousseau réduisit à une dans
l'ouvrage définitif. Ces dix pages n'en sont pas
moins intéressantes. Rousseau y expose avec précision l'originalité et la singularité de son dessein :
« Puisque mon nom doit durer parmi les hommes,
je ne veux point qu'il y porte une réputation men-
songère ; je ne veux point qu'on me donne des vertus ou des vices que je n'avais pas, ni qu'on me
peigne sous des traits qui ne sont pas les miens. Si
j'ai quelque plaisir à penser que je vivrai dans la
postérité, c'est par des choses qui me tiennent de
plus près que les lettres de mon nom : j'aime mieux
qu'on me connaisse avec tous mes défauts et que ce
soit moi-même, qu'avec des qualités controuvées,
sous un personnage qui m'est étranger. — Peu
d'hommes ont fait pis que je n'ai fait, et jamais
homme n'a dit de lui-même ce que j'ai à dire de
moi. Il n'y a point de vice de caractère dont l'aveu
ne soit plus facile à faire que celui d'une action
noire ou basse, et l'on peut être assuré que celui
qui ose avouer de telles actions avouera tout. Voilà
la dure, mais sûre preuve de ma sincérité. Je serai
vrai ; je le serai sans réserve ; je dirai tout : le bien,
le mal, tout enfin. Je remplirai rigoureusement
mon titre, et jamais la dévote la plus craintive ne

fit un meilleur examen de conscience que celui auquel je me prépare, jamais elle ne déploya plus scrupuleusement à son confesseur tous les replis de son âme, que je vais déployer tous ceux de la mienne au public. Qu'on commence seulement à me lire sur parole, on n'ira pas loin sans voir que je veux la tenir. »

Dans les fragments d'un discours ébauché *sur les Richesses*, on rencontre ce passage, où il est difficile de ne pas supposer un retour de Rousseau sur sa situation personnelle lorsqu'il recevait à regret l'hospitalité des riches : « Qu'a-t-il fait pour moi? Il m'a fait vivre? Eh! n'eussé-je pas vécu sans lui? Non, il ne m'a point fait vivre, il m'a fait languir et mourir dans le plus infâme esclavage. Il m'a déshonoré et avili, il a éteint en moi toute la fierté naturelle au génie, il m'a moins rassasié de pain que d'opprobres, et la vie que j'ai menée dans sa triste maison m'a fait cent fois désirer la mort. Mais moi, qu'ai-je fait pour lui dans le même temps? J'ai nourri sa vanité, j'ai délivré son âme épaisse de l'ennui d'elle-même, je l'ai fait vivre au mépris de la mienne. Tandis qu'il n'en coûtait pour moi qu'à sa bourse, j'épuisais pour lui mes soins, mes talents, ma liberté, ma substance; il buvait mon sang et ma vie à prix d'argent, et prétendait me faire vivre! »

Dans cette âme malade, la reconnaissance devenait acide. — On trouve, sur une autre feuille, une forme un peu plus modérée de la même pensée : « L'un ne sait tirer que de sa bourse des témoignages d'amitié, tandis que l'autre prodigue ses soins, son temps, ses talents, ses sentiments, sa liberté, sa vie. Et, après ce partage inégal, le riche ingrat, fier de quelques misérables dons, ose encore impudemment exiger de la reconnaissance! »

Mais je parierais que l'autre forme, plus violente, plus outrée, plus maladive, satisfaisait bien mieux l'humeur de Rousseau.

Parmi d'autres fragments de *Rêveries*, écrits sur des cartes à jouer, on trouve cette pensée détachée, qui n'est pas sans rapport avec les précédentes, et où l'on sent, à la déclamation croissante, les progrès de la maladie : « S'ils veulent me nourrir de pain, c'est en m'abreuvant d'ignominie. La charité dont ils veulent user à mon égard n'est pas bénéficence, elle est opprobre et outrage; elle est un moyen de m'avilir, et rien de plus. Ils me voudraient mort, sans doute, mais ils m'aiment encore mieux vivant et diffamé. Et je recevrai leur aumône avec la même reconnaissance qu'un passant peut avoir pour un voleur qui, après lui avoir pris sa bourse, lui en rend une petite partie pour achever son chemin. Encore y a-t-il cette différence, que l'intention du voleur n'est pas d'avilir le passant, mais uniquement de le soulager. »

Aux hyperboles douloureuses qui remplissent ces pensées, bien autrement malades que celles de Pascal et d'un mal différent, on croirait par moments lire certains passages des psaumes de David. Par exemple, ceci :

Ils ont creusé entre eux et moi un abîme immense, que rien ne peut plus ni combler ni franchir, et je suis aussi séparé d'eux pour le reste de ma vie que les morts le sont des vivants.

Veux-je me venger d'eux aussi cruellement qu'il est possible ? Je n'ai pour cela qu'à vivre heureux et content ; c'est un sûr moyen de les rendre misérables.

Qu'on est puissant, qu'on est fort, lorsqu'on n'espère plus rien des hommes ! Je ris de la folle ineptie des méchants, quand je songe que trente ans de soins, de travaux, de soucis, de peines, ne leur ont servi qu'à me mettre pleinement au-dessus d'eux.

Il n'y a plus ni affinité ni fraternité entre eux et moi, ils m'ont renié pour leur frère, et moi je me fais gloire de les prendre au mot. Que si, néanmoins, je pouvais remplir encore envers eux quelque devoir d'humanité, je le ferais sans doute, non comme avec mes semblables, mais comme avec des êtres souffrants et sensibles qui ont besoin de soulagement. Je soulagerais de même, et de meilleur cœur encore, un chien qui souffre : car, n'étant ni traître ni fourbe, et ne caressant jamais par fausseté, un chien m'est beaucoup plus proche qu'un homme de cette génération.

Je viens de dire que ces pensées sont écrites sur des cartes à jouer. D'autres sont tracées sur de petits chiffons de papier de toutes formes, ou sur des cahiers de brouillon très-confus. Tous ces manuscrits de la bibliothèque de Neuchâtel sont reliés confusément, en gros volumes de maroquin brun, qui présentent un mélange des plus bizarres. Ainsi, à côté de quelque fragment des œuvres ou des pensées de Rousseau, on trouve une recette de cuisine, également écrite de sa main, ou un compte de lessive.

Parfois, lorsqu'il était souffrant, il prenait pour secrétaire Thérèse le Vasseur, qui écrivait sous sa dictée, avec quelle orthographe!... Permettez-moi d'en transcrire un spécimen :

Voilast le prinsipe sur le quelle ille fost geugest de ce que peuve les loix nons seulemans pour et pouvantes le visse mais ossy pour ancouragest la verteux. ie say que le premier pris des bone saquesions (*bonnes actions*) est le plessire de les a voire faite mais les homme ne connesse se plessire quaprès lo voire goutés et ille leur fost des motife pleus sansible pour leur donest la première habiteude de bien faire. sest motife sont les récompanse bien choisist et ancore mieux distribeuest, sans coy, louens (*loin*) donorest la verteux, elle ne fairest que quesitest (*qu'exciter*) lipocrissie et norrist (*nourrir*) lavarisse. Se choix et sette distribeusions sons le ché deuvre deu ligislateure. heun movest presepteur ne say que donere le foy, heun movest ministre ne say que faire pandre ou metre en prissons. insy nos politique qui ne croist fesable que les petite chosse quille fons norons garde da doptere sest maquesime, et sest tans mieux pour nous. car si le satemetes (*s'ils admettaient*) leutilité des récompanse ille nimaginerest quargens pansions

gratificassions, ille setablirest viste de nouvos impost, dont
ille distribeurest quelque petite porsions a sest troupe d'es-
clave et de coquins qui les anvironne et meterest le reste
dans leur bourse. Voilast se que le peuple gangnerest à selast

Telle est cette orthographe révolutionnaire. Encore avons-nous ajouté un peu de ponctuation par-
ci par-là, afin que le lecteur se reconnût dans ce
labyrinthe de prodigieux logogriphes.

On comprend combien tous ces manuscrits sont
curieux à divers égards. Ce sont des trésors inap-
préciables que possèdent la bibliothèque de Neuchâtel et M. Streckeisen-Moultou.

De Neuchâtel, je ne pus me tenir d'aller revoir
les gorges de la Reuse, et le Val de Travers, et
Môtiers, où je retrouvai encore Rousseau, Rousseau
toujours! Voltaire et Rousseau, partout, à jamais!
Même après la Grande-Chartreuse, voire même
après la Tête-Noire, les gorges de la Reuse et le Val
de Travers sont toujours un spectacle des plus
beaux, et ici vous avez, de plus, cet admirable chemin de fer qui, perché sur les précipices, vous les
fait parcourir à vol d'oiseau [1].
À Môtiers, nous fûmes présenté au président du
tribunal, qui était en train de faucher son pré. Simplicité des premiers âges!...

1. Voir l'*Appendice* à la fin du volume.

En une demi-journée on peut aller de Neuchâtel à Pontarlier, et revenir de Pontarlier à Neuchâtel. C'est ce que je fis, et tout aussitôt je repartis pour Olten et Lucerne, voulant, avant de dire adieu à la Suisse pour la troisième fois, aller revoir aussi le lac des Quatre-Cantons et le Rigi.

IX

Autrefois, un voyage en Suisse était une entre-
prise ardue, et la difficulté à vaincre, le danger
même, formaient une partie du plaisir. Il y a vingt-
cinq ans, les bateaux à vapeur étaient encore aussi
inconnus sur les lacs helvétiques qu'au temps de
Guillaume Tell et de Gessler. Il y a quinze ans même,
les chemins de fer n'avaient pas encore pénétré
parmi ces montagnes, et les gens positifs, soi-disant
hommes sérieux, qui tiennent pour impossible tout
ce qui n'a pas été fait, déclaraient qu'il n'y fallait
point songer, et que la chose était impraticable.

Aujourd'hui, lignes ferrées et paquebots sillonnent l'Helvétie dans tous les sens.

Mais voici les autres, les rapins, qui poussent des gémissements : « Où est le pittoresque ? Hélas ! on a tué le pittoresque ! » Pour moi, je trouve et je confesse que ni les paquebots ni les chemins de fer n'ont rien gâté aux paysages, et, comme ils nous donnent la facilité d'en parcourir à l'aise un plus grand nombre en nous portant rapidement d'un lieu à l'autre, ils ajoutent à nos plaisirs, bien loin de les diminuer. Tant qu'on n'aura pas rasé les montagnes, je suis décidé à ne pas gémir.

On les adoucit seulement. Le Rigi même (*Rigidus mons*) a bien perdu de sa rigidité. Tout se civilise et tout s'humanise. Où est le mal ? Ne peut-on accepter le confortable s'il se rencontre avec le pittoresque ? Ne peut-on aimer à la fois la civilisation et la nature ? On est un peu étonné, j'en conviens, mais étonné avec plaisir, de trouver aujourd'hui, presque au haut du Rigi, une station télégraphique. Au faîte même, à Rigi-kulm, au lieu de la petite auberge d'il y a seize ans, où l'on couchait dans d'étroites cabines, on trouve à présent un très-bel hôtel, de bonnes chambres, de bons lits, qui ne gâtent rien au voyage ; une salle à manger immense et splendide comme celle de l'hôtel du Louvre à Paris, et dans laquelle on dîne assez bien, ma foi ! pour la hauteur où l'on est situé. Nous y étions cent quatre-vingts personnes à table, causant et mangeant dans toutes les langues. Encore une fois, où est le mal? où est l'ennui de tout cela?

Quand vous arrivez couverte de poussière, après une montée de quatre ou cinq heures, ne vous est-il pas agréable, Madame, de vous délasser en faisant un peu de toilette, et de vous trouver à la fois en pleine civilisation et dans le plus beau panorama de l'univers?

Au nord, vallées et prairies verdoyantes, autant que la vue peut s'étendre : c'est elle qui cesse, et non l'horizon, dans lequel on ne compte pas moins de treize ou quatorze lacs, de couleurs diverses ; au midi, tous les grands glaciers, étagés en amphi-théâtre et formant un fer à cheval de soixante à quatre-vingts lieues, avec leurs neiges éternelles, tour à tour blanches, bleues ou roses, selon le jeu de l'ombre ou du soleil.

> Des pics de la Jung-Frau la neige immaculée
> Semblait, sous les baisers d'une lueur ailée,
> Rougir d'amour dans le ciel froid.

C'est entre tous ces pics de glace que le soleil levant fait des merveilles. Il est presque aussi admirable à son coucher derrière le noir Pilate, de l'autre côté du lac des Quatre-Cantons.

Le Rigi, frère du Pilate, a deux mille mètres de hauteur au-dessus de ces treize ou quatorze lacs.

Géologiquement, le Rigi est ce qu'on appelle un poudingue. Imaginez un énorme nougat de cailloux, formé, dans quelque cataclysme, d'une avalanche de boue solidifiée. Voilà quelle est, pour ainsi dire, sa charpente osseuse, visible en maint endroit, mais par-dessus laquelle, presque partout, la terre végétale a formé une chair grasse et fertile. Le Rigi a dix lieues de circuit à sa base. Onze villages ont poussé sur ses pentes. C'est de là que, tous les matins, montent à Rigi-kulm les provisions de bouche destinées à alimenter le bel appétit des voyageurs.

On assiste d'abord au coucher du soleil, puis on se précipite au dîner avec joie. Le soir, si l'on n'est pas trop fatigué, on se promène sur la cime en attendant que la lune se lève derrière les glaciers : heure favorable à la rêverie, à la causerie, au mystère et aux charmantes aventures.

En montant de Wæggis à Rigi-kulm, je venais de rencontrer un de mes anciens camarades de collége, Paul de V.... Heureux de nous retrouver après si longtemps, et dans un si beau lieu, nous causions gaiement, tout en continuant la montée près de la chapelle, lorsque nous fûmes dépassés par une jeune et jolie femme à cheval, accompagnée d'un homme âgé qui se faisait porter dans un fauteuil. Ni l'un ni l'autre ne firent attention à nous; mais Paul de V..., dès qu'il eut vu passer la dame, me prit le bras éperdument et me dit tout bas d'une voix émue :

« Ah ! mon ami, ta rencontre me porte bonheur!

— Tu connais cette dame ?

— Écoute. Un soir, aux Italiens, on donnait *le Barbier*, avec l'Alboni ; la salle était comble, pas une stalle ! Je me tins debout le long des baignoires de l'orchestre. J'aime d'ailleurs extrêmement à être placé dans un demi-jour pour entendre de la musique. Pendant la sérénade que donne Almaviva sous les fenêtres de Rosine, la porte de la baignoire qui était derrière moi s'ouvrit, et je vis se dessiner sur la lumière du corridor la silhouette d'une jeune femme accompagnée d'un vieux monsieur. La jeune femme tenait un bouquet. En s'asseyant, elle le posa sur le bord de la loge à laquelle j'étais adossé : j'en sentis le parfum. Le bouquet était au-dessus de ma tête et effleurait même un peu mes cheveux. Lorsque le chant riche, facile et frais de l'Alboni faisait passer sur le public un de ces frissons de plaisir qui ressemblent aux ondulations des épis émus par la brise....

— Tu es poétique !

— Tu es ennuyeux.... Chaque fois, je sentais ou je croyais sentir que le bouquet palpitait avec moi. Jamais la voix de l'Alboni ni la musique de Rossini ne m'avaient paru si délicieuses.... Dans l'entr'acte, je me hasardai, tout en ayant l'air de lire un journal, à regarder deux ou trois fois du côté du bouquet et de la dame.... Mon ami, elle était charmante!... Au surplus, c'est celle que tu viens de voir à cheval.... Le vieux monsieur me parut être un oncle ou un parent quelconque.... C'est aussi le même, je crois, que nous venons de voir passer dans le fauteuil à porteurs.... A deux ou trois détails de la conversation, que j'entendis sans le vouloir, je compris que j'avais deviné juste, et que, dans la baignoire comme sur la scène, il y avait un parent ennuyeux et une jeune femme ennuyée. J'avoue que cette découverte ne me déplut pas. Dame! écoute donc, une femme qui s'ennuie, cela donne espoir. Je crois que le serpent qui perdit Ève était en vérité l'ennui : on l'aura pris pour un serpent, parce qu'il bâillait.... Bref, je pensai involontairement que bien heureux serait celui qui pourrait devenir l'Almaviva de cette charmante Rosine !... Pendant le second acte, à chaque beau passage, je sentis le bouquet s'agiter de plaisir. A un certain moment, ma foi! je m'agitai franchement avec lui. Soit qu'on ne s'en aperçût pas, soit que la musique....

— Qui adoucit les mœurs.... *Emollit mores, nec sinit esse feros!*

— Justement !... eût amolli la volonté de Rosine, toujours est-il que le bouquet, l'adorable bouquet, ne se retira point ... Un courant magnétique passait dans mes cheveux.... Oh! que le second acte me parut court!... Quand le rideau fut retombé, je me retournai à demi, en faisant toujours semblant de lire mon programme, et j'osai, quoique discrètement, regarder un peu les yeux de Rosine.... Je te jure, mon ami, qu'en ce moment Rosine ne s'ennuyait plus!... L'oncle, cependant, dormait à moitié. Elle le regarda assez longuement, sans paraître songer à moi, mais je crois qu'en réalité c'était pour me faire voir son excuse ; car ses yeux passèrent ensuite sur moi et sur le reste du public en même temps ; ce ne fut qu'un éclair, et aussitôt elle baissa la tête dans son bouquet, comme pour le respirer.

— Diable !

— Pendant l'acte suivant, le bouquet revint à son poste, et moi au mien, comme tu penses ! Bien certainement, cette fois, le bouquet n'était pas posé et abandonné au bord de la loge, il y avait une main au bout de ce bouquet, une main palpitante ; j'en sentais toutes les pulsations, et les miennes y répondaient....

— Télégraphe électrique !

— Dans l'entr'acte suivant, l'oncle s'était réveillé, et j'entendis qu'elle lui parlait de la terrasse du bord de l'eau comme d'un lieu délicieux pour y passer l'après-midi à lire ; ce qu'elle faisait souvent, lui disait-elle : l'air de la Seine, sous ces ombrages, avait une suavité exquise. Était-ce par hasard, ou autrement, que ces détails venaient dans la conver-

sation?... De quoi n'est pas capable une femme qui
s'ennuie? Toujours est-il que cette description ne
tomba pas dans l'oreille d'un sourd.... Pendant la dernière cavatine, l'oncle lui dit : « Allons, partons! »
En s'en allant, elle daigna se retourner. Je m'élançai
dans le corridor, et j'arrivai au vestibule au moment
où Rosine et Bartholo montaient en voiture. Je dis
à la mienne de suivre la leur. Cela nous mena aux
Champs-Élysées, en haut, à droite, dans ce groupe
de jolies villas qu'on appelait le quartier Beaujon et
qu'on est en train de démolir aujourd'hui comme
tout le reste. Je remarquai l'hôtel, où la dame entra
seule, et la voiture emporta l'oncle. Le lendemain,
je vins flâner par là, je regardai, je m'informai.
J'appris que la dame, mariée fort jeune par ce vieil
oncle, son unique parent, à un jeune fou qu'elle
n'aimait pas, et qui heureusement n'avait pas tardé
à se faire tuer en duel, était veuve depuis un an et
vivait retirée dans cette solitude. Je crus pouvoir
conclure de là que la soirée des Italiens était peut-
être un petit événement dans sa vie comme dans la
mienne. Je m'en allai à la terrasse du bord de l'eau,
j'y passai toute l'après-midi, en vain. Le lendemain,
pareillement. Le surlendemain,...

— Mêmement.

— Oui, mais enfin le quatrième jour je la trouvai
assise au pied d'une statue. Je n'osai pas d'abord la
saluer, mais je m'assis vis-à-vis d'elle, à une dis-

tance de quelques pas, et je me mis à lire ou à faire
semblant. Elle brodait et était bien un peu distraite....
Elle laissa tomber sa broderie, je me précipitai pour
la ramasser et la lui rendis en saluant. La conversation s'engagea.... Je goûtais la joie la plus vive,
quand tout à coup.... ah! mon ami!

— Quoi donc?

— As-tu lu *l'Oncle Tom*?

— Pourquoi?

— As-tu lu *l'Oncle Tom* de mistress Harriet Bee-
cher Stowe?

— Oui, je crois que j'en ai lu la moitié. Je suis
resté dans un sermon évangélique.

— Te rappelles-tu de quelle manière on fait la
chasse aux nègres fugitifs que l'on veut rattraper?

— Oui, c'est avec des chiens dressés à cela.

— Eh bien! tu sais qu'en ce temps-là j'étais, pour
mes péchés, le nègre d'une belle et jalouse créature
appelée Caroline.

— La Caroline du Sud!

— Ce surnom, mon ami, était encore plus juste
que tu ne pouvais l'imaginer.... Or j'avais réussi,
depuis une semaine, à rompre enfin ma chaîne, et
c'était, je crois, le lendemain de cette rupture écla-
tante que j'étais allé passer la soirée aux Italiens
pour me distraire. Caroline avait cru que je revien-
drais demander grâce, selon l'usage, et peut-être,

en effet, serais-je revenu, sans cette charmante aventure du bouquet. Caroline, piquée au jeu en ne me voyant pas reparaître, passa devant ma maison et fit demander si j'étais malade. On lui rapporta que non, et que je sortais tous les jours du côté des Tuileries et des Champs-Élysées.... Tu sais qu'elle avait un grand chien épagneul anglais ?

— Oui.

— Ce chien me connaissait fort bien, puisque j'étais l'ami de la maison. Je pense qu'elle le mit sur ma trace, en lui faisant flairer sans doute un petit porte-cigarettes brodé qu'elle m'avait fait, dont je m'étais servi longtemps et que je lui avais rendu au moment de notre rupture.

— Ah ! pauvre Tom ! je sens venir les choses !

— Je ne sais si elle avait dit : « Cherche ! » Toujours est-il qu'il me trouva.

— Aïe ! aïe ! *povero !*

— Et qu'au milieu de ma conversation avec Rosine, il parut tout à coup et vint me caresser.... Je l'aurais battu de bon cœur !... car je sentis que sa maîtresse n'était pas loin, et qu'elle aussi allait paraître, comme le spectre de Banquo !... Cela ne manqua pas. Juge de l'effet !... J'étais justement occupé à peindre ma vie solitaire et mélancolique, ses analogies singulières et ses touchantes sympathies avec celle de la jolie veuve, qui m'écoutait d'un petit air penché, avec une mine très-douce.... La Caroline

du Sud se dressa devant moi, et me dit : « Ah ! vous
voilà, vous ? » Puis elle lança à Rosine un regard
foudroyant et lui dit avec effronterie : « Je suis sa
maîtresse, Madame !... » Avant que j'eusse répliqué,
Rosine s'était levée et enfuie. Je ne la revis plus jamais.... que tout à l'heure, là, devant nous. Je vais
la retrouver là-haut, à Rigi-kulm : conçois-tu mon
bonheur ? Et elle est toujours libre, puisque c'est
toujours l'oncle qui l'accompagne ! Je vais la revoir,
lui parler peut-être, soit en regardant le coucher
du soleil, soit au dîner. En voyage, on va vite. Si je
puis m'expliquer, elle me pardonnera.... Nous voici
en haut, je te quitte, je ne te connais pas, je ne t'ai
jamais vu, tu comprends ? il vaut mieux que je sois
seul.... Nous nous retrouverons, si tu veux, demain
matin sur le plateau pour voir lever le soleil. Au
premier son du cor des Alpes, qui donne le signal,
je serai debout.

— Moi aussi. C'est convenu. »

Le lendemain, ni au premier son du cor, ni au
second, ni au troisième, je ne vis paraître Paul de
V.... Le soleil se leva sans lui. Je ne vis pas non
plus la dame.

Quand le soleil fut haut sur l'horizon, je redescendis et fis en bateau le tour du lac des Quatre-
Cantons, si plein de merveilles. Vers le milieu de
la journée, comme je revenais de Fluelen à Lucerne,
le paquebot toucha à Wæggis pour y prendre la

seconde caravane de voyageurs descendant du Rigi. Paul de V.... était là.

« Eh bien! lui dis-je, tu n'as pas vu lever le soleil?

— Non, mais j'ai vu lever la lune!

— Pendant que le vieil oncle était couché?

— Juste!... La lune est une divinité favorable et conciliatrice.... Bref, mon ami, je ne prévoyais pas tout à fait, en te racontant le premier chapitre, la soirée aux Italiens avec l'adorable bouquet, et le second, sur la terrasse du bord de l'eau aux Tuileries, que Rigi-kulm serait le lieu fortuné où se passerait le troisième.... Ah! mon ami, que c'est beau, la lune!

— Oui, oui! la lune dans son plein!

— Et voilà ce qui m'a empêché d'aller voir lever le soleil.... Mais, franchement, je ne le regrette pas!

— Fat! »

X

Même après la Suisse, les Vosges sont belles. Pour mieux dire, la Suisse et la Savoie sont belles ; les Vosges sont charmantes. Ces monts aux formes adoucies présentent, à chaque pas, des paysages pleins d'une grâce, en quelque sorte, sympathique ; ils semblent plus proportionnés à l'homme que les beautés grandioses et terribles des Alpes helvétiques et savoisiennes. Forêts de chênes, de hêtres, de sapins, revêtent les flancs des montagnes ; vertes prairies, gras pâturages, tapissent le fond des vallées ; cours d'eau limpides gazouillent sur les rochers, et vont, les uns par la Saône et le Rhône, rejoindre la

Méditerranée; les autres, par la Meurthe et la Moselle, se jeter dans le Rhin et dans la mer du Nord.

D'un étang, proche de Plombières, sortent deux ruisseaux : l'un, nommé la Niche, porte ses eaux à la Moselle et au Rhin ; l'autre, le Coney, se rend par la Saône dans le Rhône.

Le Rhin et le Rhône eux-mêmes, quand on les voit naître à peu de distance l'un de l'autre, dans les Grisons et dans le Haut-Valais, n'est-on pas étonné qu'ils aillent se perdre, l'un dans la mer du Nord, l'autre dans celle du Midi, et que leurs embouchures soient si distantes, quand leurs sources sont si rapprochées? — comme deux frères qui ont joué dans le même berceau et que des destinées diverses mènent à des fins opposées et à des morts lointaines!

La flore des Vosges est des plus variées. Aussi respire-t-on dans ces montagnes un air parfumé et une fraîcheur balsamique qui donnent la joie et la santé. On y éprouve ce que sentait Byron lorsqu'il disait : « Il y a dans l'air des montagnes une source de vie et de suavité que ne connaîtra jamais la paresse. » Il faut savoir marcher pour en jouir ; il faut manier l'alpen-stock ; il faut ne craindre ni la fatigue, ni les cailloux, ni la poussière ; ni le froid, ni le chaud ; ni la faim, ni la soif. A ce prix, l'homme reçoit une nouvelle vie, l'âme et le corps renais-

sent ; c'est comme un épanouissement de vertu et
de volupté.

Au milieu des beautés et des grâces de la nature,
l'industrie humaine, sous toutes ses formes, déve-
loppe aussi dans les Vosges ses riches merveilles :
forges, scieries, fabriques d'instruments de musique ; horlogeries, papeteries, produits chimiques ;
filatures, tissages, impressions d'étoffes ; dentelles,
— qu'un troubadour du cru a célébrées dans les
vers que voici :

> Ce blanc et frêle atour,
> Que notre œil idolâtre,
> Aime à parer l'albâtre
> Arrondi par l'amour !

Sur les sommets, les ruines pittoresques des burgs
du moyen âge et des vieilles abbayes forment des
accidents du plus heureux effet. Comme ces barons
et ces moines savaient choisir les sites où ils s'éta-
blissaient !

Au-dessus de la vallée de Thann, près de Mulhouse, était un château fort, que renversa Turenne,
et cela si vigoureusement, qu'une tour entière est
tombée d'un bloc. Elle est là sur le flanc, comme
un canon de gros calibre qui aurait crevé par le
fond, ou comme le télescope gigantesque de quelque Titan, braqué sur l'horizon immense et magnifique : on aperçoit jusqu'à la Forêt-Noire. Ce tron-

çon, un peu ébréché aux deux bouts, par le temps
et par les gamins qui y grimpent comme des fourmis, a encore sept ou huit mètres de long. Les
filles du pays, — qui par parenthèse sont jolies et
avenantes, — appellent cela le Manchon, et disent
qu'une fée, une géante, — coquette et bien atour-
née, à ce qu'il paraît, — l'a oublié là, sans doute
après un rendez-vous d'amour.

Grâce à la rapidité des chemins de fer, le soir
même du jour où, à Rigi-kulm, nous avions contemplé le lever du soleil, puis parcouru pour la troisième fois le lac des Quatre-Cantons et revisité Lucerne, nous arrivâmes dans cette agréable vallée
de Thann, dont la jolie église gothique est surmon-
tée d'une flèche élégante et aérienne, ciselée par la
même main que celle de la cathédrale de Strasbourg.

Là, une famille au noble cœur se plaît, comme
Mme Carraud en Berry, à répandre le bien autour
d'elle, et semble avoir pris pour devise cette pensée
du bon vicaire de Wakefield : « De même que certaines personnes contemplent avec ravissement les
riches teintes d'une tulipe ou l'aile diaprée d'un
papillon, moi j'étais par nature amateur de joyeux
visages. »

Tous les jeudis, dans cette maison hospitalière,
une cinquantaine de petites filles viennent appren-

dre à travailler, à couper et à coudre des vêtements,
pour lesquels on leur fournit tout, et qui, ensuite,
à la fin de chaque mois, leur sont distribués en
don par la voie du sort. Sachant qu'elles travaillent
pour elles, cela les stimule. L'ouvrage est égayé
par des chansons, en français et en allemand, les
deux langues du pays, et les paroles que l'on chante
sont composées ou choisies avec art, de manière à
développer la moralité et à entretenir la bonne humeur en même temps. L'épanouissement intellectuel mêlé avec la gaieté, c'est la fleur, — d'où sort
le développement moral, qui est le fruit.

Tout cela se fait maternellement, avec douceur et
avec poésie. Pendant la belle saison, l'ouvroir est
en plein air, sous un gros arbre du jardin; c'est le
jardin lui-même qui est l'ouvroir : les enfants sont
parmi les fleurs et les oiseaux. L'hiver, une vaste
salle bien chauffée abrite ces pauvres petites filles :
bonheur immense, durant la saison rigoureuse,
sous un climat très-vif!

Nous eûmes le plaisir, au mois de septembre,
d'assister plusieurs fois à ces réunions dans le jardin. La joie brillait sur les visages, les chants ani-
maient les aiguilles, et les paroles tour à tour éveil-
laient l'idéal ou donnaient l'aliment du rire à ces
jeunes esprits que tuerait l'ennui.

La race alsacienne est une des meilleures, une
des plus heureusement douées, mêlant la rêverie à

la gaieté, et les qualités françaises avec les qualités allemandes. Les femmes surtout y sont charmantes, par un caractère de bonté naïve. Race très-passionnée et très-honnête, il semble que ce soit pour elles qu'on a écrit cette pensée : « Les femmes ont besoin d'amour et de vertu. »

La fille de la maison présidait à cette petite école en plein jardin. Rien de plus charmant ni de plus touchant.... Hélas! à l'heure où je vous parle, cette jeune femme si dévouée vient de mourir en deux jours! En soignant un enfant, elle a péri!... Puisque sa modestie ne peut plus m'empêcher de dire ici son nom, elle s'appelait Mme Risler.

La même famille, déjà éprouvée par d'autres malheurs et cherchant sa consolation dans les bienfaits qu'elle sème autour d'elle, a fondé aussi, à une lieue de Thann, à Cernay, avec le concours de quelques amis, un Asile agricole de garçons et de filles. L'instruction primaire, la musique vocale, l'horticulture, l'agriculture, l'élève des bestiaux et la bibliothèque, se partagent les heures rapides de cette florissante petite colonie, que dirige avec zèle et habileté un des disciples de Pestalozzi, M. Zweifer, Suisse francisé, assisté de sa vaillante femme. Elle conduit les filles, et lui les garçons.

L'Alsace, sans doute parce qu'elle confine à la Suisse, est, ce me semble, une des provinces de France où l'on se préoccupe le plus et le mieux de l'éducation et du bien-être du peuple, petit et grand, enfant et adulte. — Il n'existe pas de plus noble gloire ni de calcul mieux entendu. — On connaît les cités ouvrières de Mulhouse, qui ne sont pas du tout, comme ailleurs, une sorte de casernement des ouvriers; l'ouvrier n'y est soumis à aucune surveillance, à aucun règlement : « Non-seulement il conserve sa liberté, mais il l'accroît, car il devient propriétaire, ce qui est la sanction et l'achèvement de la liberté[1]. » Je viens de dire ce qui se fait pour les enfants à Thann et à Cernay; je pourrais citer bien d'autres exemples à l'honneur de l'Alsace. Lors du concours qui avait lieu, en ce même mois de septembre 1861, entre tous les instituteurs de France, l'Alsace remportait plusieurs couronnes. C'est aussi en Alsace que M. Jean Macé vient d'écrire pour les enfants la charmante et utile *Histoire d'une bouchée de pain*.

Nous quittâmes à regret ce doux pays — et ces amitiés plus douces encore, — sans prévoir que la mort, sitôt après! allait éteindre un de ces nobles cœurs. — On ne pense pas à ce mot A Dieu! quand on le prononce. On devrait y penser toujours.

Il était temps de rentrer à Paris, après trois mois de courses en zigzag à travers le Berry, la Marche,

1. Jules Simon, *l'Ouvrière*. 4ᵉ édition. Paris, Hachette et Cⁱᵉ.

le Bourbonnais, le Dauphiné, la Savoie, la Suisse
et l'Alsace. — Nous revînmes par la Franche-
Comté.

Les bords du Doubs et son cours sinueux, avec
les montagnes qui l'encaissent, ses eaux claires,
semées d'îles vertes et entrecoupées de ponts ou
d'écluses, font un spectacle dont on ne se lasse
point. On bénit le chemin de fer de Belfort à Besançon, qui suit les détours infinis de ce merveilleux
paysage.

Voici Montbéliard, qui se dresse avec son château
et sa tour! — Voici Besançon, au fond de son entonnoir, cerclé de puissants remparts : creuset où
bouillonne une race forte, très-amalgamée; Ger-
manie, France, Espagne ; complexion vigoureuse ;
organisations robustes et fines. Granvelle, Fourier,
Cuvier, Hugo, P.-J. Proudhon, Courbet, Nodier,
sont des Comtois.

Besançon ne manque pas de caractère, mais de
gaieté. Le palais de ce cardinal Granvelle y répand
son ombre. Cela sent le couvent dans le passé et la
caserne dans le présent, deux choses plus identiques
au fond qu'on ne le croit. L'une a disparu à moitié,
il faut espérer que toutes les deux disparaîtront entièrement dans l'avenir. Alors seulement le moyen
âge sera fini, et l'ère nouvelle, celle de la raison
libre, aura son expansion complète.

L'intérieur des maisons, entrevu de la rue, donne

le spleen. J'entrai au hasard sous un de ces porches, et voici ce que je notai :

L'herbe et l'ennui poussaient dans la cour faite en cloître.
Dans une salle basse et derrière un vitrail
Une femme filait, ayant au col un goître
Qui s'épanouissait sur son flasque poitrail :
Elle filait l'ennui. L'ennui, tout autour d'elle,
Suintait des murs épais de l'antique tournelle.
Pourtant quelque chanson, où sa voix s'enrouait,
Avec l'ennui roulait autour de son rouet....

Eh! vite, vite, à Paris, à Paris! Malgré le macadam et tout le reste, cela vaut encore mieux.

Après tout, il n'est pas mauvais de rentrer chez soi, ne fût-ce que pour en repartir.

Car, depuis que je flâne à raconter ces flâneries de l'été dernier, la saison d'aller flâner de nouveau est revenue et déjà nous entraîne.

Qu'y a-t-il de meilleur au monde que de flâner? Ce qu'on appelle le temps perdu est le seul qu'on emploie à vivre.

EXCURSIONS EN BELGIQUE

Couché dans l'herbe.

Laissons les livres, les bois sont verts ! Suivons l'instinct qui nous mène : sortons des amas de pierre et de brique; allons respirer l'odeur de la séve et la fraîcheur des forêts !

Que les paperasses s'accumulent sur notre table ; que la poussière, heure par heure, y superpose ses couches paisibles, et son velours gris. — Pendant ce temps-là, nous irons ! nous baignerons nos fronts dans l'air pur, nous enivrerons nos poitrines du parfum pénétrant des écorces nouvelles, nous ferons bruire sous nos pieds la fougère vierge du milieu des bois !

Voilà où est la douceur et la vérité, quand le soleil luit et quand l'été brille !

Promenons-nous au bord des ruisseaux, sous le ciel,
Avec des gens aimés ! voilà l'essentiel !

La pluie de ces derniers jours a lustré les feuilles, le soleil à son tour les fait resplendir. — Oh ! plaignons ceux qui restent enfermés, et qui ne peuvent rompre leur chaîne ! Rompons la nôtre, nous qui le pouvons pour un jour ! Il est doux d'aspirer la vie qui s'exhale des arbres, de rajeunir notre corps et notre âme !

Laissons-nous aller, respirons, rêvons, — parmi les plantes et comme elles !

C'est un de nos devoirs aussi, — et que nous ne remplissons pas assez souvent, — de ne rien faire quand le temps est beau, et de remercier par nos sensations toutes seules l'Être infiniment bon qui nous a fait ces joies, le Dieu qui a mis au-dessus de nous et autour de nous le ciel rayonnant et la terre en fleur.

La verdure nouvelle est la seule chose sur laquelle les descriptions des poëtes ne puissent nous blaser. Il y a là un charme mystérieux et inépuisable.

La première fois, chaque année, qu'on rencontre des lilas fleuris, — avec leur couleur modeste, demi-deuil de l'hiver, et leur frais parfum, souffle du printemps, — on se sent le cœur attendri.

Entrez dans un sentier des bois, aspirez l'odeur des mousses humides, regardez le jeu du soleil dans les branches blondes, l'herbe drue et tendre autour de vos pieds; et dites, quel que soit le souci de votre âme, si vous ne sentez pas s'apaiser vos tristesses et descendre en vous la consolation.

Je m'en allai donc ainsi, l'autre jour, par le bois de la Cambre et la forêt de Soignes, humant l'odeur fortifiante des chênes, et me plaisant à regarder les petites campanules bleues pendantes le long des sentiers; heureux d'être en plein bois, en plein air, en plein ciel, et n'y cherchant pas autre chose.

Faites comme moi, si vous m'en croyez, et n'attendez pas ici d'incidents, car je vous jure qu'il n'y en a pas un seul, si ce n'est que, arrivé près de Boitsfort, je me couchai dans l'herbe haute, et j'y restai longtemps. Ce fut toute ma promenade.

Content de me sentir végéter doucement, je songeais, comme dans un demi-sommeil, que je préférais les œuvres de Dieu aux œuvres des hommes, les arbres aux livres, les fleurs aux idées, les fraises des buissons aux sentences des moralistes, et les scarabées aux métaphores. Je prenais en pitié ma vie quotidienne, celle peut-être de la plupart d'entre vous, vie qui consiste presque tout entière à manger du papier noirci et à en noircir. Et je me demandais si la vie végétale, dont je vivais en ce

moment, n'était pas aussi vraie, aussi légitime e
aussi utile que cette autre vie très-absurde que nous
qualifions de vie intellectuelle, je ne sais trop pourquoi.

On proposait, un jour, à Agésilas d'entendre un
homme qui imitait parfaitement le chant du rossignol. — « J'ai entendu le rossignol, » répondit-il.

Et moi aussi j'aime mieux la vie, que l'analyse
ou l'imitation de la vie.

Nous vivons trop par le cerveau, nous ne vivons
pas assez par les sens, par les yeux, par l'ouïe, par
l'odorat surtout !

Une des plus grandes vérités futures dont Fourier
ait trouvé le germe, c'est l'idée du règne aromal. Il
y a là tout un monde à découvrir, que la plupart des
hommes ne soupçonnent pas, et qu'il a flairé, lui !

Nous restons assis dans notre chambre, nous res-
semblons à cette femme dont parle Saint-Simon, —
la maréchale de Clérembault, je crois, — laquelle
aimait le jeu passionnément, et rien autre chose :
par le plus beau temps du monde, elle se mettait,
en revenant de la messe, sur le pont qui conduisait
aux jardins de son château, s'y tournait lentement
de tous côtés, puis disait à la compagnie : « Pour
aujourd'hui me voilà bien promenée, oh bien ! qu'on
ne m'en parle plus, mettons-nous à jouer tout à
l'heure. »

Ainsi les uns s'enferment pour jouer, les autres

pour fumer et boire, les autres pour lire ou écrire, les autres pour dormir : combien s'en trouve-t-il qui songent à aller regarder les arbres pendant qu'ils sont verts, et le ciel pendant qu'il est bleu? A moins que ce ne soit en ouvrant leur fenêtre. Et encore! il est rare qu'on ouvre sa fenêtre à Bruxelles. Quand vous voyez une fenêtre ouverte, vous pouvez parier que c'est un étranger qui loge là.

Pour respirer, si d'aventure on s'en avise, on va, à des heures prescrites, dans un parc resserré entre des rues de pierre, chauffées par la chaleur du jour. Là, dans une allée tirée au cordeau, le long d'une pelouse interdite, armée de coins de fer et d'osier, comme une sainte image dans son cadre protecteur, — pelouse sur laquelle le vent lui-même ne passe pas sans permission, — on met en espalier sa toilette empesée, et sa robe à treize volants. Voilà comme on fête la nature!

Ah! que le roi Nabuchodonosor était plus sage, lorsqu'il devint fou, disent les bêtes, et qu'il se mit à manger de l'herbe!

Mais du moins, sans manger de l'herbe, si l'on craint de se compromettre, qu'on aille regarder la verdure, qu'on aille, quelque jour, flâner dans les bois. N'ayez pas honte du mot ni de la chose? « La flânerie, — croyez-en Töpffer, le charmant flâneur, — est une chose nécessaire. Un été entier passé à flâner n'est pas de trop dans une éducation soi-

gnée; il est probable même qu'un seul été ne suffirait point à faire un grand homme : Socrate flâna
des années; Rousseau, jusqu'à quarante ans; La
Fontaine, toute sa vie! »

Ne flânez pas tant que cela, si vous voulez; ne
risquez pas de devenir un grand homme par ce
moyen; mais flânez au moins quelquefois, ne fût-
ce que par la raison la plus vulgaire du monde,
tout bêtement, pour vous bien porter, pour faire
circuler votre sang, pour donner du ton à votre
estomac, et de la fraîcheur à vos joues.

Oh! sentir le calme, l'ombre épaisse, l'odeur
d'une herbe, le frôlement d'un insecte! Entendre
parfois, bien loin, derrière l'horizon, le bruit d'un
chariot dans l'ornière inégale; près de soi, le silence, ou le vent dans les feuilles! Goûter, au bruit
monotone des peupliers, ce bien-être mêlé de tristesse qui est préférable à la joie! Se confondre avec
la nature! Se laisser aller, nageur immobile, au
courant de la vie universelle, et s'écouler avec ces
formes instantanées!

Mais ce sont des plaisirs trop simples! Les civilisés ont besoin d'être émus immodérément. Et pourtant, un rayon de soleil, un brin de verveine, un
cri d'oiseau, que faut-il de plus à qui sait sentir?
Ou bien, le soir, un pré que la lune éclaire, entre
de jeunes buissons et des bois silencieux, n'est-ce
pas assez pour enchanter de longues heures?

On se tourmente beaucoup, — les uns, les gens du monde, pour se procurer à grands frais des sensations fausses et énervantes, — les autres, les gens soi-disant sérieux, pour se persuader de leur importance dans l'ordre des êtres. Où sont, cependant, les sensations vraies et fortifiantes, où est la vie intense et pure? En vérité, elle est là, dans l'herbe, sous l'ombre verte, au sein des plantes, dans cette nature recueillie et cependant émue, sourdement palpitante du magnétisme universel.

C'était près d'un bois de sapin, sous des peupliers et des hêtres, que j'étais étendu dans l'épais gazon, roulant ces rêveries, ou roulé par elles. Le murmure calme de ces arbres élevés et leurs odeurs aromatiques réveillèrent dans ma mémoire des vers, écrits il y a bien longtemps, loin d'ici, alors que j'étais dans mon pays :

> J'aime les grands parcs plantés de sapins,
> Que garde du bruit la forêt voisine,
> Sombres tout le jour, de silence pleins,
> Et tout parfumés d'odeurs de résine;
> Dont la mousse emplit les sentiers dormants,
> Étouffant le bruit du pied qui les foule,
> Où l'oreille à peine entend par moments
> Un rameau qui tombe, une onde qui coule,
> Un merle assoupi, qui dit en rêvant
> Un bout de chanson qu'emporte le vent....
>
> C'est là que je vis, sous l'ombrage épais,

Ouvrant ma poitrine à l'air qui m'enivre,
Inondant mon cœur de calme et de paix,
Étendu sur l'herbe et m'écoutant vivre ;
Sentant sur ma tête, ainsi que des flots,
Les feuillages verts, l'ombre et le silence ;
Plongé tout au fond de ce grand repos,
Comme les poissons sous la mer immense....
Respirer, rêver, voilà tout mon soin, —
Et penser à vous, dont je suis bien loin !

Ces taillis touffus et mystérieux,
Ces fleurs des buissons, dans leur ombre écloses,
La sérénité de l'air et des cieux,
Avec la pudeur de ces belles choses,
Entourent si bien votre souvenir
Que, si tout à coup du milieu des branches
Mes yeux éblouis vous voyaient venir
Étoilant les bois d'auréoles blanches,
Je serais joyeux sans être surpris....
Oh ! venez, Madame, et fuyez Paris !

Oui, je pense à vous, parce que les bois
Éveillent notre âme aux bonnes pensées,
Et que notre cœur chante avec la voix
Des calmes forêts au vent balancées ;
Parce que, voulant nous rendre meilleurs,
Dieu créa pour nous, — suave mystère !
La communion des bois et des fleurs,
Qui nous fait l'aimer en aimant la terre,
Par qui l'on devient plus pur et plus doux,
Par qui l'on devient plus semblable à vous.

Oh ! pourquoi la vie est-elle un labeur,
Et si rarement, tandis qu'elle dure,

Pouvons-nous ainsi plonger notre cœur
Dans la rêverie et dans la nature?
Hélas! tous les jours, sans trêve et sans fin,
Enchaîner son âme à la même tâche!
Courbés où cloîtrés, c'est là le destin!
Ou bras ou cerveaux tendus sans relâche!
Hélas! — Puis vient l'heure où l'on dit adieu,
Qu'à peine a-t-on vu les œuvres de Dieu!

Ah! si l'on pouvait pendant plus d'instants
Jouir du soleil et des grandes plaines;
Si l'on vivait plus avec le printemps,
Avec les forêts, avec les fontaines;
Si, dans l'air des prés que rien ne corrompt,
Le soir, quand le jour amortit sa flamme,
On pouvait baigner plus souvent son front,
Moins vite on verrait se faner son âme!...
Mais il faut languir dans une prison,
Avec un mur noir pour tout horizon.

Ces moments si courts, qu'on dérobe au sort,
Et que, par hasard, on emploie à vivre,
Où, quand vient midi, dans la mousse on dort,
Où l'on court les bois, seul, même sans livre,
Où, le soir, en marche, on chante, au grand air....
Quelque chose en nous qui nous les envie
Nous en fait encore un reproche amer :
« Tu dors! tu crois vivre et tu perds ta vie!
La vie est vouée au travail fiévreux!... »
On retourne au cloître, on craint d'être heureux!

Mais pourquoi songer, lorsqu'on boit le vin,
Si le vase au fond nous garde la lie?

Le mal à venir nous afflige en vain;
Y songer d'avance, hélas! c'est folie!
On perd les beaux jours qu'on passe à gémir!...
A l'oiseau des bois qu'importe la cage?
Le réveil futur à qui peut dormir?
Et l'École à moi, — tant que ce bocage
Dans ses grands gazons si frais et si doux
M'ensevelira, pour penser à vous!

Voilà ce qui revint à mon souvenir, après treize années.

Je quittai enfin à regret ces sapins de Boitsfort; ils m'avaient rappelé ceux de Franconville-sous-Bois, près de Viarmes, auprès desquels avaient été crayonnés ces vers.

Lorsque je m'en retournai le soleil était près de disparaître sous l'horizon; la chaleur du jour commençait à tomber; les oiseaux sortaient de leurs retraites, et j'entendais bruire leurs ailes; les fleurs jetaient tous leurs parfums; les insectes se réveillaient, enivrés, du fond des calices, et bourdonnaient follement; le ruisseau répandait sa fraîcheur et son murmure; les nénufars et les iris s'étalaient sur les étangs verts; au-dessus des eaux voltigeaient par nuées les libellules diaprées; et il me sembla que de ces bruits d'ailes, de ces rayons, de ces murmures, de cette fraîcheur, de ces parfums, de toute cette nature sereine et joyeuse, se dégageait comme un encens et comme une voix de prière, qui montait au ciel et disait :

Faites, ô Dieu bon ! que tous ceux qui travaillent aient quelque relâche pour se récréer et se retremper dans la nature. Faites que le printemps et l'été ne soient pas, comme les autres biens de ce monde, le privilége de quelques-uns, mais qu'ils deviennent la jouissance de tous. Faites que tous ceux qui souffrent soient soulagés, que tous ceux qui se courbent soient relevés. Faites que le joug qui pèse sur leur cou soit écarté, afin qu'ils puissent lever la tête et regarder l'agréable lumière de votre ciel, cette lumière qui sourit à l'âme, et qui en assoupit les douleurs. Faites qu'ils puissent quitter leurs ateliers étouffants, leurs chambres étroites, leurs ruelles méphitiques, pour aller s'ébattre dans la campagne, en liberté, sous le soleil. Faites que les enfants deviennent forts, et que les hommes deviennent bons, afin que les femmes soient moins malheureuses. Faites qu'il y ait un air pur dans toutes les poitrines, des rayons dans tous les yeux, de l'amour dans tous les cœurs. Faites que ceux qui sont tristes soient consolés, que la vie soit la joie et non la souffrance, que les gémissements deviennent des chansons....

Pendant que j'écoutais ou que je croyais écouter cette prière qui chantait en moi et autour de moi, je fus heurté. En même temps, j'entendis crier : Gare !

C'était une petite charrette, remplie de moules, que traînaient cinq gros chiens attelés de front : leur langue pendait altérée. Un homme les fouettait en jurant. C'était lui qui m'avait crié *gare*, au moment où l'attelage m'avait heurté. — « Vous n'entendez donc pas ? » dit-il.

Cette charrette était suivie d'une autre, un peu plus grande, toute pleine d'herbe et attelée de deux petites filles de huit à dix ans, aux cheveux brouillés, aux pieds nus, au teint hâlé, tirant de toutes leurs forces, courbées presque jusqu'à terre : leur faible corps, à peine formé, se déformait déjà sous l'effort excessif.

Après elles venait la mère, pieds nus aussi, défaite, noire et délabrée, portant sur sa tête dans une grande toile autant d'herbe qu'il y en avait dans la charrette : elle maintenait ce fardeau en équilibre avec la pointe de sa faucille qu'elle y avait piquée. Sur son cou ruisselant et maigre, les veines gonflées ressemblaient à des cordes.

Un flot de poussière les enveloppait tous.

La poussière et la sueur, c'était tout ce que ces pauvres gens avaient recueilli d'un beau jour d'été !

A ces signes, je me retrouvai en civilisation. Et, quelques instants après, je rentrais dans Bruxelles.

II

Une soirée chez Alexandre Dumas, à Bruxelles.

C'était fête hier au soir chez l'auteur de Monte-
Cristo. Hier au soir ou ce matin : car, lorsque je
quittai la petite maison du boulevard Waterloo, les
premières lueurs de l'aube faisaient pâlir les réver-
bères de la porte Louise, et bientôt après, le clo-
cher de Saint-Jacques-sur-Caudenberg sonna quatre
heures.

C'est presque toujours ainsi chez Alexandre
Dumas. Ses amis savent que, lorsqu'il vous dit :
« Venez donc prendre une tasse de thé vendredi
soir, » c'est à peu près comme s'il vous disait :
« Venez donc souper samedi entre minuit et trois
heures du matin. »

Vous vous rappelez, en effet, — vous qui avez lu ses *Mémoires*, — combien il est partisan du souper :

« L'absence du souper, dit-il, a sur la civilisation des conséquences plus fâcheuses qu'on ne croit. C'est à l'absence du souper et à la présence du cigare que j'attribue la dégénérescence de notre esprit. Non pas que je dise que nos fils ont moins d'esprit que nous, Dieu m'en garde! et j'ai, pour mon compte, un fils qui ne me le pardonnerait pas. Mais ils ont un autre esprit. Reste à savoir quel est le meilleur, du leur ou du nôtre. Notre esprit, à nous autres hommes de quarante ans, est un esprit qui tient encore un peu de l'aristocratie du dix-huitième siècle, modifié par le côté chevaleresque de l'Empire. Les femmes avaient une grande influence sur cet esprit-là. Cet esprit-là, c'était surtout le souper qui l'entretenait.

« A onze heures du soir, quand on est délivré des soucis de la journée, quand on sait que l'on a encore six ou huit heures que l'on peut employer à son loisir entre la veille et le lendemain; quand on est assis à une bonne table, qu'on coudoie une belle voisine, qu'on a pour excitant les lumières et les fleurs, l'esprit se laisse emporter tout éveillé dans la sphère des rêves, et alors il atteint l'apogée de sa vivacité et de son exaltation. Non-seulement, on a, à souper, plus d'esprit qu'ailleurs, plus d'esprit qu'aux autres repas, mais encore on a un autre esprit. Je suis sûr que la plupart des jolis mots du dix-huitième siècle ont été dits en soupant.

« Plus de souper ! par suite, absence de cet esprit qu'on avait en soupant. »

Hier donc, à onze heures du soir, une foule d'artistes, de littérateurs, de savants même, et de jolies femmes, amies du poëte-romancier, remplissaient le grand salon du rez-de-chaussée, qui, paré pour leur faire accueil, était éblouissant à voir.

Sur sa tenture grenat, relevée sobrement çà et là de gros clous d'or, se détachaient, en or aussi, tout alentour, les plus belles statuettes moyen âge, œuvres de la fantaisie moderne, tandis que, sur la vaste cheminée, *le Voleur* antique en bronze, haut de quatre à cinq pieds, — élevant les bras, entre deux immenses vases de Chine tout débordants de fleurs et de feuillages, de bruyères et de lianes, — semblait applaudir, en face de lui, la grande Vénus de Milo, qui, blanche et sereine, au sommet d'un grand bahut ciselé, dominait toutes ces statues.

Au-dessous de la tenture grenat, règne, depuis le parquet jusqu'à hauteur d'appui, une frise de chêne, le long de laquelle on voit, d'un côté, un admirable prie-Dieu gothique, ouvragé et peint, représentant une Annonciation ; de l'autre, un dressoir chargé de bronzes de Barye, de cristaux et de porcelaines; sur les deux pans coupés, des divans algériens, ailleurs, des fauteuils de chêne, sculptés en ogive; à droite et à gauche du bahut qui fait face à la cheminée, de grandes potiches remplies de plantes et de fleurs.

Aux trois fenêtres et à la porte pendent d'amples rideaux aux couleurs ardentes, enlevés par le poëte aux épaules des contrebandiers de Malaga et de Séville, à qui ils servaient de cape pour le jour et de lit pour la nuit.

Près du plafond, de distance en distance, — c'est là le cachet de ce lieu, — sont suspendus de petits écussons en relief, représentant les armoiries réelles ou idéales, des principaux poëtes français contemporains :

Chateaubriand, de gueules, aux fleurs de lis sans nombre, avec cette devise donnée par saint Louis à son aïeul retrouvé mourant sur le champ de bataille de Mansoura dans les plis d'un drapeau français :
« *Mon sang teint les bannières de France.* »

Lamartine, d'or, aux deux fasces de gueules, avec un trèfle de gueules en abîme, et cette devise :
« *A la garde de Dieu!* »

Victor Hugo, avec son double écusson, de famille et de conquête; celui de famille, de sable, au chef d'argent, avec deux merlettes de sable passant dans l'argent, et cette devise : *Hierro* (fer!); — et celui de conquête, c'est-à-dire, celui que son père a rapporté d'Espagne, — écartelé en croix : au premier quartier, à l'épée d'or, portant en pointe trois étoiles d'or; au troisième, au cheval cabrant, comme le cheval de Job dans l'Écriture; au second, au pont muraillé, souvenir du pont de Saragosse, défendu par le général Hugo; au quatrième, à la couronne murale.

Charles Nodier, d'argent, fascé d'azur, à deux pommes de pin, l'une au chef, l'autre à la pointe, avec cette devise qui peint si bien l'homme : « *Video nec invideo* (je vois et point n'envie). »

Enfin, au-dessus d'une glace, le double écusson, de famille et de fantaisie, d'Alexandre Dumas : celui de famille, d'azur, à trois aigles d'or, posés deux et un, avec un anneau d'argent en cœur; celui de fantaisie, rappelant à la fois, par la pyramide et le palmier d'or, la campagne d'Égypte où le général Dumas commandait la cavalerie; et, par trois têtes de chevaux, de sable, posés sur une bande d'argent, les trois chevaux que le général eut tués sous lui au siége de Mantoue.

Au-dessus de tout cela, on voit resplendir sombrement, en guise de plafond, un ciel d'Espagne ou d'Italie, d'un azur profond et limpide, semé d'étoiles d'or figurant les principales constellations.

Au milieu du parquet, recouvert d'une grande natte de Java à dessins multicolores, s'étale la dé-

pouille terrible d'un grand ours blanc des mers gla-
ciales, qui peut-être sous le pôle arctique, a vu passer le brave et malheureux capitaine Franklin, que
l'univers attend avec anxiété[1].

Et puis, sur toutes ces belles choses, imaginez des
flots de lumière, versés par des lampes de toutes
formes et par des myriades de bougies : lampes modernes à arabesques ; candélabres antiques, aux
lignes pures et sévères, d'après les plus poétiques
modèles retrouvés dans les fouilles d'Herculanum
et de Pompéi ; autres candélabres, en style Louis XIII,
attachés à de petits miroirs réflecteurs ; au centre,
un lustre en verre de Bohême, formé de feuillages
en émail vert et de fleurs de lotos en opale, aux
tiges d'or.

Voilà où l'on causait, en attendant la Petra Camara,
qui, à la même heure, recevait, au théâtre du Vau-
deville, sa dernière pluie de bouquets, sa dernière
avalanche de bravos, et qui allait nous arriver de là
toute vibrante encore et toute embaumée.

On causait donc, comme je vous le dis, et certes,
si la causerie avait disparu de la terre, la vraie et
fine causerie, la causerie spirituelle, brisée, capricieuse, étincelante, électrique, c'est chez Dumas
qu'on la retrouverait.

1. Cela était écrit en août 1853. Hélas ! aujourd'hui on ne
l'attend plus !

Indépendamment de ce grand salon du rez-de-chaussée, il y avait, au premier étage, pour les rêveurs solitaires, ou pour les couples mystérieux, un petit salon en cachemire blanc, rideaux et divan de même, éclairé seulement aux bougies, pour plus de douceur; puis, à côté, en suivant la gamme des lumières, une chambre en étoffe perse, dans laquelle était suspendue une seule lampe d'opale, au jour à la fois diaphane et voilé, — un rayon de lune emprisonné dans un vase blanc.

Je ne parle pas d'un petit boudoir vert et or, avec un divan en foulard cerise, — qui mériterait bien pourtant qu'on en parlàt, et qui a vu bien des mystères.

A onze heures et demie, les danseuses et danseurs espagnols arrivent. En tête, la Petra Camara et sa sœur Anna avec Guerrero ; la Petra plus belle et plus jeune encore qu'au théâtre, contrairement à l'optique ordinaire; Anna, ce type merveilleux, mêlé d'andalous et d'arabe ; Guerrero, à l'esprit gracieux et vif, comme sa danse ; tous, étincelants et féériques dans leurs costumes bariolés. On les accueille avec des bravos ; et le maître de céans, usant de son privilége, baise la main de la Petra.

On monte alors dans la salle de comédie. C'est Séchan qui l'a préparée, — Séchan, le prestigieux peintre, qui vient de métamorphoser le théâtre de la Monnaie[1]. En quelques heures, il a fait dresser ici une petite scène, avec rampe et rideau *à la marionnette*, la plus primitive et la plus facile des équipes ; et il a peint lui-même le décor. Henry Monnier, avec le concours gracieux de quelques artistes, doit jouer *la Famille improvisée*, son chef-d'œuvre, sa création. Dumas, par une prévenance charmante pour ses hôtes andalous et andalouses, leur fait distribuer l'analyse de la pièce en espagnol. Voici la copie d'un de ces programmes :

LA FAMILLE IMPROVISÉE

Comédie-Vaudeville en un acte,

Par M. HENRY MONNIER — Décor de M. SÉCHAN.

M. HENRY MONNIER

Remplira cinq rôles de différents caractères qu'il a créés à Paris.

Les autres rôles seront joués par

MM. PESCHEUX, REY, et MM^{es} ACHILLE, THIERRY et MARIE.

—

Adolfo Coquerel está á punto de casarse con la señorita Eulalia Amelin ; pero el ha prometido dar su mano á otra mujer, y declara su posicion embarazosa á su amigo Alberto, jóven y espiritual pintor. Este, con objeto de hacer imposible á los ojos del señor y la señora Amelin la union proyectada, improvisa una familia insoportable á Adolfo Coquerel, apareciendo bajo diverses disfraces.

Inutile de dire que Monnier a été, comme tou-

---

1. Brûlé depuis.

jours, admirable de verve et de finesse, et étourdissant de variété, dans les cinq personnages de *la Famille*, et qu'il a été fort bien secondé.

Un seul incident, du genre intime, est venu non pas troubler, mais égayer encore, la représentation de cette comédie. Au moment où Monnier, quelques minutes après avoir joué Coquerel, devait reparaître dans le costume de Joseph Prudhomme « élève de Brard et de Saint-Omer, expert assermenté près les cours et tribunaux, » son entrée a manqué de quelques secondes; et Pescheux, cumulant avec le rôle de M. Amélin les fonctions de régisseur, qu'il est habitué à remplir avec tant de bon goût au théâtre des Galeries Saint-Hubert, est venu annoncer à l'Assemblée « que M. Henri Monnier, ayant bu beaucoup de faro depuis quatre mois qu'il habite Bruxelles, ne pouvait plus entrer aussi vite qu'il eût fallu dans le pantalon noir de M. Prudhomme. » Une salve d'applaudissements accueillit l'explication de Pescheux, et une autre salve bombarda M. Prudhomme lui-même, lorsqu'une minute après il entra en scène et dans le pantalon.

La pièce finie, et le rideau tombé, tous les artistes furent rappelés, et durent reparaître devant la rampe étincelante de bougies, — Molière n'avait que des chandelles !

Au moment où l'on allait quitter la salle, le rideau se relève, et l'on vient faire une seconde annonce :

à savoir que, la table du souper n'étant pas encore dressée, deux amateurs, pour donner le temps d'ouvrir les huîtres, vont, l'un dire, et l'autre écouter, le récit de Théramène.

Bientôt, en effet, paraît Thésée, avec le roi des confidents, tous deux en costumes de fantaisie improvisés encore plus que tout le reste. Théramène aurait pu passer pour le Turc à lunettes qui vend des dattes sur le boulevard Bonne-Nouvelle, et Thésée pour quelque pompier de l'époque de la Renaissance, alors que les pompiers n'existaient pas encore, un pompier impossible enfin, avec un casque ombragé de grandes plumes de paon, éparses en signe de douleur paternelle. Théramène récite la mort d'Hippolyte en patois franco-marollien. Ainsi modifié, ce récit prendrait, aux yeux de Racine lui-même, un aspect imprévu. Enfin on trouva, — *proh pudor!* — que ce morceau, y compris le monstre *couvert d'écailles jaunissantes*, ne manquait pas de gaieté.

Mais il est temps d'aller souper, les huîtres sont ouvertes. Quittons la salle de comédie, et descendons dans le petit jardin d'hiver, que le poëte a fait construire et orner, à la place où était la cour de la maison. Figurez-vous une légère nef de verre, tapissée de lianes échevelées, de plantes tropicales, de fleurs exotiques ; puis, des rossignols, et des colibris voltigeant en liberté parmi ces feuillages ; et,

à travers tout cela, les lampes ardentes, les candélabres tordant leurs girandoles parmi les arbustes ;
enfin, sous cette voûte de verdure et de lumière, un
vrai festin de Balthazar.

Le souper était préparé pour une soixantaine de
personnes ; la longue table remplissait et ce jardin
d'hiver et le vestibule qui y fait suite, orné de lanternes chinoises, de vases japonais, d'armoires de
laque, de yatagans, de kriss et d'armures. Mais, at-
tendu que l'on comptait sur une soixantaine de convives, il en vint quatre-vingts ou cent ; c'est encore
toujours comme cela chez Dumas, où chaque ami a
le droit d'amener tous les siens, pour faire honneur
au proverbe français.

Cela n'en fut que plus amusant, parce que l'on
dut improviser encore une petite table, outre la
grande. Et si vous aviez vu les aimables enfants qui
étaient à cette petite table ! C'étaient des artistes de
renom, et des littérateurs humoristes, qui se plai-
gnaient sans cesse qu'on les oubliât, quoiqu'il n'en
fût rien. Ruggieri, dont la population bruxelloise
avait applaudi, la veille au soir, l'admirable feu
d'artifice, se distinguait entre tous par sa verve, sa
gourmandise et ses saillies ; c'était un autre feu d'artifice, aussi éblouissant que le premier, qu'il nous
tirait à domicile.

La grande table avait le bonheur de posséder
toutes les dames, belges, françaises et espagnoles ;

voilà ce qui, à vrai dire, faisait crier la petite. Car,
pour les viandes, les pâtés, les poissons, les melons,
les plateaux de fruits et de fleurs, ils circulaient partout avec une profusion de Gamache. Les vins du
Rhin coulaient à flots, accompagnant les huîtres
d'Ostende; le beaune, avec les pâtés d'Amiens; le
champagne frappé, avec les homards; puis avec les
raisins de Malaga, et les oranges de Valence, tous les
vins dorés, xérès, val de peñas, rota et pajarete,
compatriotes de ces fruits savoureux et des señores
et des señoras, qui les humaient de compagnie avec
nous!

Comme nos hôtes espagnols ne savaient pas le
français, et que, parmi nous, deux ou trois seulement savaient quelques mots d'espagnol, il en résultait la conversation la plus drôle qui se puisse
imaginer; c'était un bariolage de français hybride
et de castillan présomptueux, à mourir de rire!

J'avais pour voisine la señorita Gabriela et pour
vis-à-vis la señorita Justa, deux ravissantes jeunes
filles de quatorze à seize ans, avec lesquelles je ba-
ragouinais andalous du mieux qu'il m'était possible:
muy nevada! — hermosos ojos! — muy buenos! appelant à mon aide tous mes souvenirs de Burgos, de
Madrid, de Grenade, et de Malaga, *las corridas de to-
ros*, le Buen-Retiro, l'Alhambra, *la sierra del sol*, et,
en face, l'Albaycin, tout percé de trous, remplis de
gitanos et de gitanas, sorte de cour des Miracles

aérienne, en relief, au lieu d'être en creux comme était celle du vieux Paris ; et tout ce qu'avaient pu m'apprendre de la langue espagnole une petite madrilègne, pâle comme du lait, qui s'appelait *Pepa*, et une petite Malagaise, couleur d'olive, qui avait nom *Encarnacion*.

Quant à la Petra Camara, c'était notre hôte qui, par droit du seigneur, se l'était adjugée, et l'avait fait asseoir à sa droite. Ce qu'il lui disait, je ne l'ai pas su.

Sa voix, d'ailleurs aussi bien que les nôtres, je veux dire celle de la señorita Gabriela et la mienne, étaient couvertes par le bruit général, qui peu à peu était arrivé à un diapason splendide, rappelant avec plus d'élégance, mais non moins de verve, l'éblouissant chapitre de *Gargantua*, intitulé : *Les propous des beuveurs !* ou l'orgie de *la Peau de chagrin*.

Les toasts se croisaient en tous sens. On buvait aux artistes présents, Madou, Stevens, Slingeneyer, Fraikin ; on buvait aux grands poètes absents, et le nom de Victor Hugo était salué d'une triple salve. Les artistes belges et français buvaient aux artistes espagnols, les artistes espagnols buvaient aux artistes français et belges ; c'était une mêlée d'enthousiasmes, une tour de Babel de hourras.

Et tout cela pourtant n'était rien, au prix de ce qui allait suivre.

Ce qui allait suivre, c'était la danse, la danse espagnole andalouse, Petra Camara et Guerrero, non
pas leur danse du théâtre, officielle, revue et corrigée; mais leur danse indigène et vraie, avec toutes ses grâces et toutes ses témérités, avec toutes
ses improvisations, tous ses caprices, toutes ses
ivresses.

Après être sorti de table, et avoir erré quelque
temps dans les salons, après avoir admiré les belles
peintures dont je n'ai pas parlé encore, l'Hamlet
d'Eugène Delacroix, — Hamlet causant avec Horatio dans le cimetière et tenant le crâne du pauvre
Yorick; puis, une autre page du même grand artiste, non moins précieuse, le Tasse dans l'hôpital
des fous, — il y a là des physionomies de fous qui
font frissonner; — puis un Decamps, puis un Slingeneyer; — après cette sorte d'entr'acte, tout le
monde revient dans le grand salon; le bruit des
castagnettes et des guitares se fait entendre, accompagnant ces chants mélancoliques et gutturaux que
les Arabes ont laissés à l'Espagne : les danseurs et
les danseuses occupent le milieu du salon, d'où l'on
a enlevé le grand ours blanc de la mer polaire qui
embarrasserait leurs petits pieds; les assistants sont
groupés alentour, les femmes assises sur les divans
et les fauteuils, les hommes par terre, à la turque,
vraies premières loges en pareille fête ! Et voilà que
le tourbillon commence....

D'abord, un pas de deux : Guerrero et Petra ;
cette danse où les mains s'étreignent, où les épaules
se touchent, où les haleines se confondent, c'est le
fandango; ils ont à peine fait quelques figures, que
tout le monde applaudit et crie ; ils bondissent enivrés, piaffent et hennissent, jusqu'à ce qu'enfin,
hors d'haleine, ils aillent tomber de lassitude sur un
des divans, où tout d'un coup, ils forment, sans s'en
douter, un véritable tableau de Murillo.

Cette autre danse, à quatre, où la danseuse piétine
comme une femme arabe sur un tapis de Tripoli,
c'est le *zapateado*. Les trépignements de l'assemblée, hommes et femmes, accompagnent ceux des
danseurs. Je vois le moment où les spectateurs et
les spectatrices vont s'élancer et zapatéader à leur
tour.

Cette autre danse, à huit, où les sombreros volent sous les pieds des danseuses, c'est l'*ole*, la
danse essentiellement nationale de Séville et de
Grenade. Alors les castagnettes redoublent de rage ;
les guitares et les chanteurs, par un contraste qui
saisit à la fois l'âme et les sens, redoublent de mélancolie ; la tristesse incurable du fataliste Orient se
mêle à toute cette ivresse. Heureusement l'ivresse
l'emporte ; les cris des assistants provoquent ceux
des danseurs ; ils ne sont plus huit, ils sont douze ;
ils ne sont plus douze, ils se multiplient ; tous les
señores et toutes les señoras s'élancent de toutes

parts, se rencontrent, se fuient, s'entre-croisent ; c'est une furie ; le salon croule d'applaudissements frénétiques.

Que vous dire ? Toutes ces danses vous ont été décrites par l'amphitryon même de cette fête avec tant de couleur et tant d'éclat, que je n'en saurais parler après lui. Je me contente donc de rappeler quelques-unes de ses paroles :

« Cette danse est indescriptible ; rien ne peut en donner l'idée, ni la plume ni le pinceau : la plume n'a point la couleur, le pinceau n'a point le mouvement. Ces cambrures de reins, ces renversements de tête, ces regards de flamme qui n'appartiennent qu'à ces filles du soleil qu'on appelle les Andalouses, ne peuvent se raconter ni se peindre. Puis il y a cela de remarquable, que tous ces mouvements étranges, inconnus, inouïs pour nous, sont voluptueux sans être libertins, comme une statue antique est nue sans être indécente. »

Il était trois heures et demie, on dansait encore, on aurait dansé toujours ; et pas un des assistants n'eût songé à autre chose qu'à applaudir à grands cris, ou à verser du champagne aux danseuses et aux danseurs dans l'intervalle des différents pas.

Mais la mère de Petra et d'Anna Camara, — un type admirable, comme ses filles, — commençait peut-être, à cause de son âge, à trouver la nuit un peu longue : elle se leva, et nous fîmes comme elle. Ce fut, hélas ! le signal du départ.

Alors toute cette foule enivrée commença de se disperser, non sans avoir fait quelques tours de valses mi-parties espagnoles, allemandes et françaises.

Tout s'écoula enfin peu à peu, à regret, aux pâles reflets de l'aube.

Quant à Dumas, le travailleur infatigable, l'homme sans sommeil, il remonta en nous disant adieu, dans son petit cabinet d'étude, pour finir le quatrième acte de *la Jeunesse de Louis XIV*, qu'il doit lire demain, à une heure, à la Comédie-Française, à Paris. Il lui restait un jour pour faire le cinquième acte.

De toutes les fêtes qu'il a improvisées dans sa charmante petite maison du boulevard de Waterloo, celle-ci, par la variété des éléments qui la composaient, a été une des plus étourdissantes. C'était un vrai rêve des *Mille et une Nuits*, mais dans lequel les arts de l'Occident se combinaient avec les fantaisies orientales, et où l'on voyait les gloires du Nord croiser leur rayons avec les auréoles des beautés du Midi.

III

Les Muezzinns de Schaerbeék[1].

Properce a écrit bien des vers charmants, mais il
n'y en a point peut-être, dans tout le recueil de ses
poésies, qui soient plus à propos que ces deux-ci :

> Quam juvat immites ventos audire cubantem,
> Et tenero dominam detinuisse sinu !

« Qu'il est doux, lorsqu'on est couché, d'entendre
le vent qui fait rage!... »

1. Schaerbeék, que l'on prononce *Scarbec*, est un des faubourgs de Bruxelles. C'est là que j'habitai pendant mon exil, durant huit années, parmi les marécages. — Ces chapitres, intitulés *Excursions en Belgique*, furent publiés alors dans l'*Indépendance belge*, ainsi que l'*Excursion en Espagne*, et l'article servant d'*Introduction*, intitulé *la Convalescence*. Les autres chapitres, qui portent ce titre: *Excursions en Berry*, *en Dauphiné*, *en Savoie*, *en Suisse*, *en Alsace*, ont paru, cette année, dans le *Journal des Débats*.

Ma foi! je ne traduis pas le second vers, car le latin, même le plus honnête, a des licences que le français n'a pas; et le premier, d'ailleurs suffit.

N'est-ce pas, lecteur ou lectrice, qu'il est doux, par ces temps de neige, de se mettre au lit chaudement, de s'enfoncer sous un vaste édredon, de rester quelque temps pelotonné en rond, comme le chat frileux d'une dévote, puis, de se dérouler peu à peu à loisir, de se déployer insensiblement sous l'influence heureuse de la chaleur accrue, comme une boule de papier chiffonné tombée près d'une cheminée flamboyante; de s'étendre enfin tout à fait, les jambes allongées et jointes, ainsi qu'une statue égyptienne du temps du pharaon Nectanébo, et alors de goûter voluptueusement les approches du premier somme. Il y a là, en vérité, quelques moments délicieux, ceux que l'épicurien Montaigne appelle, par une expression charmante, « le premier bégayement du sommeil. » On ne dort pas encore et l'on ne veille plus, c'est le crépuscule de l'intelligence. On sent le gouvernail de l'âme nous échapper tout doucement, on le ressaisit par intervalles, enfin on le lâche et on s'en va à vau l'eau dans le grand courant.

Eh bien! lorsqu'enfin vous êtes parti et que votre corps fatigué hume le repos, goûtant la fine fleur de ce premier sommeil, — imaginez-vous, dans ce moment-là, que des cris affreux se fassent entendre, que des vociférations sinistres, prolongées d'un ton lamentable, percent vos fenêtres calfeutrées et vous réveillent en sursaut, — et permettez-moi de vous demander si ce serait pour vous une impression agréable.

Puis, supposez qu'on vous laisse vous rendormir et que les cris retentissent de nouveau, et ainsi de suite pendant toute la nuit, et pendant toutes les nuits : oserai-je vous interroger encore et vous demander si cela vous ferait plaisir ?

Heureux Montaigne ! que je l'envie ! on le réveillait en musique, lui ! et seulement dans la matinée ! « Parce que plusieurs, dit-il, tiennent que cela trouble la cervelle des gens de les éveiller en sursaut, et de les arracher du sommeil tout à coup et par violence, mon père me faisait éveiller par le son de quelque instrument. »

Et Gargantua donc ! C'était bien mieux encore ! On l'éveillait au son des verres et des bouteilles, ce bon et illustre buveur ! « Une de ses gouvernantes m'a raconté, dit Rabelais, qu'au seul son des tasses et flacons il entrait en extase, comme s'il goûtait les joies du paradis ; en sorte que elles, considérant cette complexion divine, pour le réjouir au matin, faisaient devant lui sonner des verres avec un couteau, ou des flacons avec leurs toupons, ou des pintes avec leurs couvercles ; auquel son il s'égayait, il tressaillait, et lui-même se berçait en dodelinant de la tête, monochordisant des doigts et barytonant.... » de tout le reste.

Mais être réveillé par des clameurs lugubres, qui semblent poussées dans des tuyaux de poêle, comme celles des démons souterrains au deuxième acte de *Robert-le-Diable*, on conviendra que cela est moins plaisant. Cela vous secoue brusquement et vous arrache de votre sommeil; cela vous brouille l'estomac et vous retourne les entrailles. L'œuvre admirable de la digestion, qui s'accomplissait mystérieusement comme toutes les belles œuvres de Dieu, s'arrête ou se trouble.

Si l'on se rendort à grand'peine après que les cris ont cessé, on est quelque temps dans un cauchemar.

A la fin pourtant l'équilibre se rétablit peu à peu dans nos sens; et l'on renoue le fil du doux sommeil.... Hourra! hourra! voilà que les cris recommencent!

Cela devient un vrai supplice.

Vous avez peut-être ouï dire qu'à la Bastille de Paris, dans cette horrible et fameuse Bastille que le peuple se donna la joie de démolir le 14 juillet 89, certains cachots n'ayant ni plancher ni sol, se terminaient par le bas en forme d'entonnoir, de sorte que le prisonnier, ne pouvant poser nulle part son pied, était privé de tout repos, et dépérissait lentement par le supplice de l'insomnie.

Eh bien! excepté l'entonnoir, ce sort est à peu près celui des malheureux habitants de Schaerbeék, privés de sommeil depuis quelque temps par l'institution déplorable des muezzinns.

Je ne sais quel tyran avait imaginé l'équivalent de l'entonnoir : le prisonnier, forcé de se tenir debout, était piqué à coups d'épingles de minute en minute par des hommes, — doit-on nommer cela des hommes? — qui se relayaient d'heure en heure pour cette œuvre atroce. L'insomnie tuait le patient dans un délai très-court.

Et voilà donc la destinée qui nous attend, ô infortunés habitants de Schaerbeék!

Jusqu'où ne s'étend pas la funeste influence de cette guerre d'Orient? Jusqu'où l'imitation des Turcs ne va-t-elle pas pénétrer? On dit que la Belgique vient d'abolir la contrefaçon! Et cependant Schaerbeék, oui, Schaerbeék-lez-Bruxelles, contrefait les muezzinns de Constantinople!

Pour peu que vous ayez parcouru *les Nuits du Rhamazan* de ce pauvre Gérard de Nerval, qui vient de commencer si tristement, dans une nuit d'hiver, son éternelle nuit, ou même pour peu que vous ayez seulement feuilleté un volume du *Magasin pittoresque*, vous êtes assez orientaliste pour n'ignorer pas que, chez les Turcs, les muezzinns, c'est-à-dire les hérauts, les crieurs, conformément aux prescriptions du Coran, montent, quatre fois par jour et une fois par nuit, sur les minarets des mosquées, et de là font entendre aux enfants du Prophète l'annonce ou *ezann* qui consiste en ces paroles :

« Dieu est très-grand! Dieu est très-grand! Dieu est très-grand!

« J'atteste qu'il n'y a point d'autre Dieu qu'Allah! (*bis.*)

« J'atteste que Mohammed est le prophète de Dieu! (*bis.*)

« Venez à la prière, venez à la prière!

« Venez au temple du salut, venez au temple du salut!

« Dieu est grand! Dieu est grand! Il n'y a point d'autre Dieu qu'Allah!... »

Voilà pour l'ezann des quatre heures du jour. A l'ezann de la nuit, on ajoute :

« La prière est préférable au sommeil! » (*bis.*)

Or, il paraît que quelqu'un de Schaerbeék, sous l'influence de la guerre d'Orient, aura senti éclore dans son esprit ce raisonnement-ci :

Tout ce qui est oriental est palpitant d'actualité. Les muezzinns sont une institution orientale au premier chef. Dotons Schaerbeék de cette institution! Et rendons Schaerbeék à jamais célèbre!

Et voilà comment, depuis quinze jours, je veux dire quinze nuits, on ne peut plus fermer l'œil à Schaerbeék, tant les muezzinns ouvrent le gosier!

Un de mes amis, l'autre soir, vers minuit, voulant en avoir le cœur net, guetta au passage un de ces crieurs. Il ne fut pas médiocrement surpris de voir, à la clarté d'un bec de gaz, que c'était bien un muezzinn, coiffé comme il convient à tout vrai muezzinn, d'un turban très-fort, emblème du vieux parti ottoman fanatique. Ce turban était composé d'un chapeau tromblon dit *Pipelet,* en souvenir de l'illustre concierge immortalisé par l'auteur des *Mystères de Paris*, et d'un vieux drap de lit assez sale, roulé en torsade alentour. Au-devant de ce turban-monstre, était un croissant, que mon ami, qui est un sceptique, m'assura être de carton couvert de papier argenté, symbole de la Sublime-Porte, et aussi de l'astre des nuits; insigne doublement caractéristique d'un muezzinn et d'un muezzinn exclusivement nocturne.

Effectivement les muezzinns schaerbeékois, au lieu de faire l'ezann quatre fois par jour et une fois la nuit comme les simples muezzinns turcs, ont pour fonctions de crier cinq fois la nuit et pas une fois le jour. Voilà pourquoi l'astre des nuits est leur signe particulier.

Ce muezzinn, au dire de mon ami, était revêtu d'un ample caftan de velours de coton, couleur amarante, parsemé de paillettes imitant les étoiles, et d'un pantalon à la turque, en calicot blanc quelque peu crotté, qui peut-être en recouvrait un autre moins oriental et plus propre à la saison. Il portait des babouches fortes à semelles de liége, imperméables, — mot qui, dans la langue ottomane, se prononce *impermouillables* : — ce qui lui permettait de fouler d'un pied sec « la noire fille de la blanche neige, » périphrase poétique signifiant, « la boue, » en langage oriental.

Mon ami, piqué par la curiosité, ne put s'empêcher d'entrer en conversation avec ce muezzinn ; et, pour cela, rappelant dans sa mémoire tous les discours plus ou moins turcs qu'adresse le muphti au Bourgeois gentilhomme, il lui dit couramment et sans reprendre haleine, — comme un homme qui sait son Molière :

> Se ti sabir,
> Ti respondir ;
> Se non sabir,
> Tazir, tazir.
>
> Mi star Emi ;
> Ti qui star si ?
> Non intendir :
> Tazir, tazir.

Le muezzinn d'abord ne souffla mot, lui qui, une minute auparavant, criait si fort. De ce silence mon ami allait conclure, de deux choses l'une, ou bien que ce muezzinn ne savait pas le turc, ce qui était invraisemblable avec un aussi beau turban, ou bien que Molière s'était moqué des gens en leur

donnant cela pour du turc ; lorsqu'enfin notre
muezzinn lui répondit, — dans un idiome mêlé
de schaerbeékois et de marollien que je ne saurais
reproduire, — qu'à la vérité il était Turc de profession pendant la nuit, puisqu'il exerçait, lui et quelques autres, les fonctions nouvellement créées de
muezzinn exclusivement nocturne, mais que, pendant le jour, il était Schaerbeékois, et polisseur de
queues de boutons, pour le servir.

De fil en aiguille, ce bon muezzinn, qui n'était
pas si effrayant que ses cris, apprit à mon ami que
cette institution musulmane allait être organisée
sur de très-larges bases dans tout l'État de Schaerbeék, et qu'il était même question de construire,
dans cette importante commune, un minaret, —
mais un minaret sans mosquée ! — N'importe ! que
va dire le parti clérical ? — Il lui révéla même que
l'emplacement de ce minaret solitaire était déjà
choisi, et que c'était au point de rencontre de l'a-
venue des Palais, de la rue Verte et de la rue de Brabant, précisément en face de la maison de Louis
Gallait.

O malheureux Gallait! m'écriai-je, lorsque mon
ami me fit part de la révélation du muezzinn ; c'est
lui qui va être aux premières loges pour ne pas
dormir, avec ce minaret, droit devant ses fenêtres,
et avec ces brailleurs nocturnes qui viendront
d'heure en heure rugir à ses oreilles ! Que je le

plains! lui et sa femme et ses enfants! Que va-t-il
devenir avec ces muezzinns? Comment finira-t-il la
Peste de Tournay, puisqu'il va perdre le sommeil par
cette peste de Schaerbeék?

Il y avait déjà quelque temps que mon ami causait avec le muezzinn, quand tout à coup une heure
sonna. Aussitôt, du haut de sa tête et de son turban
formidable, le muezzinn se mit à hurler effroyable-
ment, comme dans la *Tour de Nesle :* « Il est une
heure, tout est tranquille, — Schaerbeékois dormez? » (*bis.*)

Mon ami prit la fuite.

Que pour le peuple turc, vieux peuple, somnolent
de son naturel, et chez qui l'opium et autres nar-
cotiques ont encore développé, dit-on, cette faculté
dormitive, le Prophète, auteur du Coran, ait jugé à
propos de créer des muezzinns, pour rappeler avant
le jour à ses fidèles endormis que « la prière est
préférable au sommeil, » je n'y vois pas d'inconvé-
nient. Cela, d'ailleurs, ne me regarde pas : les Turcs
seuls ont droit de s'en plaindre. Et, quand je pense
à cette institution, je ne m'étonne plus que, dès
longtemps, bien avant la guerre actuelle, un poëte,
d'un style étonnant, eût exprimé en deux vers latins colossaux, composés de deux mots chacun, y
compris une faute de quantité, les agitations innombrables qui troublaient, dit-il, le sommeil de ces

pauvres Constantinopolitains, ainsi réveillés par les muezzinns :

> Exagitabantur Constantinopolitani
> Innumerabilibus sollicitudinibus !

Mais enfin les Turcs sont les Turcs, et les habitants de Schaerbeék sont les habitants de Schaerbeék : pourquoi donc avoir fait ici une innovation aussi fantastique?

Du moins chez les Orientaux, que les auteurs de cette contrefaçon se sont proposé d'imiter, avec une passion malheureuse, et désobligeante pour la Russie, les muezzinns ont une raison d'être : ils tiennent lieu de cloches, dit-on, chez ces vieux peuples arriérés. Mais, dans la rue de Brabant, paroisse de Saint-Jean et Saint-Nicolas, j'atteste que ce ne sont pas les cloches qui manquent : on en est ahuri, assourdi, abruti ; et cela, dès avant le point du jour; de sorte que les pauvres habitants ont tout à la fois, ô surcroît de biens ! et les cloches avant l'aurore, et les muezzinns pendant toute la nuit !

Eh bien! là, franchement, c'est trop ; et l'on se contenterait à moins. Pour l'amour de Dieu, messieurs de Schaerbeék, soyez catholiques, soyez musulmans, soyez tout ce que vous voudrez, ainsi le permet la Constitution belge ; mais, au nom de la liberté pour tous, que cette Constitution proclame, laissez-nous dormir !

On comprend l'utilité des veilleurs de nuit; on ne comprend pas l'utilité de leurs cris sinistres. Est-ce pour le feu, ou pour les voleurs? Car je remarque que c'est depuis l'incendie du théâtre de la Monnaie qu'on a établi à Schaerbeék cette innovation malencontreuse.

Premièrement, si c'est pour le feu, attendez donc que le feu prenne, pour donner l'alarme. Si vous criez sans nécessité avant l'incendie, vous risquez de crier inutilement lorsque l'incendie se déclarera: car ces cris seront devenus une habitude — déplorable, il est vrai, mais enfin une habitude, — et n'éveilleront plus l'attention. Personne alors ne bougera. Voilà à quoi ces cris auront servi : — à nous faire passer des nuits sans sommeil, et à blaser l'attention, les oreilles et l'intelligence, pour le moment du péril. Ce sera la fable du berger qui s'était amusé à crier : Au loup! lorsqu'il n'y avait pas de loup, et à faire aller les bergers ses frères empressés de le secourir. Le loup vint un jour, le berger cria, et personne ne le secourut.

D'ailleurs, je l'avoue, pour ma part, et ce n'est pas un paradoxe, — j'aimerais presque autant être incendié une bonne fois que d'être brûlé à petit feu indéfiniment par ce supplice du réveil en sursaut, infligé cinq fois chaque nuit. — Ainsi donc : A bas les crieurs!

Est-ce d'ailleurs un si grand mal, par le temps

qui court, que d'être incendié, surtout si on a la
chance de faire partie d'un *petit personnel* quelconque? D'abord on alimente, pendant plusieurs semaines, la sensibilité publique; on devient le sujet
d'une multitude de discours pathétiques et atten-
drissants qui déplorent sur tous les tons ce que vous
n'avez pas perdu. Qu'avez-vous perdu, en effet?
Vous avez gagné quinze jours de vacances, des ré-
clames dans tous les journaux, des souscriptions
de toutes sortes dépassant de beaucoup le chiffre de
votre traitement modique pendant ces quinze jours
où vous avez goûté les douceurs infinies d'un congé
par force majeure. Allons, allons, dans certains cas,
la position d'incendié a du bon; au lieu que je
cherche inutilement, depuis quinze nuits, blanches
comme la neige, les avantages de l'insomnie.

Pour continuer ma parenthèse, je dirai qu'il est
même à craindre que bientôt le titre d'incendié ne
devienne une profession, et ne finisse par en développer, corrélativement, une autre : la profession
d'incendiaire. Le théâtre que l'on va bâtir pourrait
bien brûler comme le premier, si quelque malfai-
teur à l'âme charitable allait s'imaginer rendre un
service à tous les petits personnels futurs en leur
procurant les avantages qui découlent abondamment
pour eux d'un sinistre aussi fécond en bienfaits.

Deuxièmement, pour en revenir à nos muezzinns
de Schaerbeék, si c'est avec l'intention de nous préser-

ver des voleurs qu'ils se livrent à ces beuglements, il nous semble que ces beuglements ne peuvent servir qu'à une seule chose, c'est à avertir messieurs les voleurs que la police turque, ornée de son turban, s'avance; qu'ils veuillent donc bien, pendant quelques instants, se tenir cois et se cacher, pour la laisser passer, elle et ses cris; qu'il leur sera loisible ensuite de reprendre en sécurité leur honnête industrie.

Ainsi, voilà qui est bien entendu : si ces cris ont pour but de prévenir amicalement ces industriels sans patente d'avoir à interrompre leur petite besogne seulement pendant une minute ou deux, pour se mettre en sûreté, ces cris réussissent parfaitement à ce qu'ils veulent faire. Mais alors cette innovation turco-schaerbeékoise ou schaerbeéko-turquoise est utile aux voleurs plutôt qu'aux citoyens; et cette prévenance tout aimable mérite les actions de grâces des filous, qu'elle aide à crocheter les portes sans danger, plutôt que les remercîments des honnêtes gens qu'elle aide à être volés à loisir.

En un mot, de quelque côté qu'on examine cette innovation, on en découvre les inconvénients, — ils sont réels, nombreux, incontestables; — mais les avantages, où sont-ils?

C'est, dira-t-on, une position pour les muezzinns;

car tous n'ont pas deux cordes à leur arc, tous ne
sont pas, dans la journée, polisseurs de queues de
boutons : tel fait des commissions, tel porte des
journaux, tel autre ne porte rien, comme le quatrième officier de M. de Marlborough ; c'est à ceux-ci
particulièrement que l'administration paternelle a
voulu faire une position, créer un sort.

« Administration, tu me touches ; mais, je te prie,
ces pauvres diables gagneraient-ils moins leur argent, je veux dire le nôtre, s'ils faisaient leur ronde
sans crier ?

— Oh ! mais alors, Monsieur, des crieurs qui ne
crieraient pas, ce ne seraient plus des crieurs !

— Eh bien ! ce seraient simplement des veilleurs,
n'est-ce pas assez ? La chose, au contraire, n'en vaudrait que mieux ; car on a besoin de veilleurs et
non de crieurs : les veilleurs veillent et nous garan-
tissent ; les crieurs nous réveillent et ne nous garan-
tissent pas ; au contraire !

— Mais, dit l'inventeur, que deviendront mes
muezzinns, et leurs turbans, et leurs caftans à paillettes et leurs babouches à double semelle ?

— Mon Dieu ! vos muezzinns seront de simples
gardes ; quant à leurs turbans, et à leurs caftans, et
à leurs babouches à double semelle, il 'ne tiendra
qu'à vous de vous en défaire en les revendant au
nouveau magasin de costumes du théâtre, au profit
du petit personnel.

— C'est une idée, cela! à la bonne heure! Mais mon minaret?

— D'abord votre minaret n'est qu'en projet. Et, croyez-moi, ne le bâtissez pas. Les mœurs orientales, voyez-vous, n'ont pas encore suffisamment pris racine dans la rue Verte. Les Schaerbeékois ne sont pas des Turcs : ils valent mieux.

« Renoncez donc à cette innovation turc-bulente, qui gêne toute monde et ne sert à personne. Elle ferait fuir les habitants de la commune de Schaerbeék, et, au lieu de la rendre à jamais célèbre, elle la rendrait à jamais déserte. Il n'y resterait, dans un temps donné, que les muezzinns; et, s'ils continuaient de crier, pour qui, à la fin, crieraient-ils?

« Croyez que la meilleure manière de protéger le sommeil des gens n'est pas de les réveiller cinq fois chaque nuit. Vous voulez leur montrer que vous veillez pour eux : la belle avance si, pour les en instruire, vous les condamnez à veiller aussi! Au lieu de leur crier qu'ils peuvent dormir tranquilles, laissez-les dormir tout bonnement, car vous seuls les en empêchez! »

IV

J'ai cité le mot de Byron : « Il y a dans l'air des montagnes une suavité, une source de vie, que ne connaîtra jamais la paresse. »

Il se trompe sur le dernier point. On peut être merveilleusement paresseux et respirer l'air des montagnes : il suffit d'aller de Bruxelles à Chaud-fontaine ou à Spa. Tout le pays de Liége est une Suisse en miniature, et Spa est un petit Paris dans cette petite Suisse.

On a dit que Spa était le café de l'Europe. Soit ! mais un café comme on en voit peu, qui a pour cadre les montagnes.

La population indigène porte, dans la variété de ses types et de ses physionomies, la trace évidente du passage des jeunes étrangers de tous les pays du monde.

De même, son cimetière a des échantillons de tous les peuples de l'Europe. Cela lui donne un air particulier, plus triste que celui des autres cimetières, et je ne sais quoi, çà et là, de douloureusement ironique.

Ils sont là couchés pour toujours, ces touristes infatigables…. Dans leur course à travers l'Europe, ils cherchaient le plaisir, ils ont trouvé la mort. Ils ont passé en un moment de l'agitation à l'immobilité.

Qui sait, après tout, s'ils n'ont pas trouvé mieux que ce qu'ils cherchaient? Ils ont trouvé le grand, le suprême repos, la fin des luttes et des haines; ils sont couchés dans l'herbe haute et dans l'oubli, à l'abri d'un bois de sapins, sur le penchant de la montagne toute parfumée de l'odeur des gommes et des résines…. Ne les plaignons pas!

Il semble, cependant, que rien n'est triste comme la mort sur un sol étranger. Si l'exil est toujours chose mélancolique, rien ne l'est davantage qu'une tombe exilée!

Un soir du mois de juillet, j'avais fui la Redoute, gravi la montagne par les pentes douces, et j'étais redescendu de l'autre côté. Je vins jusqu'à ce cimetière et j'y entrai.

Je vis une tombe récente, c'était celle d'une jeune femme. Célèbre, il y a peu de jours, par sa beauté, son luxe, sa vie bruyante, elle est là maintenant. La terre fraîchement remuée la recouvre. Et le Paris de cet hiver ne s'apercevra pas qu'elle manque à ses fêtes. Elle restera là, loin de ses amis et de sa famille, pour toujours, sous la neige épaisse des montagnes, comme sous le soleil de l'été.

A quelque distance est la tombe d'un jeune homme, étranger aussi, mais d'une autre nation : il s'est suicidé après avoir perdu au jeu tout ce qu'il possédait. On l'a inhumé par souscription : des gens de tous pays, venus là, comme lui, par hasard, se sont cotisés pour lui donner ce dernier gîte....

A l'opposé de cette tombe, qui n'excite qu'une pitié amère, il en est une qui éveille une pitié douce : c'est la tombe d'un pauvre artiste comédien, venu à Spa en représentation, « en exécution, » dit l'épitaphe. Ses camarades lui ont donné ce tombeau, en jouant à son bénéfice. Ils ont ri au profit de celui qu'ils pleuraient ; ils ont ri pour gagner de quoi faire une tombe.

« Hélas ! pauvre Yorick, dit Hamlet en prenant la tête de mort dans ses mains, je l'ai connu, Horatio ; c'était une mine inépuisable de bons mots, une imagination vive et féconde ; il m'a mille fois porté sur son dos ; et maintenant je ne puis y penser sans horreur, sans que mon cœur se soulève. Là étaient ces lèvres que j'ai baisées je ne sais combien de fois. Où sont maintenant tes ironies, tes saillies, tes chansons, tes éclairs de gaieté, qui faisaient rire aux éclats tous les assistants? Quoi! pas un seul lazzi pour te moquer de la grimace que tu fais? les joues toutes décharnées? Va, en cet état, trouver Madame dans sa chambre; dis-lui qu'elle a beau mettre un pouce de fard, il faudra qu'elle en vienne à ce visage-là. Fais-la bien rire en lui disant cela! »

Sur la tombe de ce pauvre comédien en tournée, une planche clouée à une petite croix de bois porte cette inscription touchante :

« Ici repose le corps de Huet de Barocher, dit Dermilly, né à Rouen, artiste du théâtre de Metz, en exécution à Spa, où il est décédé le 26 octobre 1852.

« Passants, joignez vos prières à celles de ses camarades qui lui ont élevé ce modeste souvenir de fraternité. »

Il s'en faut que toutes les inscriptions de ce cimetière soient aussi simples et aussi bien senties. Quelques-unes pillent les poëtes ou les contrefont. Des bribes de romances ou d'opéras comiques font un singulier effet sur des tombes.

Celle d'un seigneur russe annonce qu'il a été inhumé là, « sur la plage étrangère ! » Pourquoi *la plage?*

L'inscription la plus simple est toujours la plus

belle. Elle suffit à faire naître en nous la rêverie. Il semble alors, dit je ne sais plus quel poëte, qu'une voix humaine sorte de la pierre, se fasse entendre à travers le temps, et, s'adressant à l'homme au milieu de la solitude, lui dise qu'il n'est pourtant pas seul, que d'autres hommes, dans ces mêmes lieux, ont senti, pensé et souffert comme lui.

Dans un petit enclos à part, sont les tombes des protestants. La plupart de ces tombes, après l'épitaphe, ont une épigraphe : un verset tiré de la Bible. En Suisse, au cimetière de Bâle, c'est la Bible ellemême qui, sur un grand nombre de tombes, s'élève au lieu de croix : au haut d'une tige de fer, un livre de fer, ouvert à jamais, présente le texte sacré de la pensée consolatrice.

A Spa, les indigènes ordinairement ont une croix de bois; les étrangers ont des tombeaux de granit gris bleu ou des grilles de fer. Toutefois, par exception, le plus riche monument en pierre bleue est celui d'un ancien bourgmestre de Spa et de sa famille.

Certaines tombes font un étalage de titres nobiliaires, plus ridicule là que partout ailleurs. Cela me rappelle qu'un jour, à Zug, avant de monter au Rigi, je vis une chose d'un aspect étrange : à côté du cimetière est un ossuaire, où l'on met des têtes de morts alignées sur des rayons de bois, comme les livres d'une bibliothèque. Chaque tête porte sur le front un petit papier carré, bordé de noir, où sont inscrits les noms, prénoms, et parfois les titres de noblesse. Je remarquai la tête d'une vieille baronne, à ce que m'apprit l'étiquette ; et à côté, celle d'une jeune fille, ne portant pour toute inscription sur son petit crâne que ces trois mots, qui en disaient bien assez : *Maria, iung frau.*

En fait de pierres tumulaires, on prodigue à Spa, comme partout, le lieu commun de la colonne brisée. C'est assommant. Si je savais qu'on dût en mettre une sur ma tombe, j'aimerais mieux ne jamais mourir !

Il y a là quelques inscriptions aussi prétentieuses que ces mausolées. On repense alors aux vers de Malherbe :

> Et dans ces grands tombeaux, où leurs âmes hautaines
> Font encore les vaines,
> Ils sont mangés des vers !

D'autres tombes ont une physionomie quelquefois bizarre.

L'une, celle de deux petits enfants tout jeunes, est faite d'un rond de bois semblable à une cible ; à quelques pas, c'est à s'y tromper : une étoile forme le milieu et le point de mire ; en s'approchant, on s'aperçoit que les lignes circulaires qui entourent l'étoile sont une double inscription de très-menus caractères.

Une autre tombe est faite en forme d'une de ces chaises longues d'autrefois, chaise dormeuse, absolument pareille à celle de Mme de Warens aux Charmettes. Une chaise dormeuse, en guise de tombe.... Au fait, pourquoi pas? *Cimetière* ne veut-il pas dire *dortoir?*

On voit aussi, chose plus gracieuse, de petites tombes d'enfants, toutes mignonnes, comme ceux qu'elles renferment, hélas! bordées d'osiers arrondis en corbeilles : on dirait de leur berceau demeuré vide et que leur mère aurait rempli de fleurs.

> Enfant, as-tu grandi sous l'herbe où tu reposes?
> Les enfants de la mort te tressent-ils des roses?
> Des grains rouges des bois te font-ils un collier?
> Il me semble parfois que je t'entends crier;
> J'ouvre mes bras la nuit, ma fille, pour te prendre!
> Car l'époux de mes nuits, hélas! a beau suspendre
> Tes frères à mon cou pour m'y faire penser,
> Des deux yeux de mon âme il ne peut t'effacer!
> Je suis l'oiseau plaintif à l'aile bleue et blanche,
> Dont le courant du fleuve, en secouant la branche,
> A fait tomber du nid et rouler dans les flots
> Un petit, le premier de la couvée éclos :
> Il a beau réchauffer les autres sous sa plume,
> Du seul qu'il a perdu le souci le consume,
> Et tout le jour il crie, et regarde dans l'eau,
> Et porte sa becquée à son petit oiseau....

Ces mignonnes tombes en corbeilles étaient

remplies de marguerites, de roses et de pois de
senteur.

Le hasard et le vent y avaient semé aussi quelques
pavots, fleurs du sommeil.

N'aimez-vous pas comme moi, quand le ciel est
voilé, à vous promener dans les cimetières ?

> Consolant les tombeaux délaissés trop longtemps,
> On passe et l'on revient, on dérange les branches,
> On fait du bruit dans l'herbe et les morts sont contents.

Pendant que je me promenais ainsi le soir dans
le cimetière de Spa, j'entendais les rhythmes fulgu-
rants des polkas et des redowas qui, de la Promenade de Sept Heures, retentissaient par-dessus la
montagne. Là, dans le cimetière, une femme, celle
du fossoyeur, étendait son linge sur le pré, le pré
des morts. Le fossoyeur creusait une fosse. Un des
enfants chantait, sans la comprendre, une chanson des étudiants de Paris, *Sur l'air du tra....*

Sa petite sœur, de deux ou trois ans, comme je
m'en allais et que j'étais déjà sur la route, courut
après moi et me tendit sans rien dire un petit bouquet de bruyère en fleur. Je remerciai l'enfant et
lui donnai quelque petite chose, avec un baiser sur
sa joue fraîche.

Puis je m'en revins, à travers les pins et les mélèzes chargés de parfums pénétrants.

Et, redescendu de l'autre côté de la montagne, dans le vallon de Spa, j'allai machinalement, comme un civilisé que j'étais, en pensant à toutes ces choses, voir jouer au Trente et Quarante.

V

En ce moment où le soleil fait de Bruxelles une fournaise, il est bon de chercher ailleurs, — à Chaudfontaine ou à Spa, à Blankenberghe ou à Ostende, — un air plus frais et plus léger. L'heureuse Belgique a ce privilége, de réunir dans un petit espace toutes les variétés charmantes de la nature : ici la mer, là les montagnes ; quelques heures à peine les séparent, vous avez le choix ; — à moins que vous ne préfériez aller tour à tour de la mer aux montagnes et des montagnes à la mer. Par là on sort d'incertitude, et on cumule les plaisirs.

Spa et Chaudfontaine sont charmants; — Blankenberghe et Ostende sont adorables.

La mer a un attrait magique, on ne se lasse point de la regarder, il y a là vraiment une fascination. Pendant des heures et des journées, ce transparent tissu d'eau verte et de soleil retient nos yeux qui ne s'en peuvent déprendre. Le long de ces grands flots retentissants, — *para thina polyphloïsboïo thalassès*, comme disait Homère il y a trois mille ans, et depuis trois mille ans on n'a pas mieux dit, — on se laisse aller délicieusement à une sorte de rêverie poétique, qui élève l'esprit et qui le repose. On goûte, une fois par hasard, la douce oisiveté des immortels ; on savoure cette divine flânerie, si rarement donnée à l'homme, ce calme mêlé de tristesse douce que, passé vingt-cinq ans, il préfère à la joie.

> Pour qu'il trouve ici-bas, durant son court passage,
> Le calme cher aux dieux et non moins cher au sage,
> Que faut-il au poëte ? un libre et mol ennui,
> Le soleil sur sa tête et la mer devant lui !

Ce spectacle, toujours le même, est d'une variété infinie. Ce bruit des flots, qui d'abord paraît monotone, se décompose, pour peu qu'on l'écoute, en toutes sortes d'effets étranges et inouïs, dont pas

un ne ressemble à l'autre. On ne peut s'assouvir ni
de voir ni d'entendre

> Cette vive gaîté de couleurs et d'accords !

comme le dit si bien M. Autran dans ses beaux
Poëmes de la mer.

Une chose incroyable, et cependant très-vraie,
c'est qu'il n'y a pas à Ostende un seul hôtel construit
aux bords de l'Océan.

Je me trompe : il y a un petit campement ou ba-
raquement, appelé le *Pavillon des Dunes*, qui, à proprement parler, est un restaurant, et qui, par aventure, sans y songer, loue quelques chambres.

Voici même, par parenthèse, la réponse curieuse
qui me fut faite par l'hôtelier de ce pavillon. Je me
flattais d'avoir une de ces chambres, et je m'en ré-
jouissais d'avance; car ce pavillon est, en effet, dans
les dunes mêmes, et, pour ainsi dire, dans l'Océan;
il n'y a guère que les poissons qui y soient un peu
plus. Cela me paraissait la seule habitation raison-
nable et souhaitable pour quiconque vient à Ostende
passer peu de temps. Je demandai à l'hôtelier s'il
avait une chambre disponible; il me dit qu'il
croyait en avoir une, et que, si je voulais attendre
quelques instants, il allait s'en assurer. Au bout de
cinq minutes, il revient et me rend, avec le plus
grand sérieux du monde, cette réponse miri-
fique :

« Monsieur, la petite chambre sera disponible dans trois semaines, si vous voulez. »

Farceur d'hôtelier!... Je crus, à sa réponse, que c'était un Anglais; j'ai su, depuis, qu'il était de Louvain.

D'autant plus farceur, qu'il n'avait pas la moindre envie de rire et n'y entendait pas malice.

Je me mis donc en quête d'un autre hôtel qui fût situé sur le bord de la mer; — et je n'en trouvai point.

J'avoue que j'en fus étonné, et que je le suis encore.

Pourquoi, en effet, vient-on à Ostende? C'est, je présume, pour voir la mer et pour s'y baigner. Le vrai contentement serait, dès le matin, d'ouvrir en même temps ses yeux et ses fenêtres pour donner aux flots son premier regard; de les avoir sous les yeux, sous la main, à toute heure du jour et de la nuit, au lieu d'aller seulement le jour, depuis telle heure jusqu'à telle autre, leur faire des visites de cérémonie. On va en grand appareil, sur la digue, mettre sa carte à l'Océan. Ce n'est pas ainsi qu'il faut en user lorsque vraiment on l'admire et on l'aime.

On veut le voir et l'entendre toujours, en suivre les phases diverses : tantôt un clair de lune tranquille, dont la blancheur incomparable, reflétée par la mer immense, met aux vagues des franges d'argent, et fait pâlir l'éclat des phares; tantôt une nuit

demi-voilée, sous laquelle resplendit la mer phos-
phorescente, immense réservoir d'électricité féconde, et où les lames agitées portent, au lieu d'é-
cume blanche, une longue crête de flamme bleue,
éblouissante à voir; tantôt un coucher de soleil grandiose, brisant ses gerbes d'or et de pourpre derrière
de gros nuages noirs bordés de carmin, et formant
une sorte de gloire sombre, comme le dessus d'un ta-
bernacle ou d'un Sinaï; tantôt un magnifique orage,
vent, pluie, éclairs, tonnerres : à chaque instant, la
mer en feu, puis les ténèbres; tantôt la marée fu-
rieuse courant à l'assaut, escaladant la digue, fran-
chissant l'estacade, et inondant les promeneurs. Pas
un jour ne ressemble au jour qui le précède ni au
jour qui le suit; pas une nuit ne ressemble au jour.

Et les bains! quelle variété encore! et d'une tout
autre espèce! La disposition en est curieuse; la gra-
dation, amusante.

Il y a, sur la plage d'Ostende, trois sortes de
bains, représentées ainsi : premièrement, à l'un et
à l'autre bout de la digue, les cabines réputées aris-
tocratiques, roulant sur quatre grandes roues très-
larges, non ferrées. Ces cabines sont traînées par un
cheval : là on paye, officiellement, 75 centimes, et
en réalité 50 centimes, par personne, costume et
linge compris.

Plus loin, aux Dunes, ce sont les cabines d'ancien

format, à petites roulettes, et poussées à bras : économie de grandes roues et de chevaux. Cela vous représente la classe moyenne: on ne paye, là, que 25 centimes.

Autrefois, dans les temps d'innocence, — il y a, pour le moins, une quinzaine d'années de cela, — les cabines étaient en toile et ressemblaient à quelque cage à viande d'un grand modèle, — imaginez la cage à viande de Grandgousier ou de Gargantua. Lorsqu'il faisait du soleil, les curieux, se tenant à l'opposé, surprenaient à travers la toile, les mystères parfois gracieux, plus souvent grotesques, de la toilette des baigneuses ou des baigneurs.

Enfin, beaucoup plus loin, et hors de vue, se trouve la troisième classe, qui, dans l'âge d'or, était la première; là s'est réfugié tout ce qu'il reste d'innocence aux bains d'Ostende en l'an de grâce 1856 : il n'y a plus, en cet endroit, ni cabines à grandes roues, ni cabines à roulettes, ni cabines de toile, ni cabines d'aucune sorte. C'est ce que l'on appelle *le Paradis*. Et l'on s'y baigne en costume du temps et du lieu, avant la faute et avant la feuille !... Le Paradis est particulièrement fréquenté par un certain nombre d'Allemands, — les mêmes que l'on voit, aux tables d'hôte, porter les mets à la bouche avec leur couteau, qu'ils chargent préalablement avec leur fourchette.

Le jour le plus curieux à Ostende, c'est le di-

manche. Ce jour-là, on voit arriver, par trains de
plaisir, de Bruges, de Gand, de Courtrai, de Lille,
des myriades de touristes improvisés, qui viennent
évidemment, pour la plupart, faire connaissance
avec la mer. Faute de place, on les entasse quatre,
cinq, six, dans la même cabine; tirez-vous de là
comme vous pourrez! il est des occasions, — comme
ne l'a pas dit Montesquieu, — où la pudeur privée
doit se subordonner à la pudeur publique. On les
voit donc s'empiler là dedans; puis, bientôt, en
sortir et descendre à la mer, dans les costumes les
plus bizarres, les plus bariolés, les plus disparates,
les plus cocasses. Les voilà dans l'eau ! Les uns
dansent en rond, plaisanterie classique; les autres,
isolés et mélancoliques, ne tardent pas à verdir de
froid et d'émotion. — « Eh bien! est-ce que vous
allez vous trouver mal? — Oh! non, disent-ils en
claquant des dents, la mer est excellente! » Quelques-
uns, dès qu'ils ont de l'eau jusqu'au-dessus du mollet,
commencent à être inquiets sur leur sort. A la première lame qui les soufflette, ils remontent au per-
choir, avec un grand mal de tête et un grand mal
de cœur. Ah dame! tout n'est pas rose dans les bains
de mer, tout n'est pas jasmin dans les trains de
plaisir. Ce qui n'empêchera pas ces hardis marins
de dire le soir, à leur retour en famille : « Mon Dieu,
mon Dieu! nous sommes-nous amusés! » Et ils
finissent par le croire.

Dans la semaine, ce sont les habitués qui règnent. Chaque matin, on voit se promener, au sortir de l'onde, les belles anadyomènes, aux longs cheveux épars. Soyez persuadés que c'est uniquement pour les faire sécher à l'air et au soleil, que ces dames les étalent ainsi aux yeux de tous pendant une heure ou deux. On a remarqué, cependant, que celles à qui les passions n'ont laissé que cinq ou six mèches restent moins longtemps décoiffées. Après cela, vous me direz que cinq ou six mèches sèchent beaucoup plus vite qu'une chevelure de Madeleine ou de Monna Lisa. J'en demeure d'accord.

On parade ensuite en grand chapeau rond; et troisièmement, en chapeau de ville. Le chapeau rond se manœuvre, selon le vent, comme la voile d'une barque, au moyen d'un cordon qu'on tire ou qu'on lâche. Beaucoup de femmes abusent de ce cordon, et de ce bord abaissé, pour se faire croire plus jolies qu'elles ne sont; on ne les croit même pas plus modestes. Celles qui sont vraiment modestes et vraiment jolies ne se cachent pas avec affectation; on n'a pas besoin, pour voir leur visage, de dire : « Le cordon, s'il vous plaît ! »

L'après-midi est en proie aux toilettes de ville, aux crinolines insensées, aux dentelles ébouriffantes.

En parlant de modestie, il y a une Anglaise, — je conjecture du moins que c'en est une, mais, à ne pas mentir, je n'en sais rien, — il y a donc une baigneuse quelconque, modeste à l'excès, qui, non contente d'ajouter à son chapeau cet affreux petit supplément nommé *calèche*, a imaginé, — ô pudeur ! — d'en ajouter un pareil, mais en grand, à sa cabine, oui, à sa cabine elle-même ! Au moment du bain, on abaisse jusque sur l'eau cette calèche ou ce cabriolet de toile ; et l'inconnue, emprisonnée là-dessous, se baigne à huis clos dans un mètre carré d'océan. Vous prévoyez ce qui arrive : c'est que cette cabine à capote écrue attire tous les yeux, et que la dame n'en sort jamais, après sa longue réclusion, qu'au milieu d'une grande foule — indiscrète, mais provoquée. — D'où un moraliste sentencieux pourrait conclure que la pudeur outrée, suivant le procédé anglais, est l'ennemie de la vraie pudeur ; ou bien que, comme dit le proverbe, Faut de la vertu, pas trop n'en faut !

Ostende, donc, est adorable ; je l'ai dit, et ne m'en dédis point ; mais, pour parler avec plus de précision, il faudrait dire que c'est la mer qui est adorable à Ostende. Quant à la ville, il y aurait plusieurs remarques à faire.

Oui, la mer et la plage, à Ostende, sont merveilleusement belles : une immense étendue ; point de galet ; un sable fin, uni et ferme, où l'on se promène agréablement à la marée basse, et avec lequel les enfants, tout en respirant la santé, s'amusent à

construire des remparts, des bastions et des cita-
delles que la marée montante assiégera; au-dessus,
la digue élevée, qui domine au loin l'horizon; en
retour de cette digue, au nord, l'estacade, qui s'étend
jusqu'en haute mer, et qui vous permet de goûter,
en pleine tempête, le plaisir décrit par Lucrèce.

Il faut noter encore l'éloignement de toute grande
rivière; grâce auquel l'eau de mer à Ostende est
sans mélange, et ne perd aucune de ses propriétés
salines, alcalines, hygiéniques.

Tous ces avantages réunis expliquent la grande
vogue des bains d'Ostende, on peut même dire leur
succès solide et toujours croissant. Les bénéfices
que le séjour des étrangers procure à la ville pendant la saison, sont de plus en plus considérables.
Ils se comptent par millions. L'industrie qui consiste à loger, à baigner, à nourrir et surtout à
amuser les touristes de tous les pays, est devenue
la principale source de prospérité d'Ostende.

Les autres sont presque taries, et, en tous cas, ne
sont point comparables. Il ne faut pas, sous peine
d'erreur et de mécompte, confondre Ostende du
temps présent avec Ostende du temps jadis. Quand
on parcourt la ville, on rencontre çà et là quelques
constructions anciennes, quelques grands magasins
plus ou moins délabrés, vestiges épars du mouvement commercial d'autrefois. Ce mouvement fut
très-important. Ostende eut des époques fort bril-

lantes; mais ces temps sont bien loin! et cette grandeur-là, on ne peut raisonnablement espérer de la voir renaître. Le mouvement commercial, de nos jours, tend à se concentrer dans quelques localités où se trouvent les grands capitaux plus que jamais indispensables aux sérieuses entreprises. Pour dire la vérité et voir les choses comme elles sont, il n'y a plus à Ostende qu'un faible mouvement de navigation locale; principalement, un peu de cabotage avec l'Angleterre, à cause de la proximité des côtes. La pêche est encore assez florissante. Les huîtrières conservent leur belle réputation.

Mais enfin il faut reconnaître que ces sortes de bénéfices, qui étaient, il y a un quart de siècle, au premier rang, sont aujourd'hui incontestablement primés par l'industrie dont nous parlons, l'exploitation des étrangers. Cette industrie, cette exploitation, sont désormais la vraie prospérité d'Ostende.

Eh bien! prospérité oblige. Si les étrangers font beaucoup pour Ostende, Ostende doit faire beaucoup pour les étrangers. C'est là un principe tout à la fois de justice et d'intérêt bien entendu.

On a déjà fait plusieurs choses, et nous en tenons compte :

Premièrement, dans la ville, les salons du *Casino*, dont la date est déjà ancienne : on y donne des bals, d'autant plus agréables qu'ils sont, en même temps, élégants et sans prétention ;

Ensuite, sur la digue, le *Pavillon royal*, petit estaminet d'abord, agrandi peu à peu; aujourd'hui restaurant assez bon et passablement approvisionné;

Puis, le *Cercle du Phare*, qui date d'une dizaine d'années, bizarrement construit, un peu plat, un peu bas, un peu triste;

Quatrièmement, et principalement, le *Kursaal*, construit en 1852, où se réunissent de préférence les abonnés communs de ces divers établissements;

Enfin, le petit *Pavillon des Dunes* déjà nommé, qui fait bande à part là-bas dans son coin.

Ajoutons que les hôtels, à l'intérieur de la ville, se sont beaucoup multipliés, et un peu améliorés. Cependant la hausse continue du prix des chambres et des repas est encore le plus grand progrès qu'on y remarque. Quelques personnes dignes de foi racontent que, il y a trente ans, les voyageurs qui venaient à Ostende trouvaient partout, dans cette ville, de bons bourgeois qui étaient bien contents de leur donner, pour un franc par jour, le logement avec le déjeuner. Et les voisins disaient, enviant cette aubaine : « Sont-ils heureux ceux-là! ils ont un locataire! »

Que les temps sont changés!...

Quoi qu'il en soit, nous reconnaissons volontiers que bien des choses, dans la ville d'Ostende, se sont utilement développées. Mais l'affluence des étrangers est allée plus vite que ces développements.

Spécialement, pour ne parler que de ce point, les locaux destinés à leurs réunions, à leurs conversations, à leurs lectures, à leurs plaisirs, sont devenus insuffisants. Surtout lorsque le temps se brouille et qu'une pluie survient tout à coup, les nombreux promeneurs de la digue et de la plage ne se réfugient qu'à grand'peine au Kursaal et au Phare. Il serait urgent de trouver le moyen d'établir plusieurs nouveaux salons, où l'on pût se retirer, causer, lire, jouer, travailler, flâner à l'aise [1]. Un peu de musique n'y gâterait rien ; on compte trop, en ceci, sur le talent ou la bonne volonté de quelques étrangers qui se dévouent, bien rarement, aux plaisirs des autres. Il devrait y avoir des concerts réguliers où tous les abonnés seraient admis. Il faudrait aussi un plus grand nombre de journaux, et plusieurs exemplaires de chaque journal dans chaque lieu de réunion. Car il est vraiment trop grotesque de vous renvoyer du Phare au Kursaal ou du Kursaal au Phare, quand vous demandez tel ou tel journal.

Il serait donc utile que l'administration communale employât son influence pour obtenir ces améliorations et ces agrandissements, enfin pour développer ce qui existe déjà, et pour créer ou favoriser des constructions nouvelles sur les bords de la mer.

[1] Ce que nous proposions a été réalisé depuis.

Je sais bien qu'Ostende, la ville du plaisir, est en même temps une place de guerre, et je n'ignore pas que la loi concernant les places de guerre interdit d'élever des bâtiments en pierre ou en maçonnerie « dans la distance de 1800 pieds, ou 585 mètres, de l'extrémité du glacis le plus avancé des places fortifiées..., sous peine que les ouvrages seront détruits aux frais de ceux qui les auront faits. »

Oui, mais la même loi, par exception, permet les bâtiments en bois; et on en peut faire d'assez convenables, témoin ceux que nous venons de citer, le Pavillon royal, le Phare, le Kursaal, ce dernier surtout, charmant par sa décoration orientale. Ils ont un tort, c'est d'être trop étroits. Et puis, ce ne sont que des restaurants et des lieux de réunion. Il faudrait des hôtels, en vue de la mer.

Seul le petit Pavillon des Dunes en est une ébauche. A dire vrai, celui qui l'a construit, mon Louvaniste flegmatique, ou quelque autre, n'a eu que la moitié d'une idée; mais, avec une moitié d'idée on ne réalise qu'une moitié de bénéfices, et on ne satisfait que très-peu d'étrangers.

Il serait si facile, aujourd'hui plus que jamais, d'après le système de M. Seiler, de construire en bois, sur la côte même, soit au nord-est de l'estacade et du musoir, soit au sud de la digue, le long des dunes, — soit enfin, et surtout, entre le cercle

du Phare, le commencement de l'estacade et le quai
des bateaux à vapeur, dans ces terrains vagues où
se trouvent actuellement un gymnase nomade, un
tir au pistolet, et un petit restaurant, dit parc aux
huîtres, — il serait, dis-je, si facile de construire
en ce lieu de vastes et confortables établissements !

Le dernier numéro de l'*Illustration* française, qui
est dans les mains de tout le monde, offre des modèles charmants de ces constructions en bois. Il y en
a même à deux étages.

Ces maisons se démontent pièce à pièce et se
transportent partout où l'on veut. On pourrait donc,
au premier commandement du génie militaire, enlever ces constructions dans les vingt-quatre heures.
On pourrait même les démonter, passé la saison des
bains, et ne pas les laisser inutilement exposées
aux intempéries de l'air pendant la saison orageuse.
L'*Illustration* résume en ce peu de mots frappants
les avantages de la maison mobile :

« Ingénieusement construite, habitable et saine
du moment qu'elle est posée, utilisant les terrains
les plus vagues et les emplacements les plus impro-
ductifs, aérée autant que possible, et en même temps
non moins chaude que ventilée, non moins bien
éclairée que bien close, se démontant et se remon-
tant dans des conditions de facilité inouïes ; à l'abri
de tout élément d'insalubrité, d'humidité, de suin-
tement ; défiant les inconstances de l'atmosphère ;

susceptible des embellissements les plus artistiques
et s'accommodant des simplifications d'aménage-
ment les plus modestes ; tour à tour villa enfouie
sous la verdure, hôtel complet, atelier, kiosque,
café, pavillon, magasin, salle de concert ou de bal,
tente pour les travailleurs, abri pour les colons, les
chercheurs d'or ou les touristes, mais partout et
toujours commode, économique, obéissante, et s'ap-
propriant à toutes les exigences du besoin aussi
bien qu'à tous les caprices de la fantaisie, la maison
mobile réalise le mot d'ordre de la société transfor-
mée par les chemins de fer : Aller vite, aller toujours. »

Rien ne serait, je le répète, plus facile, — ni plus
habile, — que d'établir, chaque été, à Ostende, sur
le rivage de la mer, quelques-unes de ces élégantes
et confortables constructions. Elles auraient le plus
grand succès, et rapporteraient promptement de
grands bénéfices.

Nous indiquerions bien encore quelques améliorations faciles à réaliser.

Les promenades aux environs de la ville ne sont
pas nombreuses ; il y en a cependant quelques-unes
qu'on pourrait faire, si les moyens de locomotion
dont on dispose à Ostende n'étaient pas insuffisants
ou défectueux. Ostende est presque entièrement
dépourvue de voitures. Elle en compte un très-petit

nombre, mais elles sont affreuses, laides, lourdes ;
on dirait les carcasses fossiles de quelques vieux
carrosses du temps de Louis XIV. Il faudrait qu'il
y eût quelques chars-à-bancs, tilburys, calèches ou
américaines, à la disposition des voyageurs qui ne
préfèrent pas aller à pied.

Tout se borne, pour le moment, outre ces véhi-
cules énormes, arrière-petit-fils de l'arche de Noé,
à quelques ânes mal équipés. Figurez-vous, en guise
de selle sur le dos de ces quadrupèdes, deux rou-
leaux de cuir bourrés de paille, l'un à droite, l'autre
à gauche, longitudinalement reliés entre eux par
deux courroies, qui les rattachent l'un à l'autre sans
les assujettir, et là-dessus une peau de mouton né-
gligemment jetée. Ce système par trop primitif doit
produire, sous le cavalier ou sous l'amazone, une
succession de collines et de vallées trop accidentées
pour être divertissantes. Même à l'ancien bois de
Boulogne, je ne me souviens pas d'avoir jamais vu,
sur les ânes de la Porte-Maillot, des équipements
aussi fantastiques, aussi montueux, aussi houleux,
que les selles des baudets d'Ostende. Cette peau de
mouton, sous son air de douceur, doit cacher des
aspérités traîtresses et des rabotements cruels. Je
plains les hommes, mais surtout les femmes et
les enfants, qui font la dure expérience de ces rou-
leaux et de ces roulis !

Il y a eu, pendant un an ou deux, un bateau à

vapeur pour les excursions en mer. Le bénéfice était insuffisant, dit-on, et le bateau a été supprimé. Écocomie mal entendue ! La ville, à notre avis, devrait, même moyennant un petit subside, rétablir ce bateau, en faveur des étrangers, et par conséquent, dans son propre intérêt. Il y a des dépenses qui sont des profits.

Les abords de la digue pourraient et devraient être améliorés. C'est bien assez déjà que, pour aller de la ville à la mer, ou de la mer à la ville, on soit obligé de franchir je ne sais combien de glacis, de fossés, de ponts-levis, de chemins couverts, d'escarpes, de contrescarpes, de redans et autres Malakoffs ; au pied des talus, il faudrait des abords mieux pavés, mieux entretenus, bordés de trottoirs, et en pente douce, par où les femmes, aussi bien que les hommes, eussent la facilité d'aller et de venir sans souiller leur chaussure et sans meurtrir leurs pieds.

Remarquons encore que la ville manque presque complétement d'eau potable. L'administration communale devrait, en faveur de ses habitants et des étrangers, faire venir, même de très-loin, même au prix de grands sacrifices, une eau moins fade et plus légère.

Enfin, pour la salubrité, on a eu la bonne intention de construire, dans ces derniers temps, des égouts ; mais on leur a donné une pente insuffi-

sante, et les immondices ne circulent point : de là
des émanations fétides, et l'insalubrité au lieu de la
salubrité. Ne pourrait-on remédier à cet inconvé-
nient par des courants d'eau bien alimentés, et, à la
rigueur, par quelques écluses d'entraînement, ana-
logues en petit à celles que l'on a établies, je crois,
pour combattre l'ensablement du port?

Tout le monde lit avec plaisir cette affiche appo-
sée sur les murs d'Ostende au commencement de la
saison :

LE COMMISSAIRE DE POLICE DE LA VILLE D'OSTENDE

Informe les habitants qu'il est défendu de faire dans les
rues, passages, places publiques, etc., aucune action qui,
par son inconvenance ou son incongruité, pût choquer le
public, l'incommoder par de mauvaises odeurs ou rendre le
passage désagréable....

Eh bien! cette affiche, pleine d'euphémisme, té-
moigne d'une estimable sollicitude. Mais c'est en
vain que tous les habitants se conforment à ses
prescriptions, si les égouts ne s'y conforment pas,
et incommodent le public par de mauvaises odeurs
qui rendent le passage désagréable.

Voilà, ce me semble, quelques-unes des améliorations que l'on pourrait essayer de réaliser pour
accroître le bien-être des habitants d'Ostende et les

plaisirs des étrangers, pour mériter la faveur publique et soutenir le succès.

Cela se résume en deux mots bien clairs : plus vous ferez de sacrifices, plus vous ferez de bénéfices; de sorte que ces sacrifices, à proprement parler, n'en seront plus. Ce seront de bons et sûrs placements.

EXCURSIONS EN ESPAGNE.

I

L'Andalousie aurait mérité, ce me semble, d'être
le paradis terrestre. Elle est du moins le paradis de
l'Espagne, si paradis veut dire jardin divin.

A la vérité, tout le pays qui la précède la rehausse
par le contraste et la fait paraître plus délicieuse
encore. Tant qu'on traverse les Castilles, ce ne sont
que plaines roussies, aux tons d'ocre et de feuille
morte, montagnes pulvérulentes, fleuves arides,
dont le lit sert de grande route pendant l'été, de
sorte que les voyageurs étonnés traversent les ponts
en dessous au lieu de les traverser en dessus, et que
ces fleuves d'une nouvelle espèce ne roulent pour
tous flots que des flots de poussière. Tout est sec et
morne ; en voyant ces champs désolés, on se demande de quoi vivent les habitants. Il est vrai qu'ils

vivent si peu! — On aperçoit seulement, de distance en distance, les plus tristes arbres qui puissent ennuyer les yeux; ce sont des groupes d'oli-
viers aux feuillages pâles et racornis, qui ressemblent, pour parler juste, à une immense friture
d'éperlans, improvisée par quelque miracle pour
nourrir un peuple au désert.

Mais, lorsqu'enfin, après tant d'aridité et de tristesse, vous approchez de Grenade, vous êtes saisi
d'admiration et de joie, en voyant et en respirant
cette végétation plantureuse, aux feuillages lustrés,
aux émanations enivrantes, qui tout à coup vous
annonce un monde nouveau. La route est bordée
de vastes lauriers et d'orangers en pleine terre,
dont la verdure robuste et métallique demeure inal-
térable sous les rayons d'un soleil torride qu'elle
réfléchit en miroitant. Vous voyez des palmiers à la
taille élancée, aux éventails vastes et gracieux, des
aloès aux feuilles charnues, armées d'épines, des
grenadiers chargés de fruits entr'ouverts qui semblent sourire et montrer leurs gencives roses. Tout
vous provoque et vous ravit, tout vous fait sentir
que vous entrez dans une terre de volupté : ce n'est
plus l'Europe, terne et morose; c'est l'Orient, vermeil, sensuel et rêveur.

Voilà Grenade! voilà la *Sierra del Sol*, la Montagne du Soleil, sur laquelle est bâti le mystérieux
Alhambra! l'Alhambra, qui a deux aspects si di-

vers : — à l'extérieur, au-dessus des puissants
feuillages de grenadiers et de lauriers, rien autre
chose qu'une espèce de fabrique basse aux murs
rougis, formant deux cubes, nommés d'un nom
plus beau que la réalité, les tours vermeilles, *las
torres bermejas*; — mais, à l'intérieur, palais moresque, bassins,. fontaines, arcades découpées en
trèfles ou en ogives, voûtes de stalactites fabuleuses
en nacre de perle, en bois de rose et de santal.

Ah ! lorsque l'on a parcouru ce merveilleux palais des kalifes, on comprend les larmes de Boabdil, forcé de quitter ce séjour ! on comprend *le
soupir du More!*

L'Alhambra a été trop souvent décrit pour que je
veuille aussi le décrire. Les descriptions, d'ailleurs,
ne plaisent guère qu'à ceux qui connaissent les objets décrits, — c'est-à-dire précisément aux personnes à qui elles sont inutiles, si ce n'est pour
comparer leurs impressions personnelles avec celles
de l'auteur. — Je me contenterai d'indiquer en peu
de mots le plan général.

Après une cour entourée de colonnades, au milieu de laquelle est un bassin rectangulaire bordé
de myrtes et de petits orangers, — c'était le *me-
zouar*, ou bain des femmes, — on pénètre, par un
vestibule, dans une autre cour, où se trouve la
fameuse *fontaine des lions*, — dont les lions, je vous
l'avoue, si célèbres qu'ils soient, ne ressemblent

pas beaucoup plus à des lions que ceux que l'on voit à Bruxelles autour de la place des Palais; ils y ressemblent même un peu moins, si vous jugez que la chose soit possible : ceux de Bruxelles ont un faux aspect héraldique, ceux de Grenade ont une mine apocalyptique.

A droite de cette cour est la *salle des Abencerrages*; à gauche, la *chambre des deux sœurs*. De cette chambre, un couloir vous mène dans celle *des parfums*, où les sultanes passaient une partie du jour. Là, lorsque vous aurez rêvé quelques instants à tout ce que ces murs, aujourd'hui déserts, virent autrefois de beautés sans voiles, — quand vous aurez suivi de vos pensées et de vos regrets tant de corps charmants devenus poussière et confondus avec les éléments, approchez-vous de la petite ogive qui servait de fenêtre à ces belles indolentes ; — et alors, par cette fenêtre, laissez s'envoler vos regards....

Vous ne pourrez vous défendre d'un éblouissement d'admiration et d'effroi : cette petite chambre, dans laquelle vous êtes, est posée au milieu des airs, comme le nid d'un aigle, sur un abîme à pic. Au fond du précipice, roule une eau sur des rocs : c'est le Darro, un des deux fleuves de Grenade.

Sur l'autre rive, et assez loin, en face de la montagne où vous êtes placé, vous voyez une autre montagne, — c'est l'Albaycin (dont le nom se prononce en français Alvaïcine).

L'aspect en est étrange et bizarre.

J'en demande pardon à la poésie, mais je dois dire, pour essayer d'être exact, que cette montagne, toute hérissée de figuiers de Barbarie et percée de milliers de trous, est assez semblable, soit à un gros hérisson, soit à une gigantesque éponge, — et plus encore à l'éponge qu'au hérisson, parce que les yeux sont surtout saisis de cette multitude de trous qui la percent de toutes parts.

Si vous me permettez encore une comparaison, non moins désagréable, mais non moins approchante, — on dirait une montagne mangée aux vers.

Les vers, ce sont les gitanos (prononcez Hhhitànos).

Ils vivent là dans ces trous qu'ils ont creusés, — comme faisaient les anciens Troglodytes, qui tiraient leur nom de cela même, — et qui pourraient bien, quand j'y songe, avoir été les gitanos de ce temps-là ; la position même que l'on assigne à cet ancien peuple, le long du Golfe arabique, donnerait, aussi bien que leur manière d'habiter, quelque apparence à cette conjecture : gitanos ne veut-il pas dire Égyptiens ?

Ces Égyptiens donc ou gitanos modernes, — je reviens à ceux de l'Albaycin, — sont les mêmes qu'on appelle ailleurs gypsies, nom identique prononcé autrement, — et que l'on nomme aussi bohé-

miens, bohèmes. — C'est cette race orientale inconnue, dépaysée dans l'Occident depuis des siècles,
et demeurée la même au milieu de toutes les civi-
lisations qu'elle traverse sans s'y mêler, — comme
la Marne coule à côté de la Seine et dans le même
lit sans se confondre avec elle.

Mon ami de la Forge et moi, nous résolûmes,
après avoir visité le Généralife, qui est au-dessus de
l'Alhambra, toujours sur la *Sierra del Sol*, et qui
domine les perspectives magnifiques de la *Vega* et
de la *Sierra Nevada*, — nous résolûmes, dis-je, de
redescendre le plus vite possible, de traverser le ravin du Darro au prochain pont, et d'aller voir de
près l'Albaycin.

La veille, dans une *posada*, quelques lieues avant
d'arriver à Grenade, nous avions rencontré deux
gitanos et une gitana qui avaient dansé devant nous
le *zorongo*, danse très-accentuée et très-amusante.
Cet échantillon des grâces gitanesques nous avait
mis en goût de voir toute la race.

Notre guide, en nous entendant former ce projet,
prit un air plus bête que nature, quelque chose de
mystérieux et d'effaré, et essaya de nous en dé-
tourner. Notre désir s'en accrut : nous dîmes formel-
lement au guide que nous voulions aller à l'Albaycin. Alors, il refusa de nous conduire.

« Puisque nous te payons !

— Oh ! pas pour aller à l'Albaycin.

« — A l'Albaycin ou ailleurs, qu'importe?

— La police elle-même ne va pas dans l'Albaycin.

— La police, c'est possible, mais nous!

— Oh! non!... Vous, mais pas moi!

— Nous te payerons double journée.

— Oh! non, oh! non. »

On disait, il est vrai, qu'il ne faisait pas bon rendre visite à ces mécréants; que les meilleurs ne valaient rien; que, si quelques-uns faisaient semblant d'exercer la profession de tondeurs de mules, et quelques-unes, celle de danseuses, de diseuses de bonne aventure et de vendeuses d'amulettes, au fond leur vrai métier était celui de voleurs et de voleuses; que l'Albaycin, en un mot, était une espèce de Cour des Miracles, qui seulement, au lieu d'être, comme celle du vieux Paris, un labyrinthe en cul-de-sac, était un labyrinthe en montagne, — en relief, au lieu d'être en creux; — en tout le reste, assez semblable: un vrai repaire d'affreux truands.

On disait tout cela, et encore d'autres choses, que nous ne prétendions nullement contester. Bien au contraire! C'étaient ces dires mêmes qui excitaient notre envie curieuse. Et puis, passer, dans la même journée, d'un rêve des Mille et une Nuits, tel que l'Alhambra, à un cauchemar de la Cour des Miracles, tel que l'Albaycin, c'était là une formule attrayante, une antithèse agaçante, bien faite pour tenter des voyageurs même moins curieux que nous.

Cependant, sur le refus obstiné du guide, mon compagnon et moi, nous nous regardâmes d'un air qui voulait dire : Diable !

Mais cette demi-hésitation ne dura pas une seconde, — parce que je m'avisai de regarder les jambes de ce récalcitrant.

Avez-vous remarqué qu'en général les gens qui ont les jambes très-longues sont assez poltrons? Or notre guide avait les jambes très-longues. Il avait d'ailleurs fait ses preuves, et n'éprouvait aucun embarras à nous conter comme quoi il avait déserté d'un régiment français, pendant la guerre d'Espagne, sous l'Empire. C'était un drôle, nommé Louis, natif de Farmoutiers en Brie, qui, par sa physionomie cocasse et son nasillement, nous rappelait Odry sous les deux espèces de Marécot et de Bilboquet. Il avait donc déserté sans coup férir, s'était sauvé jusqu'à Grenade, avait trouvé les Grenadines à son gré, — le fait est qu'on ne rencontre pas une seule femme laide dans l'Andalousie tout entière ; — bref, il habitait là depuis longues années, — et de grenadier était devenu Grenadin. Toute l'industrie de ce grand flâneur était dans ses longues jambes et dans sa longue langue, — quoiqu'il soit juste de remarquer qu'il usait plus habilement des unes que de l'autre : en un mot, il ser-

vait de guide aux voyageurs français qui venaient
à Grenade, et leur parlait le briard le plus pur.

Il était très-fier d'avoir guidé, la semaine précédente, M. Orfila et son fils. Effectivement, nous
venions de les rencontrer et de dîner avec eux à
Puerto-Lapiche, immortalisé, s'il m'en souvient bien,
par l'aventure de Sancho Panza avec les Maritornes;
nous avions mangé avec eux le *puchero*, nom moderne de l'antique *olla podrida*, dans cette même
hôtellerie que Don Quixote avait prise pour un château, et qui, hélas! n'y ressemblait plus guère, sup-
posé qu'elle y eût jamais ressemblé.

Notre Briard était plus fier encore d'avoir guidé,
quelques années auparavant, Théophile Gautier,
et il conservait des excentricités de ce gracieux
fantaisiste un souvenir enthousiaste. Il nous racon-
tait que Gautier avait passé quatre jours et quatre
nuits, couché dans la salle des Abencerrages, dans
celle des Deux-Sœurs, dans celle des Parfums, et
dans celle des Ambassadeurs, que j'ai omis de men-
tionner et qui est la plus grandiose de toutes. Il
ajoutait que, quotidiennement, Gautier se bai-
gnait sans plus de façon dans le grand bassin des
sultanes. Il prétendait même que ce poëte *réaliste*,
— comme on dit aujourd'hui, — désireux de s'imaginer qu'il était le sultan Boabdil en personne, faisait venir parfois dans l'Alhambra quelques sultanes
grenadines. Mais ce guide était un bavard, et je ne

veux pas l'imiter. Voici, du reste, comment Théophile Gautier, à son tour, dans *Tra los Montes*, rend
au Briard Louis son admiration :

« C'était bien le plus drôle de corps qu'on puisse
imaginer : sa taille, de cinq pieds huit pouces,
faisait le plus singulier contraste avec sa petite
tête, ridée comme une pomme et grosse comme
le poing. Privé de toute communication avec la
France, il avait gardé son ancien jargon briard
dans toute sa pureté naïve, parlait comme un Jean-
not d'opéra-comique, et semblait réciter perpé-
tuellement des paroles de M. Étienne. Malgré un si
long séjour, sa dure cervelle s'était refusée à se
meubler d'un nouvel idiome; il savait à peine les
phrases tout à fait indispensables. De l'Espagne, il
n'avait que les *alpargatas* et le petit chapeau anda-
lou à bords retroussés. Cette concession le chagri-
nait fort, et il s'en vengeait en accablant les indigènes qu'il rencontrait de toutes sortes d'injures
burlesques, en briard, bien entendu, car maître
Louis avait principalement peur des coups, et ché-
rissait sa peau comme si elle eût valu quelque
chose. »

Louis, à l'époque où nous le vîmes, c'est-à-dire
six ans après le passage de Théophile Gautier, ré-
pondait encore très-exactement à ce signalement
physique et moral : seulement il ne portait plus
les *alpargatas*, sortes de sandales attachées par

des cordelles : il était revenu aux souliers ordi-
naires.

Et c'est de quoi je m'aperçus en considérant,
comme je vous l'ai dit, ses longues jambes.

De cette considération je conclus aussitôt, non par
or et *donc*, mais instinctivement, qu'un gaillard qui
avait les jambes aussi longues que cela, et qui avait
déserté en temps de guerre, pouvait supposer du
danger où il n'y en avait pas l'ombre. D'un coup
d'œil, je fis part de ma réflexion à mon ami; d'un
coup d'œil il me répondit qu'il partageait mon
opinion.

Poussés tous deux par un désir invincible de faire
un voyage de découvertes dans ce monde inconnu,
et résolus après tout à être prudents, nous sol-
dâmes le compte du guide, qui s'en alla, en nous
saluant, non sans une certaine ironie, de la formule sacramentelle : *Vayan ustedes con Dios!* « Que
vos seigneuries aillent avec Dieu! »

Et nous montâmes sans lui à l'Albaycin.

II

Nous gravîmes, pendant une demi-heure environ, par des sentiers abrupts, au milieu des nopals et des figuiers de Barbarie.

Au bout de ce temps, nous commençâmes à rencontrer les gitanos, ou plutôt les gitanas, sur le bord de ces trous que, du haut de l'Alhambra et du Generalife, nous avions aperçus tout autour des flancs de l'Albaycin. C'étaient des figures d'un aspect singulièrement fantastique : les enfants tout nus, les femmes en haillons. Peu ou point d'hommes : sans doute ils faisaient la sieste au fond de ces grottes, pendant la grande chaleur du jour ; car c'était l'heure où, en Espagne non plus qu'en Italie, personne n'ose paraître sous le ciel ardent, excepté, selon le proverbe bien connu, les chiens et les Français, *los perros y los Franceses*, — proverbe peu poli peut-être d'intention, mais qui est en réalité un éloge d'autant plus flatteur de notre activité.

La race gitana est rouge, couleur de brique ; le visage très-large, aux pommettes saillantes ; les yeux ardents, parmi des broussailles de cheveux noirs ; le nez busqué, qui leur donne un air fier.

En nous voyant passer devant son antre, une espèce de Meg Merillies, de haute taille et droite sous ses mèches grisonnantes, grommela entre ses dents, étonnée sans doute que des étrangers osassent pénétrer dans l'empire des gitanos.

De temps en temps, nous apercevions, à l'entrée de ces tanières, un groupe de trois ou quatre filles placées en rond les unes derrière les autres, et occupées, je ne dis pas à se peigner mutuellement, car généralement ces peuplades ignorent l'usage du peigne ; et de cette ignorance il résulte que la chevelure de chaque gitano et de chaque gitana est une sorte de forêt vierge habitée par un autre peuple de gitanillos et de gitanillas, qui, à leur tour, vivent là sans lois et presque sans contrainte. C'est leur Albaycin à eux que la tête des hôtes de l'Albaycin. Seulement, de temps à autre, lorsque ce petit peuple devient trop remuant, on procède, dans ces chevelures de haute futaie, à quelque grande chasse du genre de celles auxquelles nous assistions en passant. Enfin, vous avez vu au Louvre ce petit

mendiant de Murillo, et vous vous rappelez à quoi
il se délasse ; eh bien ! ces gitanas se rendent les
unes aux autres le service que ce pauvre enfant —
le Pouilleux, puisqu'il faut l'appeler par son nom —
se rend à lui-même. Et, si je ne craignais de ré-
volter tout à fait quelque lectrice, qui déjà fait une
petite moue, j'ajouterais que ces groupes, occupés
à cela, ne manquent nullement de beauté ni de
grâce aux yeux désintéressés d'un artiste ou d'un
flâneur sans préjugés.

Quelques enfants de l'un et de l'autre sexe, dans
le costume que j'ai dit, vinrent nous tendre la main,
en demandant l'aumône, absolument comme des
civilisés. Nous leur donnâmes quelques *cuartos*,
monnaie de cuivre, sorte de sous. Pour notre malheur, ils les portèrent à leurs parents. Les parents
alors nous décochèrent toute leur marmaille.

Comme le sucre attire les mouches, nous vîmes
grouiller et pulluler des essaims de gitanillos af-
friandés par nos cuartos. Mais les cuartos furent
vite épuisés. Force fut bien de leur répondre que
nous n'avions plus rien : *nada, nada*. Eux de n'en
tenir compte et de baragouiner en se bousculant
dans nos jambes, et en s'attachant après nous comme
des sangsues altérées.

Quel est ce sot-là qui a dit : « Un bienfait n'est jamais perdu ? » Ah ! qu'il serait plus vrai de dire :
« Une bonne action est toujours punie! » — N'ayant

plus de cuartos, nous eûmes l'imprudence de distribuer quelques réaux (petite monnaie d'argent valant à peu près vingt-cinq centimes). Oh ! alors, si vous aviez vu la multiplication des enfants sous nos pas, et déjà de plus grands se mêler aux petits pour avoir leur part du butin ; si vous aviez entendu leurs cris rauques, si vous aviez aperçu leurs mères sur le bord des trous, nous regardant avec des yeux hagards, comme des panthères qui guettent la proie, vous auriez eu peut-être, comme nous, mais trop tard, quelque pressentiment des résultats fâcheux que pouvait avoir notre libéralité irréfléchie.

Tant y a que mon ami et moi, sans nous être communiqué notre pensée, nous commençâmes à vouloir nous débarrasser de cette meute avide, et tout à coup, les grottes des gitanos étant sur notre droite, nous enfilâmes rapidement le premier sentier qui se trouva sur notre gauche, afin d'échapper, s'il était possible, à la marée montante de cette mendicité.

Mais voilà que, vingt pas plus loin, au détour de ce sentier même, un jeune gars d'environ quinze ou seize ans, de taille élancée et de belle mine, fièrement drapé de haillons, vint se camper en travers du chemin, avec un grand bâton qu'il ficha devant lui, et nous dit, d'un ton qu'on ne saurait rendre :

Un cuarto, señores !

Cette façon de demander la charité, qui rappelait

un peu trop le procédé du mendiant à l'escopette,
au commencement de *Gil Blas*, ne nous plut pas.
Nous répondîmes simplement et tranquillement :

Nada.

Et voulûmes passer.

Il insista d'un ton passablement impérieux :

Un cuarto, señores, un cuarto !

Pendant ce temps-là, le reste du petit peuple gla-
pissant nous avait rejoints, et redoublait de cris.

Nous nous demandâmes s'il fallait concéder quelque chose à ce commencement d'insurrection, c'est-
à-dire lancer une poignée de réaux parmi la troupe
et, pendant que tous à l'envi se précipiteraient dessus, nous esquiver. Mais nous nous rappelâmes le
mot sublime du gros Moëssard.

Le gros Moëssard était un acteur du théâtre de la
Porte-Saint-Martin. Il était aussi vertueux qu'il était
gros, puisqu'il avait été couronné rosière, je veux
dire qu'il avait obtenu le prix Montyon. Mais le
prix de vertu n'était pas le prix de mérite, et Moëssard était moins puissant par son talent que par sa
corpulence : il jouait, dans les mélodrames, les
pères nobles, les ganaches, les corrégidors, bre-
douillant un peu dans ses trois mentons, mais non
sans quelque majesté. A mesure qu'il prenait de
l'âge, il continuait à prendre du corps, chose qu'on
aurait crue impossible ; et le malheur est que tout
ce qu'il gagnait en embonpoint, il le perdait en mé-

moire : il en résultait qu'on lui donnait des rôles
de plus en plus courts. Un jour que l'on montait une
pièce nouvelle, le directeur voulut le charger de quelques lignes seulement. Moëssard avait vu diminuer
de rôle en rôle le nombre de lignes qu'on lui con-
fiait ; il l'avait vu non sans chagrin, car ce nombre
de lignes est, aux yeux d'un acteur, le thermomètre
de sa considération. Jusque-là Moëssard avait souffert, sans mot dire, cette diminution de ses rôles et
de sa dignité ; mais, à cette proposition nouvelle, il
s'indigna, il éclata, et dit, avec le ton de Mirabeau :

« Monsieur le directeur ! c'est de concession en
concession que Louis XVI est monté jusque sur l'é-
chafaud. Je n'en ferai pas une de plus ; j'en ai trop
fait déjà ! C'est mon ultimatum ! »

Donc nous résolûmes, nous aussi, de ne point faire
de concession, en quoi peut-être nous eûmes tort ;
et d'un ton moins sublime que le gros Moëssard,
mais d'une voix ferme et nette, nous répétâmes au
gitanillo :

Nada, nada !

Lui, effrontément, insista encore :

Un cuarto, un cuarto !

Et parut faire mine de nous barrer le passage avec
son bâton.

Mon ami de la Forge, impatienté, le lui arracha
des mains, et nous passâmes.

Le gitanillo, furieux, jeta un cri, que répétèrent

tous les autres enfants.... Les mères, qui nous avaient suivis des yeux, entendant ces cris et voyant de loin dans la main de mon ami un grand bâton, croient ou font semblant de croire que nous frappons leurs enfants : elles poussent des cris à leur tour.

Il faut vous dire que, depuis le premier grognement de la Meg Merillies aux mèches grises jusqu'à ce hourra général, il y avait eu vaguement dans l'air, autour de nous, un murmure de plus en plus saisissable, une gamme ascendante de rumeurs hostiles contre ces deux étrangers audacieux qui avaient osé pénétrer dans la Montagne Sacrée de l'Égypte. A ce moment, cette gamme arrivait, comme l'air de la Calomnie de Basile, à un crescendo formidable. Toute cette horde de bandits ne demandait peut-être qu'un prétexte, ou même qu'une occasion, pour nous faire un méchant parti.

Les gitanos, réveillés de leur sieste par les cris de leurs femmes, sortaient de leurs trous, comme les vers après la pluie ; nous voyions que les gitanas leur parlaient de nous, en accompagnant leurs paroles de gestes véhéments, et les mettaient, avec très-peu d'impartialité sans doute, au courant de la situation.

Elle manquait de gaieté, la situation. Nous portions sous nos vêtements, dans une ceinture, comme c'est l'habitude, tout l'or destiné à notre voyage. Si l'on flairait cela, notre sort était clair : on nous ôtait, non pas la vie, mais l'âme, — *l'âme du licencié Garcias* (vous vous rappelez le prologue de le Sage). Dépouillés de cet or, il nous aurait fallu demeurer en plan à Grenade, — douce nécessité, si nos affaires ne nous eussent rappelés à Paris.

Tout en marchant d'un air tranquille et sans accélérer le pas, nous commençâmes, en dépit du troupeau d'enfants, à gagner doucement les pentes de la montagne, et à descendre peu à peu, non sans une certaine inquiétude de savoir si nous irions bien loin comme cela. Nous nous disions, comme Arlequin tombant du haut des tours Notre-Dame : « C'est bien doux; pourvu que ça dure! » — Un incident était imminent, mais lequel? L'éveil était donné dans toute la montagne : elle fermentait comme une fourmilière en travail; elle bourdonnait comme une ruche en fureur. Nous distinguions des cris et des signaux, nous devinions des imprécations et des menaces. C'était même mieux que des menaces : déjà on commençait à nous lancer quelques figues de Barbarie à l'écorce épineuse. Ne pas riposter était dur, riposter était grave. Nous devions être tout à la fois fermes et prudents, et la fermeté elle-même était une partie de la prudence. La rumeur croissante courait en crépitant d'un bout à l'autre de l'Albaycin, ainsi qu'une flamme dans les brandes.

En ce moment, il me revint à la mémoire deux

passages d'Homère, au livre XI de l'*Iliade*, — car
Homère remplit toujours ma pensée ; et très-cer-
tainement, à l'heure de ma mort, je lui donnerai
encore un souvenir :

> .... et dulces moriens reminiscitur Argos.

Au reste, nous n'en étions pas là, il ne s'agissait
pas de mourir, mais peut-être d'être maltraités
d'abord, et puis rançonnés ou pillés. Je me rappelai
donc, d'une part, le sublime petit monologue
d'Ulysse cerné par les Troyens :

« Le valeureux Ulysse resta seul, aucun des Grecs
ne combattait plus près de lui, tous avaient pris la
fuite ; alors, en soupirant, il dit à son cœur magnanime : « Hélas ! que faire ? quelle honte si je fuis
« épouvanté devant cette multitude ! Et quel sort
« plus affreux encore si je tombe entre leurs mains,
« tout seul, puisque le fils de Saturne a dispersé
« tous les autres Grecs ! Mais pourquoi mon cœur
« balance-t-il ? Ne sais-je pas que ce sont les lâches
« qui désertent la bataille ? Celui qui s'est distingué
« dans les combats ne doit pas lâcher pied, qu'il
« frappe ou soit frappé. »

Après ce *meurs ou tue* homérique, je me sentis le
cœur affermi. Aussi bien j'avais sur Ulysse l'avantage de n'être pas seul. Nous étions deux pour nous
défendre. — Mais qu'était-ce que deux contre ce
peuple entier des gitanos de l'Albaycin ? Et puis

Ulysse était armé, et nous ne l'étions pas. Car mon ami, dans son premier mouvement, avait lancé sur la pente de la montagne, parmi les figuiers et les ronces, le bâton enlevé au gitanillo.

D'autre part, je me rappelai que, cent vers plus loin, dans le même chant, un autre héros, non moins courageux qu'Ulysse, le grand Ajax, le vaillant fils de Télamon, se trouvant aussi tout seul contre les Troyens, sur un autre point du champ de bataille, prend le parti de battre en retraite et de riposter tour à tour. Cette tactique qui conciliait tout, la fermeté et la prudence, la politique et la dignité, me parut préférable au stoïcisme d'Ulysse.

« Ajax — dit le poëte — s'arrête étonné, et rejette sur ses épaules son bouclier, formé de sept peaux de taureaux ; troublé, il recule, portant ses regards sur la foule.... » Homère le compare d'abord à un lion que les bergers et les chiens poursuivent avec des épieux et des torches : « Les torches l'effrayent, malgré sa fureur. » Le poëte le compare ensuite à un âne qui a pénétré dans un champ de blé et que les petits paysans frappent de leurs bâtons pour le chasser. Le grand Ajax, ainsi poursuivi par les Troyens et leurs alliés, tantôt se retourne et fait tête à leurs coups, tantôt continue sa retraite.

Perrault, dans son *Parallèle des Anciens et des Modernes,* ne peut digérer cet âne. Mme Dacier, pour excuser un peu Homère, croit devoir alléguer la

Bible et l'ânesse de Balaam. Boileau plaide que « le mot d'*asinus* en latin, et d'*âne* en français, sont de la dernière bassesse dans l'une et dans l'autre de ces langues, quoique le mot qui signifie cet animal n'ait rien de bas en grec ni en hébreu, où on le voit employé dans les endroits même les plus magnifiques. » Il avait mis d'abord que ce mot était *très-noble* dans ces deux langues ; mais Racine lui écrit bien vite : « J'ai fait réflexion qu'au lieu de dire que le mot d'*âne* est en grec un mot très-noble, vous pourriez vous contenter de dire que c'est un mot qui n'a rien de bas, et qui est comme celui de cerf, de cheval, de brebis, etc. Ce *très-noble* me paraît un peu fort. » Et aussitôt Boileau fait droit à l'observation de Racine. — Voilà quels étaient les scrupules de ces grands poëtes du siècle de Louis XIV, siècle de discipline et de cérémonial dans les mots comme dans les choses. Eh ! mon Dieu ! il n'y a pas si longtemps encore que ces superstitions subsistaient. Est-ce que M. de Chateaubriand, sous prétexte de noblesse et de couleur poétiques, n'a pas rempli tous ses *Natchez* de périphrases incroyables ? Est-ce que justement il n'y en a pas une sur *les cylindres d'airain revêtus de peaux d'onagres*, pour signifier en français : tambours de cuivre recouverts de peaux d'ânes ? — « Homère, dit très-bien M. Ponsard, nommait les choses par leur nom, comme la Bible, comme tous les poëmes anciens, ne se faisant aucun scrupule d'ap-

peler un porc un porc et une broche une broche.
C'est en France que la poésie a revu et corrigé la
création, et en a retranché certains animaux indi-
gnes d'exister dans les vers. »

Donc, comme à l'impossible nul n'est tenu, nous
essayâmes, sans être ni lion ni âne, comme Ajax,
de faire une retraite semblable à la sienne, et même
plus permise peut-être, selon les idées modernes,
puisqu'il était lui sur un champ de bataille, et nous
dans une forêt de Bondy égyptienne; puisqu'il était
armé, lui, comme Ulysse, et nous absolument sans
armes. Ah ! si nous avions eu du moins son bouclier de sept cuirs de taureaux, il nous aurait été de
quelque utilité, pourvu que nous eussions pu le
porter : car nous commencions à être assaillis d'une
grêle de figues piquantes. Voici donc comment nous
essayâmes de gouverner notre retraite.

Comme les sentiers du haut en bas de la montagne
étaient en zigzag, tant que nous étions en vue des
gitanos, nous faisions bonne contenance, et nous
marchions, sans allonger le pas, d'un petit air flâneur et dégagé ; même nous crûmes qu'il était à
propos de renvoyer à l'ennemi quelques-uns de ses
projectiles, mais plutôt d'un air dédaigneux que
guerroyant. Puis, s'il faut vous le confesser, dès
qu'un nouveau zigzag du chemin nous dérobait aux
regards et aux coups, nous allongions le pas leste-

ment, jusqu'à ce que nous fussions de nouveau en vue ; et alors nous recommencions la petite guerre, tout en marchant, mais d'un pas beaucoup moins rapide que celui du héros d'Homère, car l'orgueil moderne le ralentissait.

Notre guignon voulut qu'avec un de mes projectiles j'atteignisse un des gitanos, au moment où ils étaient peut-être à délibérer encore s'ils devaient nous courir sus. Alors ils ne furent plus indécis, alors leurs cris furieux redoublèrent, alors aux figues de Barbarie succédèrent les pierres, alors les hommes se mirent à descendre sur nos traces avec des bâtons, et nous à dégringoler assez maladroitement les pentes escarpées de l'Albaycin.

III

Lorsque déjà nous perdions du terrain, un bon hasard vint nous tirer d'affaire.

Au détour d'un nouveau zigzag, nous rencontrâmes une *cuadrilla*, c'est-à-dire deux gitanos et deux gitanas faisant profession de danser dans Grenade pour de l'argent, et qui revenaient alors de la ville. Trois d'entre eux étaient justement ceux à qui, la veille, dans la posada, nous avions vu danser le zorongo. Nous les avions beaucoup applaudis, et leur avions donné, pour notre part, deux *duros* (deux pièces de cinq francs à peu près) ; puis j'avais prié la danseuse, il n'y en avait qu'une à ce moment-là, de toucher de ses lèvres le verre, où j'allais boire une *bebida helada*, boisson gelée, sorte de glace pilée ou de purée de neige au jus de limon ou de raisin, qui ne laisse pas d'être agréable. Enfin, pour achever d'honorer ses talents, je lui avais demandé de me dire ma bonne aventure; elle m'avait prophétisé que j'aurais beaucoup d'enfants; et pour cette prophétie-là j'avais ajouté aux deux duros quelques piécettes. En somme, ils avaient dû être contents de nous : aussi nous apparurent-ils comme des sauveurs.

Je leur fis comprendre de mon mieux, en leur parlant une langue espagnole à moi, c'est-à-dire un certain mélange de latin et de français convenablement brouillés et battus, — en Italie, j'avais composé de l'italien à peu près par la même recette, — je leur fis donc comprendre, tant bien que mal, de quoi il s'agissait: à savoir, que nous avions voulu, en souvenir d'eux et de leur danse, visiter l'Albaycin; que là nous avions donné aux petits enfants de leur tribu tous nos cuartos d'abord, tous nos réaux après; et que, pour nous récompenser, on s'apprêtait à nous assommer plus ou moins.

Il fait bon d'avoir des amis partout : la cuadrilla nous prit sous sa protection. Il était temps, nos traqueurs arrivaient.

Les deux femmes, avec l'instinct et la présence d'esprit de ce sexe, se hâtèrent de donner le bras, l'une à mon ami, l'autre à moi.

La compagne qui échut à mon ami était celle que nous ne connaissions pas encore. Elle était petite et

mignonne, et — contrairement au type ordinaire
des gitanos, — elle était plutôt olivâtre que rouge,
avec des jambes fines et grêles, comme si elle
eût été de sang arabe : pourtant les gitanos ne
se marient qu'entre eux, dit-on, depuis les siècles des siècles, et ne mêlent leur sang à aucun
autre.

Ma bohémienne à moi, celle que nous connaissions déjà, et qui m'avait fait de si plantureuses
prophéties, était de pur sang gitano, grande, forte,
mais de taille fine, bien campée sur ses hanches,
d'un galbe sculptural, d'une majesté rayonnante et
mêlée de grâce, avec ses longues paupières de velours sur ses yeux de flamme, ses cheveux noirs aux
reflets bleus, son teint éclatant, sa bouche grande et
éblouissante, son beau cou entouré d'un collier de
grains rouges, pour vêtement toutes sortes d'ori-
peaux bizarres, et son *pandero* à la main (espèce de
petit tambour de basque). S'il faut exprimer en un
seul mot l'ensemble splendide de la beauté de cette
gitana, je n'en connais qu'un, c'est un mot latin :
purpurea ! Pour les Latins, toutes les choses vraiment
belles, vraiment rayonnantes, étaient de pourpre,
quelle que fût leur couleur : ils disaient les fleurs
de pourpre, le printemps de pourpre, la mer de
pourpre, les cygnes de pourpre, la neige de pourpre,
— *purpurei flores, purpureum ver, purpureum mare,*
purpurei olores, purpurea nix.

Nos traqueurs arrivaient furieux.

Cette belle avocate et sa compagne leur déclarèrent que nous étions des amis : la scène changea ; on s'expliqua : d'ennemis nous devînmes hôtes ; il fallut — nouvelle aventure — remonter avec eux jusqu'à leurs grottes, entrer dans un de ces trous enfumés, où l'on préparait le repas, nous y asseoir et manger avec eux !

Il régnait dans ces tanières une horrible odeur.

Chaque pays a son odeur, que les étrangers sentent et qu'il ne sent pas. Les villes d'Espagne sentent le piment ; je reconnaîtrais à cette odeur une ville d'Espagne, y eussé-je été conduit en ballon et les yeux bandés. Les villes du littoral de l'Italie sentent le poisson gâté. A Saint-Pétersbourg, les gens du monde sentent le musc ; les gens du peuple sentent le chou aigre, mêlé d'une exhalaison d'oignons et de vieux cuirs gras parfumés : la ville russe a donc l'odeur mixte qui résulte de ces éléments divers. Paris sent le macadam, Bruxelles sent le faro, Mons sent la houille. A Terre-Neuve, et en face, sur la côte d'Amérique, à Saint-Pierre-Miquelon, tout sent la morue.

Les tanières des gitanos sentent d'abord la bête fauve, — voilà le fond ; — puis sur ce fond se brode je ne sais quoi de rance et d'aigre tour à tour, qui

doit provenir de leurs aliments, comme l'odeur de
bête fauve provient de leur personne. Vous avez pu
récemment sentir l'odeur de la tribu africaine des
Zulu, qui a passé par la Belgique? Eh bien, l'odeur
des gitanos a quelque chose d'analogue, c'est-à-dire
de peu enchanteur.

Et il nous fallait partager le repas de ces êtres
fauves! Et il n'était pas possible de reculer! Et il n'y
avait pas moyen d'éluder, sous aucun prétexte,
cette hospitalité presque aussi effrayante que l'hos-
tilité à laquelle elle succédait! — La paix nous faisait, peu s'en faut, regretter la guerre!

Ce qu'on nous fit manger et boire, je ne le sais;
mais c'était quelque chose d'affreux. Ni la cuisine
espagnole ordinaire, ni la cuisine italienne, ni la
cuisine piémontaise elle-même en particulier, n'en
approchaient.

Déjà le *puchero* classique, qui fait la base de tous
les dîners en Espagne, nous avait très-peu réjouis;
mais, quand nous nous trouvâmes en présence du
puchero romantique des gitanos, hélas ! ce fut bien
pis !

Vous savez de quoi se compose le puchero classique : un quartier de vache, un morceau de mouton ; quelquefois un poulet, des bouts de saucisson
au poivre, des tranches de jambon et de lard, des
choux, des *garbanzos*, espèce de gros pois jaunes,

ronds et durs comme des balles de fusil, des to-
mates, du safran, et surtout du piment, piment de
toutes les espèces, piment au masculin, piment au
féminin, *pimento, pimenta*; le tout accommodé avec
quoi? avec du saindoux, qu'on nomme en Espagne
beurre de porc, *manteca de puerco*, et qui est généralement employé pour préparer tous les aliments ;
— le beurre de vache, *manteca de baca*, est assez
rare. — On mêle et on mange tout cela ensemble.
Quand je dis qu'on le mange, je devrais dire qu'on
fait ce qu'on peut pour en manger. Quant aux
Espagnols, par esprit national peut-être, ils s'en
lèchent les doigts.

Mais que vous dire du puchero que nous servirent
les gitanos? — En le voyant et en le sentant, toutes
les images des plus horribles cuisines que men-
tionne l'histoire ou la poésie, se combinèrent dans
mon souvenir, comme un puchero d'épouvante :
depuis l'effroyable festin d'Atrée et de Thyeste, jusqu'au thé fantastique de Mme Gibou et de Mme Po-
chet ; depuis la chaudière des sorcières de Macbeth
dans la bruyère de Forès, jusqu'à celle du *Tendon
d'Achille* ou de l'*Azar de la fourchette*, que notre con-
frère Félix Mornand décrit ainsi dans *la Vie de Paris* :

« L'*Azar de la fourchette* est un établissement situé
dans le quartier des Halles (comme le *Tendon d'A-
chille* dans le quartier latin), où, pour toute table,
on trouve une vaste chaudière remplie jusqu'aux

bords d'un liquide graisseux, sans cesse en ébullition, qui cache dans ses profondeurs une foule d'objets innommés, une multitude de substances animales et végétales. L'habitué de ces lieux dépose cinq centimes, moyennant quoi il est armé d'une longue fourchette en fer, et a droit de plonger, *à l'azar*, ce trident dans l'océan d'eau de vaisselle où se mire son œil enchanté. Il en retire soit un pied de veau, soit un cou d'oie, une tête de mouton, une patte de dinde, du gras-double, un estomac ou un fragment quelconque de gallinacé, parfois une carcasse entière; quelquefois aussi moins que rien, un os sans moelle, un cœur de poule, une tête de canard implumée, une côte de chou, une simple carotte, une pomme de terre qui fut frite. Si *l'azar* l'a bien servi, il jouit du fruit de sa capture; sinon, il peut recommencer autant de fois que la fortune aveugle lui tiendra rigueur, moyennant, chaque fois, le dépôt préalable de cinq centimes. C'est là la chance, c'est là *l'azar*; tous les hommes sont nés joueurs. On peut dîner pour cinq centimes; mais aussi il se peut, par un jour de malheur, qu'on multiplie les coups de trident sans extraire finalement du gouffre autre chose que ce soulier, épouvantail de l'Auvergnat, à cause de la *plache* incongrue qu'il occupe dans la marmite. Le pain est en dehors, et chaque gastronome l'apporte à dîner sous son bras. »

Voilà les images affreuses qui se présentèrent à notre pensée, et cependant il fallut manger, il fallut boire. Comme les gitanos avaient passé d'un excès à l'autre, et nous festoyaient de leur mieux, nous tâchâmes de manger et de boire sans grimace. Ce que je crus distinguer dans le manger, ce fut un morceau de chèvre : quant à la boisson, dans laquelle il y avait bien encore autant à manger qu'à boire, je n'y distinguai rien du tout ; mais, par le goût, elle me remit en imagination celle des Kalmoucks, appelée *araka*, tirée, par la distillation, du lait de jument aigri, mêlé à la chair de mouton fermentée.

Pour consolation, la belle bohémienne buvait avant moi, et me passait ensuite sa tasse. La mignonne olivâtre avait les mêmes prévenances pour mon ami ; cela nous encourageait un peu à boire, ou du moins à effleurer de nos lèvres le vase qui venait de toucher les leurs.

A l'exception de ces deux créatures, l'une si mignonne, l'autre si belle, et de deux ou trois autres qui avaient bien pour elles, malgré leur saleté, ce qu'on appelle la beauté du diable, quelles figures que celles de nos autres convives, hommes et femmes ! quelle assemblée farouche et sauvage ! quels allaitements d'enfants, et quelles exhibitions !... Quels cris gutturaux ! quelles mœurs rudes et primitives ! quelle couleur croustillante ! Et, encore un coup, quelle odeur !

Ce qui nous consola du repas, c'est que nous priâmes nos deux amies, ainsi que les deux hommes de la posada, de danser encore devant nous le zorongo, et qu'elles y consentirent. Or, auprès de ce zorongo, toutes les cachuchas, tous les boleros, tous les fandangos ne sont rien. Ce zorongo dépasse de bien loin le cancan le plus éperdu, la tulipe la plus orageuse.

La fête se termina donc pour nous plus agréablement qu'elle n'avait commencé.

Lorsque nous nous levâmes enfin pour redescendre vers Grenade, on nous reconduisit, non plus à coups de figues, à coups de pierres, ou à coups de bâtons, mais avec des démonstrations amicales, closes par la formule ordinaire : *Vayan ustedes con Dios !* Tous ces gueux étaient désormais nos amis de cœur, comme Goulatromba :

> Un seigneur dont jamais un juron ne tomba,
> Et mon ami de cœur, nommé Goulatromba.

Cependant il nous parut doux, lorsque nous eûmes redescendu les dernières rampes de la montagne, d'avoir quitté l'Albaycin et de nous retrouver dans Grenade, — sains et saufs, nous et notre ceinture, — sur la belle promenade *Alameda*, fraîche, touffue, verte et ombreuse ; — où, par parenthèse, nous ne fûmes pas peu surpris de voir des galériens, en costume, assis sur un banc, près de la fontaine des Moines, parmi le public, et des femmes et des jeunes filles causant avec eux tranquillement.

En somme, nous étions contents de notre excursion, puisque nous étions revenus sans désastre, excepté celui de ce dîner gitanesque. Après tout, il n'y avait pas de quoi se plaindre : nous avions pu craindre, un instant, d'être volés et assommés; nous n'avions été qu'un peu empoisonnés.

Mais des démangeaisons de plus en plus fréquentes nous firent comprendre, bientôt après, que c'était mon ami et moi qui avions, au contraire, emporté quelque chose de l'Albaycin, au lieu d'avoir laissé aux gitanos ce que nous possédions. Nous avions dans nos vêtements tout un monde invisible d'insectes affamés, qui apparemment trouvaient notre peau de gens civilisés plus à leur goût que le cuir basané des gitanos, et qui commençaient à nous dévorer. Quand je dis que ce monde était invisible, je me trompe : il était tellement nombreux et fourmillant que, partis le matin avec un pantalon de nankin et un pantalon blanc, nous revenions le soir avec des pantalons puce. Ces petits rongeurs nous donnaient à sentir cruellement la justesse du proverbe: « Changement de viande met en appétit.»

Nous courûmes chercher une maison de bains pour noyer au plus tôt tous ces gitanillos; on nous indiqua les bains les plus confortables de Grenade. Or, en voici l'exacte description :

Autour d'un petit *patio*, sorte de cour ou de préau couvert d'une toile, étaient huit ou dix caveaux ou celliers, ne prenant de jour que par la porte lorsqu'elle était ouverte, et entièrement obscurs dès qu'elle était fermée. On fit entrer mon ami dans un de ces caveaux et moi dans un autre, et on en referma les portes : tirez-vous de là comme vous pourrez. Le caveau est garni d'une grande marmite de terre cuite, comme pouvait être celle dans laquelle la bonne Gargamelle, l'auguste épouse du roi Grandgousier, fit bouillir ce *grand planté de tripes* dont elle se régala si copieusement deux heures avant de mettre au monde Gargantua. Cette marmite est enfoncée en terre, et sert de baignoire. Pour une marmite, ses dimensions sont honorables, et je ne connais que celle de l'Hôtel des Invalides qui puisse lui rendre des points ; pour une baignoire, elles sont médiocres. On se place là dedans comme on peut : on n'est ni debout, ni assis ; on est — comme disaient nos aïeules — à croupetons ; il n'y a rien de plus fatiguant ni de plus grotesque : c'est un bain à la crapaudine.

Voltaire dit quelque part qu'en Éthiopie, pour se garantir de la chaleur, les ministres vont au conseil dans des cruches pleines d'eau. Nous aurions pu nous croire ministres en Éthiopie.

Comme on ne voit pas clair dans ces cahutes, et qu'on ne peut lire pour tuer le temps, on s'ennuie prodigieusement. Il est vrai qu'on a bien assez affaire, pour s'occuper, de se tenir en équilibre sur ses talons, ou de se pelotonner à la turque.

Il faut reconnaître que la civilisation laisse à désirer chez un peuple qui ne possède encore, en guise de tonneaux, que des outres de peau de bouc, et en guise de baignoires, que des marmites de terre cuite : de sorte que, si vous avez soif en mangeant, on vous abreuve d'un liquide musqué et nauséabond, et que si, en voyage, vous êtes fatigué, pour vous délasser on vous traite comme un pot-au-feu.

Heureusement que nous prenions ce bain moins pour nous délasser que pour noyer tous nos gitanillos. Le succès fut aussi complet que possible : depuis le Pharaon et son peuple engloutis dans la mer Rouge, — mais il faut entendre M. de Lesseps expliquer ce fait, — il n'y eut jamais tant d'Égyptiens noyés d'un seul coup.

Cependant, lorsque, rentrés à la posada chez le señor Pepe et la señora Pepa, à l'embonpoint flottant, nous nous couchâmes, à la lueur d'une *vela de cera*, autrement dit un cierge, en guise de bougie, — comme à la Grande Chartreuse, — et que nous fûmes étendus sur nos prétendus lits, composés

chacun d'un soi-disant matelas, épais et large comme
une lame de couteau et posé sur une planche, nous
vîmes bien, hélas! qu'ils n'étaient pas tous morts,
qu'il en était resté après nos vêtements, et que ceux-
là vengeaient leurs frères!

APPENDICE

APPENDICE

LES GORGES DE LA REUSE ET LE VAL
DE TRAVERS[1].

En sortant de Pontarlier, on aperçoit bientôt le
fort de Joux, nid de vautours juché dans les nuages,
sur des rocs où, selon l'expression de l'auteur de
Faust, la pensée elle-même glisse. Ce château appartenait en 1476 à Charles le Téméraire, et fut
livré à Louis XI par le sire d'Arbon pour quatorze
mille écus. C'est là que Mirabeau expia longtemps
les folies de sa jeunesse ; c'est là qu'il était un peu

1. Les pages suivantes font partie de mon volume des *Causeries de quinzaine* ; mais, comme elles se rapportent à ce sujet-
ci, je demande la permission de les transcrire.

consolé par les tendres visites de Mme De Monnier. C'est là aussi que mourut Toussaint Louverture. C'est là encore que fut enfermé le général Dupont pour avoir capitulé à Baylen.

Après le fort de Joux, on rencontre les Verrières françaises, — c'est la frontière, ornée de ses douaniers, — et ensuite les Verrières suisses, où l'on nous fit tâter d'une certaine crème au kirsch que tout l'or du monde ne saurait obtenir à Paris.

La ligne qui va des Verrières suisses à Neuchâtel se divise en trois parties ou sections, d'après la nature même du terrain, savoir : la descente du plateau des Verrières dans le Val de Travers à Saint-Sulpice ; le parcours dans le Val de Travers, de Saint-Sulpice à Noire-Aigue ; et la descente du Val de Travers, de Noire-Aigue au Vignoble et à Neuchâtel.

Pour les études et les travaux de cette ligne, on a accompli des prodiges. Il s'agissait d'établir un chemin de fer à deux voies le long de ces montagnes escarpées, à une hauteur et sur des pentes où à peine était-il possible de passer à pied, et où parfois même, littéralement, on ne pouvait pas arriver, si ce n'est en l'air. Les ingénieurs étaient obligés de s'attacher par le milieu du corps avec des cordes et de se laisser glisser le long de l'abîme ; on les descendait et on les remontait par des treuils, eux et leurs instruments : posture aussi incommode que poétique pour lever des plans. Les ouvriers, de même, en certains endroits, commencèrent les travaux, étant pendus à des cordes à nœuds. Un gamin de Paris eût cru apercevoir un cerf-volant le long de la montagne : le cerf-volant était un ouvrier qui piochait, — un pionnier aérien.

En deux ans et demi tout a été fait, et c'est une œuvre gigantesque. Notez qu'en Suisse, comme en Belgique et comme en Angleterre, tout se fait par l'initiative individuelle et par l'entente communale. Dans le seul canton de Neuchâtel, qui est de quatre-vingt-dix mille âmes, dont vingt mille encore de population flottante (reste à peu près soixante-dix mille), on vient de dépenser 40 millions de francs en chemins de fer, uniquement par émulation et par désir d'être utile au public. Ce sentiment de l'utilité publique est naturel aux Suisses et se traduit sans faste. A Neuchâtel, j'ai trouvé sur la porte d'un hôpital cette inscription d'une simplicité et d'une modestie charmantes : CIVIS PAUPERIBUS (Un citoyen aux pauvres). En France, de deux choses l'une : ou bien le citoyen se fût nommé, du moins laissé nommer, par douce violence ; ou bien, au lieu du mot PAUPERIBUS, il eût mis le mot FRATRIBUS (Un citoyen à ses frères). C'est-à-dire qu'en France, j'en ai peur, soit la vanité aristocratique, soit l'emphase démocratique, eussent altéré le bienfait. Dans

l'inscription de Neuchâtel, rien que la simplicité
républicaine, vraiment touchante.

Le parcours de cette ligne franco-suisse, des Verrières à Neuchâtel, est le plus pittoresque du
monde. On aperçoit d'abord le Temple des Fées, le
Moulin-d'Enfer ; puis les ruines d'une tour romaine
construite, dit-on, par Jules-César ; et le défilé des
Chaînes, ainsi nommé parce qu'anciennement les
Suisses en barraient le passage aux Bourguignons
de Charles le Téméraire par de grosses chaînes de
fer, dont on voit encore quelques anneaux soudés
au roc.

Au sortir de ce défilé commence la Reuse, écou-
lement souterrain du lac des Tallières. Ses belles
eaux, marbrées de vert et d'ombre, coulent d'abord
tranquillement entre des saules. On y pêche d'excellentes truites. Plus tard, précipitées dans les
gorges profondes, les ondes se déchirent d'abîme
en abîme, entre les roches démantelées comme de
vieux burgs. A un certain endroit, le chemin de
fer, sans se gêner, a emprunté le lit de la rivière.
Elle passe à côté de son ancien lit. Pour dédomma-
gement, on lui a donné un beau pont coudé à angle
droit, sous lequel elle s'engouffre, et d'où elle res-
sort en cascade faite de main d'homme, mais sur
des roches naturelles. Cette cascade est aussi grande
que celle de Coo, en Ardenne, et d'un très-bel effet.

Nous descendîmes de break pour aller la regarder, avant de passer dessus.

Rien n'est plus varié que la stratification des roches du Val de Travers. Leurs lames gigantesques sont disposées, courbées, lancées, soulevées dans tous les sens : vagues de la matière en fusion aux premiers jours de la planète.

Les travaux ont été d'autant plus difficiles. Les rocs, bleuis à la surface par le voisinage des verdures sombres, ont ouvert, sous la mine et sous le hoyau, leurs flancs bistrés ou roses. L'armée immense des sapins centenaires veillait en vain, au haut de ces bastilles naturelles crénelées par le temps ; l'homme les a minées, éventrées. Les aigles, étonnés dans leurs calmes retraites, regardent voler sur les cimes la locomotive aux ailes blanche et noire, vapeur et fumée : oiseau pour eux plus fantastique que ne le fut pour Sindbad le marin l'oiseau rok des *Mille et une Nuits*.

Un ours de la Noire-Aigue apparaît quelquefois au bord d'une forêt, et répond par un rugissement au sifflet de ce monstre inconnu qui envahit ses domaines.

On traverse la paix profonde des anciens jours de la nature.

Là moins que jamais j'ai compris ce lieu commun qui consiste à prétendre qu'en chemin de fer on ne voit pas le pays. C'est, au contraire, en diligence, qu'on ne le voyait pas assez. On voyait les villes, les villages, et ces longues routes monotones qu'on appelait rubans de queue. On n'avait que le côté poudreux, fripé, sali, du paysage; sans parler de l'ennui des diligences, où l'on était encaissé, encaqué, jambes entre-croisées avec les vis-à-vis (bien rarement, quelque compensation de ce côté!) mais quel brouettage! et quelle asphyxie! sans compter le despotisme du conducteur, du postillon, de l'aubergiste et des servantes: car en France, tout le monde déteste le despotisme, mais tout le monde aime à l'exercer, et principalement les subalternes. Qu'y a-t-il de plus autocrate qu'un portier?

Je crois vraiment que ce lieu commun si bête contre les voyages en chemin de fer a été mis en circulation par quelque aubergiste malcontent, à qui les chemins de fer avaient ôté la table d'hôte des diligences. Mais le public, quel intérêt a-t-il à répéter depuis si longtemps une banalité si fausse?

En chemin de fer, au contraire, on traverse le paysage comme un oiseau; on le saisit de part en part dans sa beauté native, immaculée; on en prend la fleur, et on n'en a pas la fatigue; on goûte la virginité de la nature. On aperçoit les villes à l'horizon, avec leurs clochers, comme un beau décor:

cela suffit. Ou bien, si elles en valent la peine, on s'arrête, et on les visite à pied.

Les mêmes aubergistes ont encore inventé ceci, que nombre de bonnes gens redisent sans examen, comme toujours : « Le chemin de fer gâte le paysage. » — Comment cela ? Serait-ce par les tunnels ? On ne les voit pas, puisqu'ils sont sous terre. Serait-ce par les viaducs ? Au contraire, ils ornent le paysage et le complètent. Vu de loin, rien n'est plus charmant qu'un viaduc dans un vallon, par exemple, sur la ligne de Neuchâtel à Genève, le viaduc de Boudry, encadré dans la verdure. Réciproquement, vu de près, le viaduc, encadrant le paysage dans ses arches, lui sert de repoussoir et le fait ressortir. Est-ce que les paysages du Poussin et ceux de Claude Lorrain, où toujours les architectures se mêlent aux feuillages, sont déplaisants à voir ?

Ce seraient donc les terres déchirées et les montagnes éventrées qui, au gré de ces bonnes gens, gâteraient le paysage ? — Mais cela n'a-t-il pas aussi sa poésie ? On avait ici besoin d'un remblai, on fait crouler la moitié d'une montagne ; elle glisse dans la vallée, voilà le remblai. Un peu de ballast par-dessus, et tout est dit.

Que si la montagne ébréchée vous choque, rassurez-vous : bientôt sur cette plaie la nature répandra la verdure et les fleurs ; vous y verrez croître, comme alentour, le serpolet riche et robuste des

régions alpestres, l'élégant bouillon blanc, dit fleur
de bonhomme, l'ancolie rose et le géranium herbe
à Robert.

Loin de rien gâter à un paysage, un chemin de
fer le complète, y ajoute des beautés nouvelles, sans
parler des beautés morales, le travail de l'homme
se mêlant à l'œuvre de Dieu.

Qu'y a-t-il de plus beau qu'un train filant à
toute vapeur sur les cimes, au-dessus des précipices sans fond, au flanc des granits altiers perdus
dans les nues ?

Et qu'y a-t-il de plus délicieux que d'être sur ce
train, composé seulement d'un break et d'une locomotive, et de voler, par la route des aigles, sans
avoir même à remuer les ailes ? On respire l'immensité et la sérénité profonde ; on goûte une volupté pure, tandis que le monde, bien loin là-bas,
fuit sous vos pieds....

On aperçoit, au fond des vallées vertes, les villages microscopiques, les jolis chalets à mi-côte
dans les bouquets d'arbres. Un ponceau, formé
d'un tronc d'arbre, traverse la rivière ; ou bien un
joli pont couvert, faisant galerie à claire-voie sur
les côtés.

De temps à autre, parmi la verdure noirâtre des
pins et des mélèzes, on voit sortir la fumée bleue
d'un feu de charbonniers.

Sur les flancs des monts, dans de vastes rigoles, glissent les grands troncs équarris : économie de frais de transport, ils arrivent ainsi dans les vallons. Là on les pose sur quatre petites roues, deux à chaque extrémité du tronc, de sorte que l'arrière-train est à cent pieds de distance du train de devant ; jamais on ne vit chariot ayant une si longue échine, et c'est l'objet porté qui est l'échine. On attelle à cela des bœufs aux pieds ferrés, et cela s'en va dans les villes.

Toutes les montagnes qui vous entourent présentent dans le même moment cent vues diverses : tantôt couvertes de vapeur bleue, comme les fruits au matin ; tantôt noyées dans des flots d'encre, à l'approche de quelque orage ; tantôt couronnées d'un double arc-en-ciel, ou de quelque lambeau de nuage coquettement accroché à un pic, comme une écharpe déchirée : au-dessus, bien loin, brillent des filets de neige, restés dans les plis des rocs noirs, comme des nervures d'argent.

Ici, des blocs de granit, des lames dénudées, l'image d'un cataclysme de la nature ; là, des croupes unies, revêtues de sapins du haut en bas, comme de velours vert. Au bas, ces grands océans de verdure remplissent un vallon où fut jadis un lac, aujourd'hui écoulé : chaque flot de cet océan houleux est la tête d'un pin de cent pieds. Cette mer de feuillages noirs est une forêt gigantesque, et vous passez à neuf cents mètres au-dessus d'elle ; la teinte plus sombre la distingue seule des humbles prairies.

Une de ces prairies, entre les gorges, le Champ-du-Moulin, était la promenade favorite de Rousseau, lorsque, banni de Genève pour son *Émile*, il vint habiter Motiers-Travers. Voltaire, peu généreusement, le poursuivit de ses sarcasmes jusque

> Dans ce vallon si bien nommé Travers.

C'est à Motiers que Rousseau écrivit ses célèbres *Lettres de la Montagne*, en réponse aux *Lettres de la Campagne*. L'orage déchaîné contre lui ne fit que redoubler. Banni de France, banni de Genève, sa patrie, il se vit, après deux ans et demi d'inquiétudes, obligé de quitter aussi Motiers-Travers, et alla chercher un asile dans l'île Saint-Pierre, au milieu du lac de Bienne.

Au devant de Motiers est Boveresse. Plus loin Fleurier, élégant village, toujours dans les fonds. On y fabriquait autrefois, comme à Motiers, des dentelles à la main et des lacets (les Anglais disent encore *lace*) ; c'étaient, je pense, des espèces de guipures. Rousseau habillé en Arménien, s'était mis à en faire aussi, avec les femmes de Motiers.

Ayant quitté tout à fait la littérature, dit-il dans ses *Confessions*, je ne songeai plus qu'à mener une vie tran-

quille et douce, autant qu'il dépendait de moi. Seul, je n'ai
jamais connu l'ennui, même dans le plus parfait désœuvre-
ment : mon imagination, remplissant tous les vides, suffit
seule pour m'occuper. Il n'y a que le bavardage inactif de
chambre, assis les uns vis-à-vis des autres, à ne mouvoir
que la langue, que je n'ai jamais pu supporter. Quand on
marche, qu'on se promène, encore passe ; les pieds et les
yeux font au moins quelque chose ; mais rester là, les bras
croisés, à parler du temps qu'il fait et des mouches qui
volent, ou, qui pis est, à s'entre-faire des compliments, cela
m'est un supplice insupportable. Je m'avisai, pour ne pas
vivre en sauvage, d'apprendre à faire des lacets. Je portais
mon coussin dans mes visites, ou j'allais, comme les
femmes, travailler à ma porte et causer avec les passants.
Cela me faisait supporter l'inanité du bavardage et passer
mon temps sans ennui chez mes voisines, dont plusieurs
étaient assez aimables et ne manquaient pas d'esprit.

Depuis l'invention des dentelles à la mécanique,
on ne fait plus de dentelles à la main, ni de lacets, à
Motiers ni à Fleurier. L'industrie florissante de ce
dernier village est de fabriquer de l'horlogerie, spécialement pour la Chine. Vous savez que tout Chinois
qui se respecte a coutume, comme nos merveilleux
de l'époque du Directoire, de porter toujours deux
montres, — très-grosses et ciselées dans toutes leurs
parties, à l'extérieur et à l'intérieur. — C'est Fleurier qui les leur expédie, au nombre de dix à douze
mille par année.

A chaque instant, dans le Val de Travers, on croirait qu'on est e fermé dans les montagnes à n'en pouvoir sortir. Un tunnel arrange l'affaire : entre autres, le beau tunnel en ligne courbe qui va de Saint-Sulpice à Fleurier.

Rien n'est plus gracieux que Saint-Sulpice, vallon dominé par un viaduc entre deux tunnels, ni que Fleurier aperçu plus bas dans l'entre-deux des montagnes où passe la Reuse.

Ce voyage, d'un bout à l'autre, est une série de paysages admirables, un vivant panorama, qui de minute en minute change sous vos yeux, — une suite de ravissements.

Toutes les formes de l'art sont employées à vaincre tous les obstacles de la nature et à en traverser toutes les beautés ; et l'on ne sait qu'admirer le plus, des merveilles de la nature ou des chefs-d'œuvre de l'art. Rails en ligne droite, rails en ligne courbe, montants et descendants, plans inclinés ; tranchées, tunnels droits, tunnels courbes, tunnels en S, tunnels en radier ou vastes cylindres de maçonnerie, gigantesques tubes de pierre et de roc ; viaducs, remblais, drainages en grand, pour assainir, affermir les terrains ; rien n'est plus admirable, ni plus amusant, que ce chemin qui rencontrait toutes les difficultés à vaincre, et qui les a résolues toutes par des spécimens différents de l'art le plus ingénieux et le plus hardi.

Les travaux de cette ligne franco-suisse ont été
conduits par M. Chevannes, sous la haute direction
de M. Ruelle, ingénieur en chef de la construction
des embranchements du chemin de fer de Paris à
Lyon, auquel cette ligne se rattachera.

Dans les prairies autour de Fleurier paissent de
nombreux troupeaux de vaches. Chacune d'elles
porte au cou sa clochette, et chaque clochette a sa
note ; de sorte qu'en se promenant ces vaches forment un carillon qui, adouci par la distance, s'har-
monise en montant jusqu'aux nuages à travers
lesquels nous passons, quelquefois au-dessous,
quelquefois au-dessus. Le hasard seul dirige cet
orchestre ; mais le hasard est grand musicien. En
bien des choses il est excellent guide. Surtout rap-
portez-vous-en au hasard lorsque vous voudrez
avoir du plaisir.

Nous écoutions ces harmonies lointaines, du haut
d'une galerie perpendiculaire à un grand tunnel,
auquel elle donne du jour et de l'air par le milieu,
sur le côté. En cet endroit, pour aller plus vite en
besogne, on a attaqué la montagne en même temps
par les extrémités et par le flanc : il en résulte cette
agréable galerie d'où l'on plonge en extase sur la
délicieuse vallée.

Nous remontons en break, et nous voyons Couvet,
autre élégant village, aux maisons confortables rap-

pelant les cottages des îles de la Manche. J'observe que toutes les maisons des villages suisses sont percées de nombreuses fenêtres : c'est que dans cet heureux pays il n'y a point d'impôt sur la lumière et l'air. Tout y respire le bien-être et la propreté, « cette demi-vertu, » disait saint Augustin. C'est à Couvet qu'on cultive l'absinthe, célèbre dans toute l'Europe : absinthe suisse.

Plus loin, de l'autre côté du vallon, nous apercevons tout là-bas, comme un trou de rat, la grande mine d'asphalte, d'où viennent en partie les trottoirs de Paris.

La Noire-Aigue (*nigra aqua*) marque la sortie du Val de Travers. Elle mêle ses ondes noires aux ondes vertes de la Reuse, que nous avons toujours suivie depuis sa source, en mille aspects divers, en mille cascades tourmentées, dans les gorges et les précipices.

Quand on regarde le versant opposé, qui est encore à l'état de précipice inabordable, on se fait une idée de ce qu'était celui-là même sur lequel on vole à toute vapeur, trois mille pieds au-dessus de ces gorges, de ces vallées et de ces villages.

Il y a maintenant à Neuchâtel trois ou quatre étages de chemins de fer. — D'abord, tout en haut, une ligne qui relie Neuchâtel à la Chaux-de-Fonds et au Locle, et le bas de la montagne avec le sommet. La plus haute crête est percée par un tunnel de quatre mille mètres de long, et à une seule voie. On dirait d'une longue couleuvrine de pierre ; mais cette couleuvrine, au lieu de lancer la mort, comme les engins du moyen âge, lance l'industrie et la richesse. Ce chemin, inauguré il y a douze jours, se nomme le *Jura industriel*. Il fait un angle aigu et forme à lui seul deux étages, le troisième et le quatrième. Il se raccorde, près de Neuchâtel, à la ligne qui forme le second étage, — ligne que nous achevons de parcourir, et qui a été inaugurée hier mardi. — Enfin il y a, pour premier étage, la ligne qui va de Neuchâtel à Genève ; c'est le chemin du littoral, longeant le lac de Neuchâtel.

On est ébloui quand on découvre tout cela à la fois, en sortant du Val de Travers par le Trou de Bourgogne, nommé aussi le Creux du Vent, d'où souffle le Joran, terreur de Neuchâtel. La tendre verdure des vignobles, qui produisent de bon vin blanc, commence à alterner avec les sapins noirs ; on aperçoit au bas, dans le val élargi qui descend vers le lac, cet élégant viaduc de Boudry, sur lequel passe le chemin de fer du littoral. On traverse encore cependant quelques dernières bastilles de rocs, et toujours les zigzags de la Reuse, qu'on voit écumer dans les fonds, mais dont on n'entend pas le bruit, perdu par la distance.

Enfin se montre le village de Colombier, où vivent

les souvenirs de Mme de Charrière ; et bientôt se
détache aussi, sur le beau lac de Neuchâtel , la
ville qui lui donne son nom, près du château qui
la couronne : aujourd'hui, vieux château, mais rajeuni et renouvelé par l'auréole glorieuse des évé-
nements du 4 septembre 1856. Il est merveilleusement posé sur de grands rocs au-dessus de l'abîme,
et attire tout d'abord les yeux, comme il en est
digne. On le salue en arrivant.

Au delà du château, de la ville et du lac, apparaît
à l'horizon le sublime panorama des Alpes, — du
nord au sud, depuis la Iung-Frau jusqu'au Mont-
Blanc, — soixante ou quatre-vingts lieues d'alpes
couronnées de neiges éternelles et de glaciers tantôt
bleus, tantôt roses, selon le jeu de la lumière et
l'heure du jour.

FIN.

TABLE DES MATIÈRES.

INTRODUCTION.

EXCURSIONS

EN BERRY, EN DAUPHINÉ, EN SAVOIE, EN SUISSE, EN ALSACE.

EXCURSIONS EN BELGIQUE.

EXCURSIONS EN ESPAGNE.

APPENDICE.

FIN DE LA TABLE DES MATIÈRES.

Paris. — Imprimerie de Ch. Lahure et Cⁱᵉ, rue de Fleurus, 9.

Librairie de L. HACHETTE et Cie, boulevard Saint-Germain, nº 77, à Paris.

GRANDE COLLECTION
DE GUIDES ET D'ITINÉRAIRES
POUR LES VOYAGEURS

DIRIGÉE

PAR ADOLPHE JOANNE

Cette Collection comprend déjà

120 volumes

La grande collection de *Guides* et d'*Itinéraires* pour les voyageurs que publie la librairie L. Hachette et Cie, sous l'active et habile direction de M. Adolphe Joanne, comprend, comme on le verra en jetant les yeux sur le catalogue suivant, l'Europe entière, l'Algérie, l'Égypte, la Syrie, la Palestine et la Turquie d'Asie. Les nombreux Guides ou Itinéraires dont elle se compose ne s'adressent pas seulement aux touristes proprement dits, qui ont besoin de renseignements divers pour se diriger, se loger, se nourrir, et voir avec agrément ou avec profit tout ce qui peut piquer leur curiosité; ils intéressent tout autant les hommes d'étude, désireux d'avoir des notions exactes et complètes sur la géographie, l'histoire, la statistique, les monuments, les collections d'art ou de science, l'industrie, le commerce, etc., des diverses contrées de l'Europe et de l'Orient.

L'Itinéraire général de la **France** comprendra dix volumes. Le premier de ces volumes, illustré de plus de 400 gravures, est consacré à *Paris*. La seconde édition de cet important ouvrage qui n'a pas moins de 900 pages, est datée du mois de juillet 1862. Les étrangers y trouveront une description détaillée et complète du nouveau Paris, aussi peu connu que le vieux Paris.

Les *Environs de Paris* forment un second volume illustré de 220 vignettes ; Saint-Cloud, Versailles, Saint-Germain, Saint-Denis, Compiègne, Lagny, Fontainebleau, Corbeil, Sceaux, Orsay, Rambouillet, etc., tels sont les titres des principaux chapitres. L'histoire si intéressante de toutes les résidences impériales ou princières y occupe une place considérable.

La **France** proprement dite, sans sa capitale et ses environs, forme une collection distincte, qui, divisée en huit volumes, contient la description non-seulement de toutes les localités curieuses desservies par des chemins de fer ou par des chemins praticables aux voitures, mais de toutes celles où conduisent des sentiers de montagnes, si elles peuvent, à quelque titre que ce soit, intéresser un touriste. C'est le travail le plus complet, le plus exact, le plus remarquable, qui ait jamais été entrepris sur la France. M. Adolphe Joanne se l'est particulièrement réservé.

Indépendamment de ces dix volumes, une autre série d'Itinéraires plus détaillés est spécialement consacrée à toutes les grandes lignes de chemins de fer ; cette série, illustrée comme Paris et ses environs, se compose d'un nombre déjà considérable de volumes qui s'augmente chaque année à mesure que s'ouvrent de nouvelles voies ferrées.

On trouvera en outre dans la série des volumes relatifs à la France quelques ouvrages spéciaux plus développés : le *Dauphiné*, les *Pyrénées*, *Nice et les Alpes Maritimes*, *Vichy*, le *Mont-Doré*, *Plombières*, *Autour de Biarritz*, etc.

L'Itinéraire de l'**Algérie**, par Louis Piesse, a été publié au mois de mai 1862 ; il comprend le Tell et le Sahara.

Les Itinéraires de la **Belgique** et de la **Hollande** (1860-1861) on, été rédigés sur un plan entièrement nouveau par M. A. J. Du Payst qui, depuis plus de quinze années, est chargé dans le journal l'*Illustration* de la critique des œuvres d'art. — *Spa et ses environs* par M. Ad. Joanne, forment un volume séparé.

L'Itinéraire de la **Grande-Bretagne** contient : l'Angleterre et l'Irlande, par Richard; l'Écosse, par Adolphe Joanne. L'Écosse a été réimprimée à part. Le *Guide du Voyageur à Londres* et *Londres illustré*, guide spécial de l'étranger pour l'exposition de 1862, sont signés d'un nom déjà célèbre dans la science géographique : ils ont pour auteur M. Élisée Reclus.

L'**Allemagne** du Nord et l'**Allemagne** du Sud sont l'œuvre particulière de M. Ad. Joanne, qui a publié en outre des volumes spéciaux pour les touristes qui désireraient visiter seulement *Bade et la forêt Noire* ou *les bords du Rhin, de la Moselle* et *du Neckar*.

L'Itinéraire de la **Suisse**, dont la 1re édition (1842) a suffi pour faire la réputation de M. Ad. Joanne et dont la 4e est en vente, est l'ouvrage le plus complet et le plus détaillé qui existe dans toutes les langues de l'Europe sur cet admirable pays. M. Ad. Joanne a tenu son livre de prédilection au courant, non-seulement de tous les progrès des voies de communication, mais de toutes les ascensions et de toutes les nouvelles courses de montagnes entreprises depuis ces dernières années. Les touristes qui se contentent de suivre les chemins de fer, les lacs et les routes de voitures, ont à leur disposition le *Nouvel Ebel*, abrégé de l'*Itinéraire de la Suisse*.

L'**Espagne** et le **Portugal**, réunis dans un même volume, ont été décrits avec un soin particulier par M. Germond de Lavigne, bien connu dans le monde littéraire pour ses études sur l'Espagne.

L'Itinéraire de l'**Italie**, dont les premières éditions ont été si bien accueillies, a pour auteur M. A. J. Du Pays, qui a complété depuis, dans ses itinéraires de la Belgique et de la Hollande, l'histoire de la peinture et des peintres de l'Europe, si brillamment commencée dans ce beau volume enrichi de nombreux plans de ville.

L'Itinéraire de l'**Orient**, par MM. Adolphe Joanne et Émile Isambert, contient : Malte, la Grèce, la Turquie d'Europe, la Turquie d'Asie, la Syrie, la Palestine, l'Égypte, le mont Sinaï. C'est une véritable encyclopédie de plus de 1000 pages, enrichie de 30 cartes ou plans.

Enfin, l'Itinéraire de l'**Europe** résume non-seulement tous les renseignements les plus importants contenus dans la collection générale des Guides ci-dessus mentionnés sur Paris, la France, la Belgique, la Hollande, l'Angleterre, l'Écosse et l'Irlande, l'Allemagne du Nord et l'Allemagne du Sud, l'Italie, l'Espagne, le Portugal, Malte, la Grèce, la Turquie, la Syrie, la Palestine, l'Égypte, mais les touristes y trouveront en outre des chapitres consacrés au *Danemark*, à la *Suède*, à la *Norvége* et à la *Russie*, les seules contrées de l'Europe qui n'ont pas encore d'Itinéraires spéciaux.

Les **Bains d'Europe** ont pour auteurs MM. Ad. Joanne (partie pratique et descriptive), et M. le docteur A. Le Pileur (partie scientifique).

CATALOGUE DES PRINCIPAUX ITINÉRAIRES.

ALGÉRIE.

Itinéraire historique et descriptif de l'Algérie, comprenant le Tell et le Sahara, par *Louis Piesse*. 1 vol. in-18 jésus, contenant une carte générale de l'Algérie. Broché. 10 fr.

    La reliure se paye en sus. 1 fr. 50 c.

ALLEMAGNE ET BORDS DU RHIN.

Itinéraire historique et descriptif de l'Allemagne, divisé en deux parties, par *Adolphe Joanne*.

1° ALLEMAGNE DU NORD, comprenant : Le Rhin; la Moselle; le Weser; l'Elbe; le Haardt; la forêt Noire ; l'Odenwald; le Taunus ; l'Eifel ; le Harz ; le Thüringerwald; la Suisse franconienne; le Fichtelgebirge ; la Suisse saxonne; Strasbourg; Bade ; Carlsruhe; Heidelberg; Darmstadt; Francfort; Hombourg ; Mayence ; Wiesbaden ; Creuznach ; Luxembourg ; Trèves; Coblenz; Ems; Bonn; Cologne; Aix-la-Chapelle; Dusseldorf; Hanovre; Brunswick; Münster; Brême ; Hambourg; Lübeck; Rostock; Schwerin; Magdebourg; Pyrmont; Gœttingen; Cassel; Gotha; Erfurt; Weimar; Kissingen; Cobourg; Bamberg; Iéna; Nuremberg; Leipsick; Berlin ; Potsdam ; Stettin; Posen ; Dantzick; Tilsitt; Kœnigsberg; Breslau ; Dresde; Tœplitz. 1 beau vol. in-18 jésus, imprimé sur deux colonnes, contenant une carte routière générale de l'Allemagne, 12 cartes spéciales : de Paris à Paris, par Strasbourg, le Rhin et Bruxelles, le cours du Rhin, de Bâle à Rotterdam (4 cartes), Bade et ses environs, les bains du Taunus, la Moselle, de Trèves à Coblenz, le Harz, Potsdam et Sans-Souci, la Suisse saxonne, le Riesengebirge et 12 plans de ville : Aix-la-Chapelle, Cologne, Heidelberg et Schwetzingen, Francfort, Mayence, Coblenz, Trèves, Hambourg, Nuremberg, Leipsick, Berlin, Dresde 2e édition. Broché. 10 fr. 50 c.

    La rel. se paye en sus. 1 fr. 50 c.

2° ALLEMAGNE DU SUD, comprenant : Le Neckar; le Rhin; le Danube; l'Inn; l'Adige ; la Drave; la forêt Noire; l'Alb-Souabe; le Vorarlberg; le Tyrol; les Alpes de la Bavière; le Salzkammergut; les montagnes des Géants; le Semmering; Strasbourg; Freiburg; Schaffhouse; Constance; Wildbad; Stuttgart; Cannstadt; Heilbronn ; Tubingue ; Ulm; Augsbourg; Lindau; Munich; Donauwœrth; Ingolstadt; Ratisbonne; la Walhalla; Passau; Linz; Mœlk ; Kufstein ; Bregenz; Innsbruck; Bormio; Meran; Brixen ; Botzen; Trente ; Roveredo; Bassano; Bellune; Brunecken; Salzburg; Berchtesgaden; Gastein; Gmunden; Ischl ; Mariazell; Vienne; Brünn; Olmütz ; Glatz ; Hirscherg; Warmbrunn; Prague; Carlsbad; Marienbad; Franzenbad; Eger; Pilsen; Cracovie; Presbourg; Pesth ; Gratz; Laibach ; Adelsberg; Idria; Trieste; Pola; Fiume. 1 beau vol. in-18 jésus imprimé sur deux colonnes, contenant une carte générale des chemins de fer de l'Europe, 10 cartes spéciales : la forêt Noire, le Danube, le Tyrol et le Salzkammergut, le Vorarlberg et le Tyrol, le Tyrol et le lac de Garde, les environs de Vienne, les montagnes des Géants, les bains de la Bohême, le chemin de Semmering, et 7 plans de villes et de musées : Stuttgart, Munich, Vienne, Prague, Trieste, la Pinacothèque à Munich, le Belvédère à Vienne. Broché. 10 fr. 50 c.

    La rel. se paye en sus. 1 fr. 50 c.

Itinéraire descriptif et historique des bords du Rhin, du Neckar et de la Moselle, par le même auteur. 1 fort vol. in-18, contenant 16 cartes et plans. Broché. 7 fr.

    La reliure se paye en sus. 1 fr.

Les trains de plaisir des bords du

Rhin, ou de **Paris à Paris**, par Strasbourg, Bade, Carlsruhe, Heidelberg, Mannheim, Francfort, Mayence, Coblenz, Cologne, Aix-la-Chapelle, Spa, Liége et Bruxelles, par le même auteur. 1 joli vol, in-18, contenant une carte et 4 plans de villes. Br. 2 fr. 50 c.
    La reliure se paye en sus. 75 c.

Bade et la forêt Noire, contenant ; 1º la route de Baden-Baden ; 2º la description de Bade et de ses bains ; 3º celle des environs de Bade et de la forêt Noire, par le même auteur. 1 joli vol. in-18, contenant 5 cartes. Broché. 2 fr.
    La reliure se paye en sus. 75 c.

ANGLETERRE, ÉCOSSE ET IRLANDE.

Itinéraire descriptif et historique de la Grande-Bretagne (Angleterre, Ecosse, Irlande). par *Richard et Ad. Joanne* ; nouvelle édition, accompagnée de 3 cartes routières, du panorama de Londres et des plans d'Edimbourg, Glascow et Dublin. 1 fort vol. in-18 jésus. Broché. 12 fr.
    La reliure se paye en sus. 1 fr. 50 c.

Itinéraire descriptif et historique de l'Écosse, par *Ad. Joanne*, avec la carte routière de l'Écosse et les plans d'Édimbourg et de Glascow. 1 vol. in-18. Broché. 7 fr. 50 c.
    La reliure se paye en sus. 1 fr.

Guide du voyageur à Londres, par *E. Reclus*. 1 vol. in-18 jésus, contenant 1 carte des chemins de fer de Paris à Londres, 1 plan de Londres, 1 carte des environs de Londres, divers autres plans. Broché. 10 fr.
    La reliure se paye en sus. 1 fr. 50 c.

Londres illustré, guide spécial pour l'exposition de 1862, par *Élisée Reclus* ; 2e édition. 1 vol. in-18 jésus, contenant : 63 gravures, 1 carte et 11 plans. Broché. 3 fr.
    La reliure se paye en sus. 1 fr.

BELGIQUE ET HOLLANDE.

Itinéraire descriptif, artistique, historique et statistique de la Belgique, comprenant : les routes de France en Belgique, Mons, Bruxelles, Waterloo, Malines, Louvain, Anvers, Gand, Bruges, Ostende, Courtray, Ypres, Tournay, Charleroi, Namur, le Luxembourg, l'Ardenne, Liége, Spa et ses environs, les routes de Belgique en Hollande, dans la Prusse rhénane et en Angleterre, par *A. J. Du Pays*, 1 vol. in-18 jésus, contenant : 1 carte physique et routière de la Belgique et de la Hollande, 1 carte du chemin de fer du Nord, une carte de Spa et de ses environs, un plan de la bataille de Waterloo et des plans de Bruxelles, de Louvain, d'Anvers, de Gand, de Bruges et de Liége. Broché. 10 fr.
    La reliure se paye en sus. 1 fr. 50 c.

Itinéraire descriptif, historique et artistique de la Hollande, comprenant : les routes de France vers la Hollande, Breda, Dordrecht, Rotterdam, Delft, la Haye, Harlem, Amsterdam, le Helder, le Zuiderzée, la Frise, Leeuvarden, Groningue, Zvolle, Assen, Utrecht, Arnhem, Nimègue, la Zélande, Middelbourg, Maestricht, Dusseldorf, Cologne, Aix-la-Chapelle, Spa, par *A. J. Du Pays*. 1 vol. in-18 jésus, contenant : 1 carte générale de la Belgique et de la Hollande, une carte des chemins de fer du Nord, et des plans de Rotterdam, de la Haye, de Leyde, de Harlem, d'Amsterdam et d'Utrecht. Br. 9 fr.
    La reliure se paye en sus. 1 fr. 50 c.

Spa et ses environs, par *Ad. Joanne*. 1 joli vol. in-18, contenant une carte. Broché. 2 fr.
    La rel. se paye en sus. 1 fr.

ESPAGNE ET PORTUGAL.

Itinéraire descriptif, historique et artistique de l'Espagne et du Portugal, comprenant : les provinces basques, la Castille, les Asturies, la Galicie, la Navarre et la Nouvelle-Castille, la Catalogne et l'Aragon, Madrid et ses environs, Alicante, Cordoue, Séville, Cadix, les Canaries, Jaen, Grenade, Malaga, la province de Murcie, la Manche, les îles Baléares, l'Estrémadure,

le royaume du Portugal, les îles Açores,
et Madère, par *A. Germond de Lavigne*,
1 fort vol. in-18 jésus, contenant :
1 carte générale de l'Espagne et du
Portugal, 4 cartes spéciales, et les
plans de Madrid, de Barcelone, de Séville et de l'Alhambra. Br.   15 fr.

La reliure se paye en sus. 1 fr. 50 c.

EUROPE.

Guide du voyageur en Europe, comprenant : Paris, la France, la Belgique,
la Hollande, les îles Britanniques,
l'Allemagne, le Danemark, la Suède,
la Norvège, la Russie, la Suisse, la
Savoie, l'Italie, Malte, la Grèce, la
Turquie d'Europe, l'Espagne et le
Portugal, par *Adolphe Joanne*. 1 fort
vol. in-18 jésus, imprimé à deux colonnes, et accompagné de cartes et
plans. Broché.   20 fr.

La reliure se paye en sus. 1 fr. 50 c.

Les bains d'Europe, guide descriptif et
médical des eaux d'Allemagne, d'Angleterre, de Belgique, d'Espagne, d'I-
talie et de Suisse, par MM. *Ad. Joanne*
et le Dr *A. Le Pileur*. 1 vol. in-18 jésus,
contenant une carte des bains d'Europe, Broché.   10 fr.

La reliure se paye en sus. 1 fr. 50 c.

FRANCE.

1° GUIDES GÉNÉRAUX POUR LA FRANCE.

Itinéraire général de la France, par
Ad. Joanne.

En vente :

I. Réseau du chemin de fer de Paris à
Lyon et à la Méditerranée.
1re partie : Bourgogne, Franche-Comté,
Nivernais, Morvan, Bourbonnais, Jura,
Beaujolais, Bresse, Bugey, Lyonnais,
Savoie. 1 volume in-18 jésus de près de
600 pages, contenant : 1 carte générale
des chemins de fer français, 1 carte du
chemin de fer de Paris à Lyon, des
cartes de la forêt de Fontainebleau, du
Morvan et de la Côte-d'Or, des bords
de la Saône, du Jura (2 cartes), de la
Savoie, du Mont-Cenis et du Mont-
Blanc, du lac de Genève, un panorama
de la chaîne du Mont-Blanc, et des
plans du palais de Fontainebleau, de
Dijon, de Besançon. Broché.   8 fr.

La reliure se paye en sus.   1 fr.

Sous presse :

2e partie : Dauphiné, Provence, Alpes-
Maritimes, Forez, Auvergne, Velay,
Vivarais, Cévennes, Languedoc. Avec
16 cartes ou plans de villes et 2 panoramas. 1 vol.

En préparation :

II. Réseau du chemin de fer d'Orléans.
1 vol.
III. Réseau des chemins de fer du Midi et
des Pyrénées. 1 vol.
IV. Réseau des chemins de l'Ouest.
1re partie : la Bretagne. 1 vol.
2e partie : la Normandie. 1 vol.
V. Réseau des chemins de fer du Nord.
1 vol.
VI. Réseau des chemins de fer de l'Est
et des Ardennes. 1 vol.

Guide du voyageur en France,
par *Richard*. 1 vol. in-18 jésus, contenant 1 carte générale des chemins de
fer français et 7 cartes spéciales des
chemins de fer du Nord, de l'Est, de
Paris à Lyon, de Lyon à la Méditerranée, d'Orléans, du Midi et de l'Ouest.
25e édition. Broché.   8 fr.

La reliure se paye en sus. 1 fr. 50 c.

Conducteur du voyageur en France,
par *Richard*. Abrégé du précédent ;
2e édition. 1 joli vol. in-32, contenant
une carte routière. Broché.   3 fr.

La reliure se paye en sus.   75 c.

**Guide du voyageur dans la France
monumentale**, ou Itinéraire archéologique donnant la description de tous
les monuments appartenant à l'ère cel-
tique, à l'époque romaine ou gallo-
romaine et au moyen âge jusqu'à la
renaissance, avec une carte générale
archéologique de la France, divisée
par provinces et par départements, ornée de 48 vues de monuments antiques, et indiquant, au moyen de signes
conventionnels, l'emplacement des
monuments décrits dans le texte, par

Richard et *E. Hocquart*. 1 fort vol. in-12, imprimé à deux colonnes, comprenant la matière de 3 vol. Br. 9 fr.

La reliure se paye en sus. 1 fr. 50 c.

Atlas historique et statistique des chemins de fer français, avec un texte par *Adolphe Joanne*. 1 vol. in-4. contenant 8 cartes gravées sur acier et coloriées. Cartonné. 7 fr. 50 c.

2° GUIDES POUR PARIS ET SES ENVIRONS.

Paris illustré, par *Ad. Joanne*. 1 beau vol. in-18 jésus de plus de 800 pages, comprenant : outre des renseignements généraux sur la manière de s'installer et la manière de vivre à Paris : l'histoire des agrandissements de cette ville, les promenades, places, statues, fontaines, quais, ponts et ports, les églises, les palais, les grands établissements publics, les hôtels particuliers et les maisons historiques curieuses, les théâtres et autres lieux de plaisirs et de réunion, le sport, les musées, expositions et collections d'œuvres d'art, l'instruction publique, les établissements et collections scientifiques, l'administration municipale, les tribunaux et les prisons, les établissements d'utilité publique et de bienfaisance, les établissements militaires, les halles, entrepôts et marchés, l'industrie et le commerce, Paris souterrain et les cimetières. 2ᵉ édition, illustrée de plus de 400 gravures, et renfermant un nouveau plan de Paris et autres plans. Broché. » fr.

La reliure se paye en sus.

Guide alphabétique des rues et monuments de Paris, à l'usage des voyageurs et des Parisiens, où l'on trouve la situation et la description de chaque rue et de chaque monument, avec un grand nombre de renseignements utiles et d'une notice historique sur Paris, par *Frédéric Lock*. 1 vol. in-18 jésus, contenant un nouveau plan de Paris. Broché. 3 fr. 50 c.

La reliure se paye en sus. 1 fr.

Les environs de Paris illustrés, itinéraire descriptif et historique, par *Adolphe Joanne*. 1 vol. in-16 de 850 pages, contenant 220 gravures par Lancelot et Thérond, une grande carte des environs de Paris et sept autres cartes et plans. 7 fr.

La reliure se paye en sus. 1 fr.

Le nouveau bois de Boulogne et ses alentours, par *J. Lobet*. 1 vol., contenant un plan du bois et 20 vignettes par Thérond. 1 fr.

La reliure se paye en sus. 1 fr.

Versailles, son palais, ses jardins, son musée, ses eaux, les deux Trianons, Saint-Cloud, Ville-d'Avray, Meudon, Bellevue, Sèvres, par *Adolphe Joanne*: ouvrage illustré de 37 gravures par Thérond et Lancelot, et accompagné d'un plan de Versailles et du parc, et de 2 plans du château. 1 vol. in-16. Broché. 2 fr.

La reliure se paye en sus. 1 fr.

Versailles et les deux Trianons, Guide du visiteur, extrait du précédent. 1 vol. in-32, contenant 2 plans. Relié. 1 fr.

Le château, le parc, et les grandes eaux de Versailles, par *Fréd. Bernard*. 1 vol. in-16, contenant 30 vignettes par Lancelot et 3 plans. Broché. 1 fr.

La reliure se paye en sus. 1 fr.

Le parc et les grandes eaux de Versailles. 1 vol. in-32, extrait du précédent et contenant 20 vign. Br. 30 c.

Guide to Versailles, Saint-Cloud, Ville-d'Avray, Meudon, Bellevue and Sèvres. A description of the palaces, gardens, museum, waters and the Trianons, translated in english language from *A. Joanne*. With numerous illustrations and three plans. Br. 2 fr. 50 c.

La reliure se paye en sus. 1 fr.

Fontainebleau, son palais, sa forêt et ses environs, par *Adolphe Joanne*. 1 vol. in-16, contenant 25 vignettes par Lancelot, une carte de la forêt et un plan du château. Broché. 2 fr.

La reliure se paye en sus. 1 fr.

De Paris à Saint-Germain, à Poissy et à Argenteuil, par *Adolphe Joanne*,

1 vol. in-16 illustré de 24 vignettes par Thérond et Lancelot. Br. 1 fr.
La reliure se paye en sus. 1 fr.

De Paris à Sceaux et à Orsay, par *Adolphe Joanne.* 1 vol. in-16, contenant 21 vignettes par Thérond et Lancelot. Broché. 1 fr.
La reliure se pays en sus. 1 fr.

3° ITINÉRAIRES ILLUSTRÉS ET GUIDES SPÉCIAUX DES CHEMINS DE FER FRANÇAIS.

Réseau des chemins de fer de l'Est et des Ardennes.

Itinéraire général de la France, par *Adolphe Joanne.* VI° section (voir ci-dessus, page 7, col. 2).

De Paris à Strasbourg, par *Moléri.* 1 vol. in-16, contenant 100 vignettes par Chapuy, Renard, Lancelot, etc., et 1 carte. 2° édition. Broché. 3 fr.
La reliure se paye en sus. 1 fr.

De Strasbourg à Bâle, par *Moléri.* 1 vol. in-16, contenant 50 vignettes et 1 carte. Broché. 1 fr.

De Paris à Strasbourg et à Bâle, par *Moléri.* 1 vol. in-18 jésus, contenant 150 vignettes et une carte. Br. 4 fr.
La reliure se paye en sus. 1 fr.

De Paris à Mulhouse et à Bâle, itinéraire historique et descriptif comprenant les bains de Bourbonne, de Plombières et de Luxeuil, par M. *G. Héquet.* 1 vol. in-18 jésus avec 1 carte. Broché. 3 fr.
La reliure se paye en sus. 1 fr.

Plombières et ses environs, guide du baigneur, par *Edouard Lemoine.* vol. 2 fr.
La reliure se paye en sus. 1 fr.

Réseau de Paris à Lyon et à la Méditerranée.

Itinéraire général de la France, par *Adolphe Joanne*, 1° section (voir ci-dessus, page 7, colonne 1° du présent Catalogue).

De Paris à Lyon et à Auxerre, par *Adolphe Joanne.* 1 vol. in-16, contenant 80 vignettes par Lancelot, une carte et 2 plans. Broché. 3 fr.
La reliure se paye en sus. 1 fr.

De Paris à Genève et à Chamonix, par *Ad. Joanne.* 1 vol. in-18 jésus contenant 8 cartes. Broché. 3 fr.
La reliure se paye en sus. 1 fr.

De Paris en Suisse par Dijon, Dôle, Salins et Besançon, itinéraire descriptif et historique illustré de 77 gravures sur bois et accompagné de 2 cartes et de 2 plans, par *Ad. Joanne.* 1 vol. in-18 jésus. Broché. 3 fr.
La reliure se paye en sus. 1 fr.

De Dijon en Suisse, par Dôle et Besançon, par *Adolphe Joanne.* 1 vol. in-18 jésus, contenant 20 gravures, 1 carte et 1 plan. Broché. 2 fr.

De Lyon à la Méditerranée, par *Adolphe Joanne et J. Ferrand.* 1 vol. in-18 jésus, contenant 82 vignettes par Lancelot, 1 carte et des plans. Br. 3 fr.
La reliure se paye en sus. 1 fr.

De Paris à la Méditerranée, comprenant de Paris à Lyon et à Auxerre, par *Adolphe Joanne*, et de Lyon à la Méditerranée, par *Ad. Joanne et J. Ferrand.* 1 fort vol. in-18 jésus, contenant 169 vignettes par Lancelot, et 2 cartes. Broché. 6 fr.
La reliure se paye en sus. 1 fr.

Mont-Dore (Guide aux eaux thermales du) et à celles de Saint-Alyre, de Royat, de la Bourboule et de Saint-Nectaire, avec la description de Clermont, par *L. Piesse.* 1 vol. in-16, illustré de 37 vign. par Lancelot, et accompagné d'une carte de l'Auvergne. 1 fr.
La reliure se paye en sus. 1 fr.

Vichy et ses environs, par *L. Piesse.* 3° édition. 1 vol. in-18 jésus, contenant 22 vignettes et un plan. Br. 2 fr.
La reliure se paye en sus. 1 fr.

Savoie (Itinéraire descriptif et historique de la), par *Ad. Joanne.* 1 vol in-18 jésus, contenant 6 cartes et un panorama de la chaîne du Mont-Blanc. Broché. 7 fr. 50 c.
La reliure se paye en sus. 1 fr.

Dauphiné (Itinéraire descriptif et historique du), par *Adolphe Joanne*. 1re partie. ISÈRE : Grenoble, la Grande-Chartreuse, Allevard, Uriage, la Motte, le
Villard de Lans, le Royannais et le
Verrors, avec 6 cartes, 1 plan et 1 panorama. 1 vol. in-18 jésus, br.   6 fr.
   La reliure se paye en sus   1 fr.

Sous presse :

Dauphiné (Drôme, Hautes et Basses-
Alpes, Piémont). 2e partie par *Adolphe
Joanne*.

En préparation :

Nice et les Alpes Maritimes, par *Elisée
Reclus*.

De Paris à Montpellier et à Nîmes, par
Nevers, Clermont-Ferrand et le Puy,
par *Adolphe Joanne*.

Réseau des chemins de fer du Midi
et des Pyrénées.

Itinéraire général de la France, (les
Pyrénées), par *Ad. Joanne*, IIIe section (voir ci-dessus, page 7).

De Bordeaux à Bayonne, à Biarritz,
à Arcachon et à Mont-de-Marsan, par
Adolphe Joanne. 1 vol. in-16, contenant 12 vignettes par Daubigny, et
une carte. Broché.   2 fr.
   La reliure se paye en sus.   1 fr.

De Bordeaux à Toulouse, à Cette et
à Perpignan, par *Adolphe Joanne*.
1 vol. in-16, contenant 32 grandes vignettes par Thérond, une carte et
un plan. Broché.   3 fr.
   La reliure se paye en sus.   1 fr.

Biarritz (Autour de), par *A. Germond
de Lavigne*, 2e édition. 1 vol. in-18
jésus. Broché.   1 fr. 50 c.
   La reliure se paye en sus.   1 fr.

Réseau des chemins de fer du Nord.

Itinéraire général de la France, par
Adolphe Joanne, Ve section (voir ci-
dessus, page 7, colonne 2).

Itinéraire de la Belgique, par *A. J. Du
Pays*. Voyez p. 6, 1re col.

Itinéraire de la Hollande, par *A. J. Du
Pays* (voir ci-dessus, page 6, col. 2.).

De Paris à Bruxelles, y compris l'em-
branchement de Saint-Quentin, par
Eugène Guinot. 1 vol. in-16, contenant 70 vignettes par Chapuy et Daubigny, 5 plans et une carte. Br.   2 fr.
   La reliure se paye en sus.   1 fr.

De Paris à Calais, à Boulogne et à
Dunkerque, par *Eugène Guinot*. 1 volume in-16, contenant 60 vignettes,
5 plans et une carte. Broché.   2 fr.
   La reliure se paye en sus.   1 fr.

Réseau des chemins de fer d'Orléans.

Itinéraire général de la France, par
Adolphe Joanne, IIe section (voir ci-
dessus, page 7, colonne 2).

De Paris à Bordeaux, par *Adolphe
Joanne*. 1 volume in-16, contenant
120 vignettes par Champin, Lancelot
et Varin, et 3 cartes. Broché. 3 fr. 50 c.
   La reliure se paye en sus.   1 fr.

De Paris à Nantes et à Saint-Nazaire,
par *Ad. Joanne*. 1 vol. in-16, contenant
100 vignettes par Champin, Thérond
et Lancelot, et 3 cartes. Broché.   3 fr.
   La reliure se paye en sus.   1 fr.

De Paris au centre de la France, contenant : 1o *De Paris à Corbeil et à Orléans ; 2o d'Orléans à Nevers, à Châteauroux et à Varennes*, par *Moléri* et
A. Achard. 1 vol. in-16 (90 vignettes
et 11 cartes). Broché.   2 fr.
   La reliure se paye en sus.   1 fr.

De Paris à Tours, par *Adolphe Joanne*,
1 vol. in-16, contenant 65 vignettes,
1 carte et 2 plans. Broché.   2 fr.
   La reliure se paye en sus.   1 fr.

De Paris à Orléans, par *Adolphe Joanne*.
1 vol. in-16, contenant 45 vignettes
par Champin et Thérond, 1 carte et
1 plan. Broché.   1 fr.
   La reliure se paye en sus.   1 fr.

De Poitiers à la Rochelle, à Rochefort
et à Royan, par *Adolphe Joanne*. Itinéraire descriptif et historique (22 gravures sur bois, 1 carte et 2 plans).
1 volume, broché.   2 fr.
   La reliure se paye en sus.   1 fr.

De Paris à Sceaux et à Orsay, par *Adolphe Joanne* (voir ci-dessus, page 9, colonne 1re).

En préparation :

De Paris à Bordeaux et à Toulouse, par Vierzon, Limoges et Périgueux, par *Adolphe Joanne.*

Réseau des chemins de fer de l'Ouest.

Itinéraire général de la France, par *Adolphe Joanne*, IVe section (voir ci-dessus, page 7, colonne 2).

De Paris à Dieppe, par *Eugène Chapus.* 1 vol. in-16, contenant 60 vignettes, 2 plans et une carte. Broché. 2 fr.
La reliure se paye en sus. 1 fr.

De Paris au Havre, par *Eugène Chapus.* 1 vol. in-16, contenant 80 vignettes, 2 plans et une carte. Broché. 3 fr.
La reliure se paye en sus. 1 fr.

De Paris à Rennes et à Alençon, par *A. Moutié.* 1 vol. in-16, contenant 170 vignettes par Thérond, et une carte. Broché. 3 fr.
La reliure se paye en sus. 1 fr.

De Paris à Caen et à Cherbourg, par *L. Enault.* 1 v. in-18 jésus. Broché. 3 fr.
La reliure se paye en sus. 1 fr.

De Paris à Saint-Germain, à Poissy et à Argenteuil, par *Adolphe Joanne.* (Voir ci-dessus, page 8, colonne 2).

Dieppe et ses environs, par *Eugène Chapus.* 1 vol. in-16, contenant 12 vignettes et 1 plan. Broché. 1 fr.
La reliure se paye en sus. 1 fr.

En préparation :

De Nantes à Brest, par M. *Pol de Courcy.*

De Rennes à Brest, par le même.

ITALIE.

Itinéraire descriptif, historique et artistique de l'Italie et de la Sicile, par *A. J. Du Pays.* 1 beau vol. in-18 jésus de 800 pages imprimées sur deux colonnes, comprenant : un aperçu historique sur les origines de l'art en Italie, un résumé des campagnes d'Italie ; les routes venant de France, de Suisse, du Tyrol et d'Autriche, de l'Illyrie et aboutissant à l'Italie du Nord ; le Piémont, la Lombardie, Venise, les anciens duchés, les États de l'Église, l'ancien royaume de la Sicile, et renfermant : 3 cartes routières générales, 2 cartes spéciales, 14 plans de villes, 3 plans du Forum de Rome, 1 plan de Pompéi, 1 plan des Uffizi de Florence, 1 plan du Vatican, et 1 plan du musée de Naples. 2e édition, corrigée et considérablement augmentée. Broché. 11 fr. 50 c.
La reliure se paye en sus. 1 fr. 50 c.

Itinéraire de l'Italie septentrionale, contenant la Savoie, le Piémont, la Lombardie et la Vénétie, par *Adolphe Joanne et A. J. Du Pays.* 1 vol. in-18 jésus contenant 5 cartes et 8 plans de villes. Broché. 5 fr.
La reliure se paye en sus. 1 fr.

ORIENT.

Itinéraire descriptif, historique et archéologique de l'Orient, comprenant Malte, la Grèce, la Turquie d'Europe, la Turquie d'Asie, la Syrie, la Palestine, l'Arabie Pétrée et le Sinaï, par *Isambert et Ad. Joanne.* 1 vol. in-18 jésus, contenant : les cartes générales de la Méditerranée, de Malte, de la Grèce, de la Turquie d'Europe, du Bosphore, de l'Asie Mineure, de la Syrie, de la basse Égypte, du Sinaï, de la haute Égypte, de la plaine de Thèbes et des plans d'Athènes, de l'Acropole, de Constantinople, de Jérusalem, du Saint-Sépulcre et du Temple, d'Alexandrie, du Caire et des Pyramides. Broché. 20 fr.
La rel. se paye en sus. 1 fr. 50 c.

Itinéraire descriptif et historique de Paris à Constantinople, avec les environs de cette dernière ville, par *Ph. Blanchard.* 1 vol. grand in-18, contenant un plan de Constantinople et d'une partie du Bosphore. Broché. 7 fr. 50 c.
La reliure se paye en sus. 1 fr.

SUISSE.

Itinéraire descriptif et historique de la Suisse, du Jura français, du Mont-Blanc, de la vallée de Chamonix, du grand Saint-Bernard et du mont Rose; par *Adolphe Joanne*. 1 vol. grand in-18 de plus de 700 pages imprimées sur deux colonnes, contenant 10 cartes, 10 vues et 7 panoramas; 3ᵉ édition entièrement refondue. Broché. 13 fr. 50 c.
La reliure se paye en sus. 1 fr. 50 c.

Nouvel-Ebel, Manuel du voyageur en Suisse et dans la vallée de Chamonix; 12ᵉ édit., par *Adolphe Joanne*. 1 vol. gr. in-18, broché 8 fr. 50 c.
La rel. se paye en sus. 1 fr. 50 c.

GUIDES DE LA CONVERSATION.

Français-allemand, par *Richard* et *Wolters*. 1 vol. in-32. Cart. 1 fr. 50 c.

Français-anglais, par *Richard* et *Quétin*. 1 vol. in-32. Cart. 1 fr. 50 c.

Français-espagnol, par *Richard* et *de Coróna*. 1 vol. in-32. Cart. 1 fr. 50 c.

Français-italien, par *Richard* et *Boletti*. 1 vol. in-32. Cart. 1 fr. 50 c.

Anglais-allemand, par *A. Horwitz*. 1 vol. in-32. Cart. 1 fr. 50 c.

Anglais-italien, par *Wahl* et *Brunetti*. 1 vol. in-32. Cart. 1 fr. 50 c.

Anglais-espagnol, par *de Coróna* et *Laran*. 1 vol. in-32. Cart. 1 fr. 50 c.

L'Interprète français-anglais pour un voyage à Paris, ou conversations dans les deux langues sur les points les plus essentiels et les plus curieux du voyage, par *C. Fleming*. 1 vol. in-16. Br. 1 fr.
La reliure se paye en sus. 1 fr.

L'interprète anglais-français, pour un voyage à Londres, ou conversations dans les deux langues sur les points les plus essentiels et les plus curieux du voyage, par *C. Fleming*. 1 vol. in-16. Broché. » fr.
La reliure se paye en sus. 1 fr.

L'interprète français-allemand pour un voyage à Paris, ou conversations dans les deux langues sur les points les plus essentiels et les plus curieux du voyage, par MM. *de Suckau*. 1 vol. in-16. Broché. 2 fr.
La reliure se paye en sus. 1 fr.

LES MUSÉES D'EUROPE.

par L. Viardot, 5 vol. in-18 jésus.

Les Musées de France. (Paris.) 1 vol. Broché. 3 fr. 50 c.

Les Musées d'Italie. 1 volume. Broché. 3 fr. 50 c.

Les Musées d'Espagne. 1 volume. Broché. 3 fr. 50 c.

Les Musées d'Allemagne. 1 vol. Broché. 3 fr. 50 c.

Les Musées de Belgique, de Hollande, de Russie. 1 vol. Broché. 3 fr. 50 c.

La reliure de chacun de ces volumes se paye 1 fr. en sus.

Typographie de Ch. Lahure et Cⁱᵉ, rue de Fleurus, 9.

BIBLIOTHÈQUE VARIÉE, FORMAT IN-18 JÉSUS.
Volumes à 3 francs 50 centimes.

Paris. — Imprimerie de Ch. Lahure et Cie, rue de Fleurus, 9.